矿业权实地核查成果深度应用研究

谭永杰　杨建锋　屈红刚　王永志　林　燕
宋　越　缪谨励　王英超　殷腾飞　赵玉杰　著

地质出版社
·北　京·

图书在版编目（CIP）数据

矿业权实地核查成果深度应用研究／谭永杰等著.
—北京：地质出版社，2016.12
ISBN 978－7－116－06121－7

Ⅰ.①矿…　Ⅱ.①谭…　Ⅲ.①矿产权－研究－中国
Ⅳ.①D922.624

中国版本图书馆 CIP 数据核字（2016）第 264130 号

责任编辑：田　野　宫月萱
责任校对：王素荣
出版发行：地质出版社
社址邮编：北京海淀区学院路 31 号，100083
咨询电话：（010）66554528（邮购部）；（010）66554631（编辑室）
网　　址：http：//www.gph.com.cn
传　　真：（010）66554686
印　　刷：北京地大天成印务有限公司
开　　本：787 mm × 1092 mm　1/16
印　　张：14.5
字　　数：355 千字
版　　次：2016 年 12 月北京第 1 版
印　　次：2016 年 12 月北京第 1 次印刷
定　　价：68.00 元
书　　号：ISBN 978－7－116－06121－7

前　　言

全国矿业权实地核查是“十一五”期间国土资源部在矿产资源领域组织实施的三项基本国情调查之一，其主要任务是实地核查全国范围内的有效矿业权（不含油气）实际位置与许可范围的一致性，并对其他数据项进行实地调查核实，专项在国土资源部矿产开发司领导下，由中国地质调查局发展研究中心组织实施。专项于2007年8月启动，2009年底完成了外业工作，2010年6月底完成了省级成果的汇总和验收，2010年底完成了全国成果的汇总，2011年1月初，专项成果顺利通过了国土资源部组织的验收。

全国矿业权实地核查取得了丰硕的成果。全面查清了全国矿业权现状，系统地核实了截止到2009年6月30日有效探矿权36755个和采矿权110493个的权属登记数据项，首次实现了全国147248个矿业权的拐点坐标数据在“1980西安坐标系和1985国家高程基准”内的统一；实测编制了探矿权勘查工程实际材料图和采矿权开拓采掘工程分布图，计11.9万张，首次获得了反映矿业权现实状况的空间图形数据，填补了矿业权登记数据库中空间图形数据的空白；通过实地核查，建立加密控制点40346个，向矿区引入165182个控制点，埋设露天采矿权界桩242873个，首次系统地建立了我国所有矿山地质测量的基础设施体系；以单个矿业权实地核查成果为基础，开发建设了矿业权实地核查数据库、管理信息系统和相关工具软件；系统地编制了全国及各省矿业权分布图件和11册主要矿业权图集，分析了各级、各类矿业权的分布规律，提出了规范矿业权管理的建议；发现问题10万多项，系统地梳理分析了发现问题的特点和形成原因，研究提出了问题处理方法建议；建立了完善的矿业权实地核查技术方法体系，包括各类矿业权实地核查的工作流程、技术方法、基本要求和数据库规范化整理方法等；建立了科学有效的组织管理体系和工作机制，研究提出的技术指导、分级分类验收、调度协调会制度、分级监督管理、质量控制、成果汇总与提交及宣传策划等措施在项目组织实施中发挥了重要的作用。随着全国矿业权实地核查工作的完成，矿业权实地核查成果在矿业权问题处理、登记数据库更新与换证等方面发挥了重要的数据支撑作用，并在规范矿政管理和推进地质矿产工作方面发挥了重要的作用。

为了进一步推进矿业权实地核查成果的应用，国土资源部在2011年和2012年探矿权采矿权使用费和价款管理及成本费用支出预算中设立了“矿业权实地核查成果开发与应用”项目，主要任务就是继续深化总结全国矿业权实地核查成果，维护全国矿业权实地核查成果数据库和管理信息系统，为矿业权实地核查发现问题处理与更新换证提供服务；继续组织开展矿业权实地核查成果深度应用试点工作，建立实地核查数据应用于矿政管理的典型和示范，开展矿业权管理分析研究，并提出相关政策建议。该项工作在全国矿业权实地核查已有工作的基础上，在国土资源部矿产开发管理司的指导下，相继部署了湖北省土地规划勘测院（湖北省）、重庆市南川区国土资源和房屋管理局（南川区）、江西省赣州市矿产资源管理局（赣州市）、河南省洛阳市矿业发展中心（洛阳市）、黑龙江省黑河市国土资源局（黑河市）、江西德兴国土资源局（江西德兴）、云南省国土资源信息中心（东川区、华坪县）、黑龙江地质矿产测试研究所（海林市）、四川省国土规划研究院（泸县）、湖南省国土资源信息中心（祁东县、石门县）、江西省丰城市地质矿产局（丰城市）、内蒙古自治区鄂尔多斯市地质环境监测站（鄂尔多斯市）、山西省朔州市国土资源局（朔州市）、河南省栾城县国土资源局（栾城县）等14个单位，分别选择全省、市或县（区）地域（即各承担单位括号内的地域）开展矿业权实地核查成果深度应用试点，在所属矿政管理部门的支持指导下，以本区域矿业权实地核查数据为基础，探索建立矿业权实地核查地质测量基础设施保护措施，探索建立矿业权实地核查成果数据拓展模式与动态更新机制，建设基于矿业权实地核查数据的矿政管理信息系统，并开展示范运行；部署了北京超图软件公司、江西地质矿产测绘院和福建特里惠公司等3个技术开发单位归纳总结基于矿业权实地核查数据的矿政管理信息系统开发建设模式、工作指南和技术要求；部署了内蒙古自治区国土信息中心（内蒙古）、黑龙江省地质矿产测试研究所（黑龙江）、山东省国土测绘院（山东）、云南省国土规划院（云南）、甘肃省地质矿产局第二勘查院（甘肃）、青海省国土规划院（青海）等6个单位开展所在省矿业权实地核查工作“回头看”，系统地评估实地核查成果，梳理发现问题的处理情况，重点处理国土资源部2011年度矿产卫星照片执法检查发现的实地核查后仍然没有处理的矿业权漂移、井口不在矿界内等问题；同时，要求上述承担矿业权实地核查成果开发与应用试点的14个单位开展本区域的矿业权实地核查“回头看”工作；部署了中国地质大学（北京）和中国矿业大学（北京）开展矿业权和煤炭矿业权实地核查发现问题分析与宏观布局研究，从政策层面继续支持矿业权发现问题的处理，提出进一步规范矿业权管理的建议；部署了煤炭工业协会咨询中心开展主要煤炭矿山开发利用情况调查方法和指标研究；继续部署了吉林大学承担矿业权实地核查信息系统完善和矿政管理信息系统建设的综合研究工作，中国煤炭地质总局航测遥感局开展矿业权实地核查成果开发与应用综合研究、实地核查数据库运行维护、实地核查问题处理与“回头看”的技术支撑工作等。经过28个单位、数百人的努力，项目研究取得了巨大成功，系统地总结评估了矿业权实地核查成果，完成补充核查矿业权187个，运行维护了矿业权实地核查数据库和管理信息系统，支撑和推进了发现问题的处理及成果的应用，提出了矿业权实地核查地质测量基础设施的保护措施，提出了矿业权实地核查数据的拓展模式与动态更新机制，归纳总结出了省市县三级、市县两级和县级基于实地核查成果的矿政管理信息系统开发建设模式、工作指南和技术要求，建设的湖北省矿政管理信息化系统、南川区矿政管理信息系统、赣州市矿政管理信息系统、丰城市矿政管理信息系统等一批示范系统已经进入业务化运行，成为矿政管理的有效支撑工具，受到基层矿政管理部门的欢迎，有效地推进了矿政管理工作，并先后荣获国土资源科学技术二等奖、中国信息奖（国土资源领域）和中国地理信息产业优秀工程奖（金奖）等。国土资源部时任总工程师张洪涛、钟自然等领导分别亲临试点区现场给予指导并高度评价。

本书是在上述工作和各单位提交的矿业权实地核查成果开发与应用课题成果报告基础上，由项目综合组人员分工编写的。项目负责人谭永杰组织讨论确定了本书的总体框架、编写要求和分工，各编写人员按照分工执笔起草，经过了两次讨论修改形成。由杨建锋、屈红刚统稿，谭永杰审核定稿。共分11章，具体执笔分工如下：前言谭永杰；第一章杨建锋，谭永杰；第二章杨建锋，谭永杰；第三章林燕，杨建锋；第四章林燕，谭永杰；第五章屈红刚，宋越，缪谨励；第六章林燕，王永志；第七章王永志，林燕；第八章林燕，王永志，易继宁；第九章杨建锋，王英超，殷腾飞；第十章殷腾飞；第十一章谭永杰，杨建锋。

在本书编写过程中，国土资源部时任总工程师张洪涛、钟自然，国土资源部矿产开发管理司刘连和、王昆、薄志平、胡斌华，国家测绘地理信息局胥燕婴、汤海，中国地质调查局王全明、张海泉、张大权，国土资源部信息中心蒋文彪、李晓波、周桅，王家耀院士、彭苏萍院士、金振民院士和傅鸣珂、曹树培、李裕伟、赵成功、曾绍金等，中国地质调查局发展研究中心邓志奇、严光生，中国煤炭地质总局航测遥感局康高峰等领导和专家给予了大力支持和指导，在此一并致谢。

限于编者的时间和水平，书中可能存在不足或不准确之处，恳请有关单位和个人提出宝贵意见，以便进一步修改和完善。

谭永杰

2015年5月

目　　录

第一章　工作概况

第一节　研究背景

全国矿业权实地核查是国土资源部在矿产资源领域启动的3项基本国情调查之一。自2007年开始，经过3年多的努力，圆满地完成了全国矿业权实地核查各项任务，于2011年初顺利通过了国土资源部组织的专家验收。全国矿业权实地核查取得了丰硕的成果。首次系统地核实了全国近15万个矿业权的登记数据项，实现了全部矿业权的拐点坐标数据（包括部、省、市、县四级发证的采矿权和部、省两级发证的探矿权）在“1980西安坐标系、1985国家高程基准”一个体系内的统一，全面查清了全国矿业权现状，夯实了矿政管理的数据基础。首次完整地获得了全国有效矿业权勘查或采掘工程平面图的空间数据，为矿业权管理从属性管理走向空间管理奠定了基础。开发建设了矿业权实地核查数据库和管理信息系统，提高了矿业权管理的信息化水平。首次系统地建立了我国所有矿山地质测量的基准，对于矿政管理、国土资源管理其他领域和基础测绘工作将发挥重要的作用。首次构建了矿业权实地核查工作的技术框架，为中国矿山数字化与信息化建设提交精准的基础数据信息提供了技术保障。随着全国矿业权实地核查工作的完成，矿业权实地核查成果在矿业权问题处理、登记数据库更新与换证等方面发挥了重要数据支撑的作用。

矿业权实地核查工作后期开展的成果应用研究和各地的实际情况表明，矿业权实地核查成果具有巨大的应用潜力和广阔的应用前景，应该继续开展矿业权实地核查成果开发与应用研究，最大限度地发挥和挖掘矿业权实地核查成果的作用和潜力。矿业权实地核查成果开发与应用，主要工作任务和需要解决的问题如下：

1）深化矿业权实地核查成果。全国矿业权实地核查工作工程浩大，在规定时间内完成了项目规定的任务。同时，项目在理论、技术方法以及组织实施措施等方面都有创新，由于项目结题时间紧，全国矿业权实地核查成果需要系统归纳、总结和提升，利于后续的矿政管理工作和其他全国性大项目的组织实施。

2）继续推进遗留问题的处理。全国矿业权实地核查发现10万多项问题，项目结束时还有近20%的问题没有得到处理，需要依托原核查成果，进一步协调推进问题的处理；在全国矿业权实地核查期间，由于自然条件或矿政管理等原因，全国有近1万个矿业权未作为核查对象，随着自然条件的改善或实地核查长效机制的建立，部分矿业权需要进行补充核查，这就需要项目继续提供技术支撑。

3）运行维护全国矿业权实地核查成果数据库和管理信息系统。全国矿业权实地核查形成的数据库和管理信息系统虽然是过渡性质的，但是作为一项重大工程的成果记录，除了服务于发现问题处理外，还被全面应用于矿政管理工作，这就需要对全国矿业权实地核查成果数据库和管理信息系统进行运行维护，为矿业权实地核查发现问题处理及相关应用提供数据支撑。

4）研究矿业权实地核查形成的基础测绘设施的保护措施。本次矿业权实地核查建立了部分加密控制点、向矿区引入控制点、埋设露天采矿权界桩，系统地建立了我国所有矿山地质测量的基础设施体系。这些成果数据既是基层国土资源管理部门实施监督管理所需的基础数据，又是矿业权人开展勘查开发活动、维护自身权益所需的基础数据。但是，由于全国矿业权实地核查工作已经结题，应该研究这些基础设施的保护措施，为后续的矿政管理提供支撑。

5）研究建立矿业权实地核查成果数据的拓展模式和动态更新机制。通过全国矿业权实地核查，首次实现了全国15万个矿业权（包括各级发证的采矿权和探矿权）的拐点坐标数据在1980西安坐标系、1985国家高程基准内的统一；并实测编制了11.9万张探矿权勘查工程实际材料图和采矿权开拓采掘工程分布图，首次完整地获得了全国有效矿业权的勘查工程或采掘工程平面图的空间数据，填补了矿业权登记数据库中空间数据的空白和数据整理。这些成果数据是矿业权最基本的数据，能够反映矿业权的基本特征和工作动态，稍作扩展可全面应用于矿政管理工作，同时，用于日常的矿政管理工作，需要实时或准实时数据，这就需要研究矿业权实地核查成果数据的拓展模式和动态更新机制。

6）研究建立基于矿业权实地核查成果的矿政管理信息系统建设模式和方法。单个矿业权是矿政管理的基本对象，县（市）国土资源局是实施矿政管理的基本行政单元。以矿业权实地核查成果数据为基础，经过拓展后的数据为数据源，开发建设矿政管理信息系统，有助于矿政日常监督管理工作。在矿业权实地核查工作后期，已经启动了相关试点工作，显示出良好的前景。需要归纳总结基于矿业权实地核查成果的矿政管理信息系统建设模式和方法，向全国推广应用，最大限度地发挥和挖掘实地核查成果的效益和潜力。

7）开展基于矿业权实地核查成果的矿政管理研究。全国矿业权实地核查获取了大量的数据，进一步加强对数据的统计分析，可更具针对性、更科学地提出加强矿政管理的意见建议，对于提高矿政管理水平具有重要作用。

第二节　项目基本情况与目标任务

一、项目基本情况

项目名称：矿业权实地核查成果开发与应用。

项目来源：国家财政探矿权采矿权使用费和价款管理及成本费用支出项目。

任务下达：经费共计2400万元。其中，2011年度经费预算1200万元（《中国地质调查局关于下达2011年探矿权采矿权使用费和价款管理及成本费用支出项目预算的通知》中地调发〔2011〕325号、国土资函〔2011〕591号）；2012年度经费预算1200万元（《中国地质调查局关于下达2012年探矿权采矿权使用费和价款管理及成本费用支出项目预算的函》中地调发〔2012〕425号、国土资函〔2012〕830号）。

项目周期：2011～2012年。

承担单位：中国地质调查局发展研究中心。

协作单位：中国煤炭地质总局航测遥感局、吉林大学、中国地质大学（北京）、中国矿业大学（北京）、有关省（自治区、直辖市）矿业权实地核查成果开发与应用试点单位、有关省（自治区、直辖市）矿业权实地核查承担单位、中国煤炭工业协会咨询中心等。

二、项目目标任务

（一）总体目标

进一步深化矿业权实地核查成果的总结，推进实地核查发现问题的处理，通过选择典型地区开展矿业权实地核查成果深度应用试点示范，研究提出矿业权实地核查形成的基础测绘设施的保护措施，建立矿业权实地核查成果数据的拓展模式和动态更新机制，提出基于矿业权实地核查成果的矿政管理信息系统建设模式和方法，全面推进矿业权实地核查成果的应用，最大限度地发挥和挖掘矿业权实地核查成果的作用和潜力，提升矿政管理的水平和效果。

（二）主要工作任务

1）开展全国矿业权实地核查“回头看”，跟踪分析发现问题的处理情况，总结和评估全国矿业权实地核查工作。

2）运行维护全国矿业权实地核查成果数据库和管理信息系统，为矿业权实地核查发现问题处理与更新换证提供服务，为相关应用提供技术支持。

3）开展矿业权实地核查成果深度应用试点工作，建立典型和示范，归纳总结实地核查成果应用模式和方法。

4）开展我国重要矿种大中型矿山开发状况调查（煤矿），初步提出工作方法和技术要求。

5）开展基于矿业权实地核查成果的矿政管理宏观战略研究。

第三节　项目工作进展概况

全国矿业权实地核查工作结束伊始，即启动了矿业权实地核查成果开发与应用研究工作。研究工作自 2011 年开始至 2014 年上半年结束，历时 3 年多，大致可划分为 4 个阶段：

一、矿业权实地核查成果综合分析与深化总结阶段

利用 GIS 技术对全国或区域矿业权设置数据、统一配号数据、整装勘查区矿业权设置数据进行综合统计、分类与分析。改造和增加系统功能，形成完善的全国综合性矿业权核查数据管理信息系统。以全国矿业权实地核查数据库及其管理信息系统为基础，扩充及修改基于数据项的统计分析，满足操作人员的使用要求；调整并丰富了统计分析结果的表达

与输出形式，使得表格化、图形化输出更合理、更符合用户需求；优化部分统计分析和可视化显示功能，进一步提高系统的执行效率；增加了现有系统中不存在且实际应用中确实需要的功能（如导出空间要素、导出多个单矿业权的部分成果数据等），最终形成功能完善的矿业权实地核查数据管理信息系统。

在项目开展过程中，国务院在地质矿产领域做出关于实施找矿突破战略行动重大工作部署，并于2011年3月，由国土资源部公告了首批47片找矿突破战略行动整装勘查区(2011年第10号)，通过实施整装勘查推进找矿突破战略行动，要求“三年有重大进展、五年有重大突破、八至十年重塑矿产勘查开发格局”。有关省（自治区、直辖市）按照《国土资源部关于进一步完善矿业权管理　促进整装勘查的通知》（国土资发〔2011〕55号）要求，按照整装勘查、集约开发的原则，积极编制整装勘查区矿业权设置方案，从而优化矿产资源勘查开采布局。根据国土资源部矿产开发管理司（以下简称“开发司”）要求，项目组经过反复试验，在已经编制的《全国首批整装勘查区矿业权分布图集》基础上，利用经国土资源部批准上报入库的首批整装勘查区矿业权设置方案电子报盘数据(不含铀矿)，以及全国矿业权实地核查成果数据，研究编制并印刷《全国首批整装勘查区矿业权设置方案图集》（以下简称《图集》）。该《图集》以全国首批整装勘查区为单元（不含铀矿整装勘查区），通过每片整装勘查区矿业权设置方案分布图、整装勘查区矿业权设置方案基本情况和整装勘查区矿业权一览表等3方面内容，全面直观地反映首批整装勘查区矿业权的设置情况。《图集》根据需要采用A3和便携式两种幅面，便于使用人员室内或野外踏勘使用，由我国专业地质图印刷企业中煤航测遥感局制印厂彩色制版印刷。A3幅面为横版、普通精装，内页采用128 g亚粉纸，共200本；携带式采用撕不烂纸张，盒装，根据部开发司要求印刷了40套。

基本摸清了全国煤炭矿业权分布的规律，梳理了煤炭矿业权管理中存在的问题，在全面分析问题及原因的基础上，系统地阐述了处理各类问题的政策法规界限及具体方法，并提出了进一步规范煤炭矿业权审批发证流程和加强煤炭矿业权设置与管理的科学化、制度化的建议。

深化了全国矿业权实地核查发现问题分析及规范矿业权管理研究。系统地梳理了矿政管理的基础理论，包括产权理论、利益相关者理论、公众治理理论和相关法学理论，这些理论在分析研究矿业权问题上具有重要的指导意义。比较全面、系统地梳理了我国在矿政管理方面的政策法律，特别是围绕我国从第一部矿法颁布以来有关矿业权管理问题的政策法规进行系统归纳分析，同时分析了这些政策法规在现实环境条件下的适应性方面存在的问题。对国外矿业权管理的相关政策法律进行了初步归纳、整理，从而为我们分析我国矿业权管理问题提供了某些借鉴。对过期矿业权问题进一步开展了研究，较为系统地分析了过期矿业权产生的原因，提出了更为系统的政策建议。

系统地开展了矿业权实地核查工作和成果的总结及深化工作。系统地归纳总结了矿业权实地核查成果和应用情况，编辑出版了《全国矿业权实地核查及成果应用研究》（地质出版社，2011年11月）；系统地归纳总结了矿业权实地核查的技术方法，编辑出版了《全国矿业权实地核查技术方法指南研究》（地质出版社，2011年11月）；完成了矿业权实地核查精神和组织实施措施的总结，编辑出版了《基石——全国矿业权实地核查纪实》（地质出版社，2012年3月）；完成了矿业权实地核查数据采集与信息系统方面的总结，编辑出版了《全国矿业权实地核查信息系统建设与应用》（科学出版社，2012 年 5 月）。归纳总结了矿业权实地核查成果中的空间数据信息采集与信息系统建设方面的成果，以“全国矿业权实地核查数据库和成果数据管理信息系统建设”申报 2011 年度地理信息科技进步奖，并获得了 2011 年地理信息科技进步一等奖；系统地总结了全国矿业权实地核查工作，提炼材料，向国土资源部“国土资源科学技术奖”提交了 2012 年度报奖申请，被评为 2012 年“国土资源科学技术奖”一等奖。

与此同时，补充完成了全国矿业权实地核查遗留矿业权的实地核查工作。完成了新疆、湖南等省（区）提交的补充矿业权实地核查成果数据检查及验收，协助完成各省成果数据的接收工作。整理各省提交的补充核查数据，对成果数据进一步梳理与规范化再整理，补充核查成果数据入库。

二、基于实地核查成果矿政管理信息系统试点与应用阶段

2011 年，选择湖北省、云南省、黑龙江省、湖南省、四川省、重庆市南川区、江西省赣州市、河南省洛阳市、黑龙江省黑河市和江西省德兴市等地开展矿业权实地核查成果开发与应用试点工作。各试点单位紧密结合各自需求，积极利用现代信息技术创新管理模式，开发了各具特色的矿政管理信息系统，在矿产资源勘查开发监督管理的精细化、科学化方面作了大量的有益探索，在矿产资源勘查开发管理方面初步实现了徐绍史部长提出的国土资源“一张图”的要求。尤其是湖北省和重庆市南川区的试点工作，基于矿业权实地核查首次形成的探矿权勘查工程实际材料图或采矿权开拓采掘工程平面图，探索形成了先进的矿政管理和矿产资源勘查开发监督管理的工作模式，信息系统取得良好的应用效果，分别成为省级和区（县）级试点工作的典范，为推进全国矿政管理信息系统建设和全国国土资源“一张图”工程建设积累了宝贵经验。湖北省矿政管理信息化系统、重庆南川矿政管理信息系统、赣州矿政管理信息系统和江西丰城市矿政管理信息系统还分别获得“国土资源科学技术奖”二等奖、“第一届中国信息化（国土资源）奖”二等奖、“地理信息科学技术进步奖”三等奖和“地理信息优秀工程”金奖等。

2012 年 2 月，“湖北省矿政管理信息系统验收会暨矿业权实地核查成果开发与应用工作交流座谈会”在武汉召开。国土资源部时任总工程师钟自然，湖北省人民政府副省长田承忠、副秘书长骆新华，中国地质大学金振民院士、国土资源部开发司副司长薄志平等出席了会议。专家委员会认为该系统设计合理，功能完善，运行稳定，达到了系统建设的预期目的，对全国“一张图管矿”工作将起到重要的示范作用，具有重要的推广价值。会上，国土资源部总工程师钟自然高度评价了湖北省矿政管理信息系统建设所取得的成果，认为系统具有信息综合集成、三级管理互联互通、与电子政府系统相互服务及功能强大完善等主要特征，对于利用信息化手段推动矿政管理、提高矿产资源勘查开发管理水平和效益、推进矿产资源管理依法行政、强化社会化服务和宏观调控、推进全国矿政管理信息化建设具有重要的意义。对于下一步工作，钟自然总工程师强调，在目前系统建设的基础上，对系统的管理功能、社会服务功能和决策分析功能等 3 个方面进行拓展。

重庆南川矿政监督管理信息系统，建立了矿业权和储量动态核查更新机制，全面满足了基层矿政管理和监管各项需求，成为区（县）级建设典范。重庆市南川区矿政监督管理信息系统，以“县（区）”为基本单元，以矿业权实地核查成果为基础，拓展整合了矿

产资源储量利用调查、储量动态监管、地质环境与地质灾害、矿产资源规划和矿业权设置方案等数据，建立了矿政管理部门、中介机构、采矿权人共同参与的矿业权及储量动态核查数据更新的机制，搭建了包括基础地理、土地二调遥感图像、上述矿政管理专题数据的数据中心，开发了GIS平台的矿政监督管理信息系统，实现了矿政管理数据的统一管理和基层国土资源矿政监督管理所需的全部功能，实现了矿产资源勘查开发监督管理的新模式。开展了实际的矿业权与储量动态核查工作，建立了“采矿权人定期上报—中介机构定期井下实测—矿政管理部门核查—动态更新矿业权及储量核查数据库”的矿业权与储量动态核查机制，明确了中介机构定期实测主要内容、技术要求、外业收集成果资料标准格式、数据的属性及图形入库数据格式等，实现了矿业权实地核查成果的持续更新，为实现精细化管理提供了坚实的数据支撑。该系统不仅服务于矿业权管理，实现了对矿业权的动态掌握和管理，而且还广泛地应用于储量管理、执法监察、地质防治管理及资源规划管理等工作，有效地提升整个矿政管理的水平。

以重庆南川区为试点，研究利用多期遥感数据实现露天矿业权动态变化监测方法。收集2011年12月31日有效矿业权登记库数据，与2009年6月30日有效矿业权进行对比，分析其动态变化规律；通过提取两期遥感影像数据矿业权露天开采范围，分析不同时期开采活动的变化情况。露天采矿权开采活动范围与法定边界套合，分析是否在许可范围内开采。通过提取矿业权露天开采范围及开采状况（开采、停产或关闭），与采矿权、探矿权法定边界对比分析，分析是否为界内开采、越界开采、井工变露采等情况。对矿区的地表植被覆盖程度进行分析，研究关停矿业权生态环境治理情况。对地下开采矿山形成中转场（煤堆、矿石堆、洗煤厂、选矿场、选矿池等）、固体废弃物（排土场、废石堆、尾矿库、煤矸石堆等）等占地动态变化情况进行比较，分析生产规模变化情况。

河南省洛阳市矿政管理信息系统涵盖数据整合入库、采矿权登记审批、矿业权交易、地质环境管理、矿产规划管理、矿业权管理、资源储量、图件管理、信息发布、档案管理等10个子系统，初步实现了“六图合一”（基础行政区划图、地质矿产图、矿业权分布图、地质矿产规划图、地质灾害防治图、地质公园分布图）。

黑龙江省黑河市矿政管理信息系统，在将矿业权核查数据进行关联并深度应用、实现采掘工程图的动态监管和历史回溯、便捷的矿政管理助手和直观的单矿业权三维浏览等方面特性明显。

江西赣州、江西德兴、湖南、四川、云南等试点单位，已完成项目设计，正在抓紧建设。

此外，河北、山东虽未列入全国试点，但省里自筹经费近亿元，积极地开展相关工作。全国各地积极性比较高。

2012年8月2～5日，“全国矿业权实地核查成果开发与应用座谈会”在黑龙江省黑河市召开，会议由中国地质调查局发展研究中心（全国矿业权实地核查办公室）主办，黑河市国土资源局承办。来自河北省国土资源厅、山东省国土资源厅、湖北省国土资源厅、云南省国土资源厅、黑龙江省黑河市国土资源局、江西省赣州市国土资源局、河南省洛阳市国土资源局、重庆市南川区国土资源局、江西德兴市矿产与黄金局等10家试点单位、2家特邀单位、4家外协单位，共计约70名代表参加了会议。国土资源部矿产开发管理司胡斌华处长、黑河市人民政府张成林副市长等领导出席了会议。

试点单位和特邀单位分别汇报了全国矿业权实地核查成果开发与应用研究工作进展，

重点介绍了基于矿业权实地核查成果的矿政管理信息系统建设进展情况，建设工作中遇到的有关问题和下一步的工作安排，并就系统建设中的数据动态更新机制、系统推广、系统与金土工程的衔接等问题进行了深入探讨。从会议交流情况来看，各试点单位、所在地方政府和相关企业高度重视矿政管理信息系统建设，基于矿业权实地核查成果数据，构建数据动态更新机制，建设矿产资源监管“一张图”信息系统，对于创新我国矿政管理模式具有重要意义，是大势所趋。会议交流了经验，分享了建设过程，就建设过程中容易出现问题的环节进行了讨论，对各地矿政管理信息系统建设起到了很好的促进作用，圆满地达到会议预期目标。

2012 年 11 月 9 ~ 10 日，“全国矿业权实地核查成果开发与应用现场交流会”在江西省赣州市召开，会议由全国矿业权实地核查办公室主办，中国地质调查局发展研究中心和赣州市国土资源局承办。来自河北、内蒙古、黑龙江、江西、山东、河南、湖北、湖南、重庆、四川、云南等 12 家试点单位及所在地的矿产资源管理部门、2 家特邀单位、4 家综合研究单位，共计约 80 名代表参加了会议。国土资源部矿产开发管理司王昆副司长、赣州市人民政府刘建萍副市长、张应红副市长、国土资源部咨询研究中心李裕伟研究员等领导和专家出席了会议。

试点单位和特邀单位分别汇报了全国矿业权实地核查成果开发与应用研究工作进展，重点介绍了基于矿业权实地核查成果的以县（市）为基本单元的矿政管理信息系统建设进展、技术创新、存在问题和下阶段的工作方向，并就成果开发应用中的数据拓展与动态更新机制建立、矿产资源开发利用动态监管、地质测绘基础设施的保护、“一张图管矿”的矿政管理模式和机制及系统推广等问题进行了深入探讨。通过交流和讨论，大家一致认为，各试点单位、所在地地方政府和相关企业高度重视与支持下，探索出有各自特色的基于矿业权实地核查成果的矿政管理信息系统工作模式，形成了面向监管应用的矿业权实地核查成果数据扩展和动态更新的机制，建立的矿政管理信息系统对于提高矿政管理的精细化和科学化水平、推进全国“一张图管矿”建设具有重要的示范和引导作用。会议圆满地达到预期目标。

三、矿业权实地核查“回头看”与系统试点深化阶段

2013 年，选择问题比较多的内蒙古自治区、黑龙江省、山东省、云南省、甘肃省和青海省开展了矿业权实地核查工作“回头看”，系统地评价总结实地核查成果，继续支持开展问题的变更处理或纠正，重点为 2011 年度矿产卫片执法检查发现的实地核查后仍然没有处理的问题。同时在矿业权实地核查成果深度应用研究试点县市开展了矿业权实地核查工作“回头看”工作，评估矿业权实地核查成果及发现问题的处理情况。再次系统梳理发现的问题，研究问题的处理建议。

2013 年继续推进基于实地核查成果矿政管理信息系统建设试点工作。继续保留湖北、四川、云南、重庆南川、江西赣州、江西德兴、河南洛阳、黑龙江黑河等 9 个试点；根据地方积极性和矿政管理工作基础，新增江西丰城、内蒙古鄂尔多斯、山西朔州、河南栾川等 4 个试点。

2013 年 9 月 4 ~ 6 日，“全国矿业权实地核查成果开发与应用现场交流会”在内蒙古自治区鄂尔多斯市召开，会议由全国矿业权实地核查项目办公室和中国地质调查局发展研

究中心主办，鄂尔多斯市国土资源局协办、鄂尔多斯市地质调查与地质环境监测院承办。来自内蒙古、湖北、重庆、山西、黑龙江、江西、山东、河南、四川、甘肃、青海等18家项目协作单位及所属的矿产资源管理部门、6家综合研究单位，共计98名代表参加了会议。国土资源部矿产开发管理司胡斌华处长、鄂尔多斯市人民政府王瑞副秘书长、中国矿业联合会傅鸣珂研究员、国土资源部高咨中心李裕伟研究员、曹树培研究员等领导和专家出席了会议。

会上22家单位分别汇报了全国矿业权实地核查成果开发与应用工作进展情况，重点介绍了基于矿业权实地核查成果数据的以县（市）为基本单元的矿政管理信息系统（一张图管矿），结合储量、矿山地质环境地质灾害、矿山动态监控等，探索数据拓展与动态更新技术与机制，完善并实现系统在矿政管理各业务上的综合应用、制定矿政管理信息系统数据动态更新和维护的制度。并就加强矿业权实地核查中形成的矿山地质测绘基础设施保护、开展矿业权实地核查工作“回头看”等工作进展情况及效果进行了汇报交流。

通过会议交流，各试点单位紧密结合各自需求，并在所在地地方政府和相关企业高度重视与支持下，积极利用现代信息技术创新管理模式，开发了地方特色且拥有统一标准的“一张图管矿”机制，在精细化、科学化管理方面作了大量的有益探索，取得了显著成效，对于推动矿政监督管理信息化、实现“一张图管矿”起到了重要作用。会议交流了经验，分享了系统推广应用情况，对各地矿政管理信息系统推广应用起到了很好的促进作用。同时大部分试点单位制定并实施了测绘基础设施保护措施，基本上解决了“回头看”发现的问题，为后续的矿政管理及基础测绘工作奠定了基础，圆满地达到会议预期目标。

会议指出，以矿业权实地核查成果为基本数据源，将地质矿产、矿业权审批、资源储量、地质环境、地质灾害和执法监察等矿政管理相关数据纳入以县（市）为基本区域的矿政管理“一张图”建设的基本框架、工作模式和方法，是对国土资源部信息化总体框架的一个补充。构建数据动态更新机制，建设矿产资源监管“一张图”信息系统，对于创新我国矿政管理模式具有重要意义，是大势所趋。基于矿业权实地核查成果的矿政管理信息系统在工作中得到充分应用是最终目标，只有将系统全面应用起来，才能发现问题并解决问题，不断完善丰富系统，一定要将开发的系统实际运行起来；关于技术开发单位的工作，要在已经开发完成的系统基础上，对系统的功能、数据库、建设方法等方面进行归纳和总结提升，形成基于矿业权实地核查成果数据的矿政管理系统建设指南与技术方法，并汇编为正式文档；关于矿业权实地核查“回头看”工作，要对实地核查成果进行全面评估，在此基础上完成相关问题的整改等具体工作。

矿业权实地核查“回头看”工作取得了很好的效果，对矿业权实地核查成果的评估进一步夯实了矿业权权属基础，基本解决了实地核查工作遗留问题；充分肯定了矿业权实地核查成果在项目结题三年来所发挥的重大作用，为后续各方面工作深入开展奠定了坚实基础。

四、成果总结与模式归纳阶段

2013年11月14～15日，“基于矿业权实地核查成果矿政管理信息系统研究成果验收与现场交流会”江西丰城召开。会议由全国矿业权实地核查项目办公室和中国地质调查局发展研究中心主办，丰城市地质矿产管理局、江西省地矿测绘院承办。来自内蒙古、湖北、重庆、黑龙江、江西、河南、四川等11家项目协作单位及矿产资源主管部门，共计约80人参加了会议。江西省国土资源厅副厅长陈祥云、江西省国土资源厅总规划师侯克常、丰城市人民政府副市长谢友根、宜春市国土资源局局长冷世民、国土资源部咨询研究中心李裕伟研究员、中国地质调查局发展中心姜作勤研究员等领导专家出席了会议。

此次会议主要是对包含有基于矿业权实地核查成果的矿政管理信息系统建设等内容的协调课题研究成果进行评审验收。2010年底国土资源部组织完成了全国矿业权实地核查工作后，建成了全国矿业权实地核查空间数据库。2011年和2012年全国矿业权实地核查项目办公室在全国范围内先后选择湖北省、重庆南川区、江西赣州市等地开展矿业权实地核查成果开发应用试点，主要任务是建立矿业权核查成果数据动态更新机制、保护地质测绘基础设施、探索建设基于矿业权实地核查成果的矿政管理信息系统。两年多的试点工作表明，矿业权实地核查成果开发应用工作整体取得明显成效，夯实了试点市、县矿产资源管理基础，提升了管理水平，示范带动效益显著。

以矿政管理信息系统建设试点成果为基础，开展了基于矿业权实地核查矿政管理系统建设模式总结与归纳。湖北省在矿业权实地核查成果数据基础上，集成了储量、规划等数据，建成推广了一体化矿政管理信息系统，实现省、市、县矿政管理数据三级互联互通和数据同步更新，与矿山安全监管“六大系统”进行了衔接，开展了矿山远程监控，已在黄石、宜昌、鄂州等56个市、县进行了示范推广；重庆南川区建成完善了面向区县的一体化矿政监管信息系统，形成了以实测为基础，政府、矿山企业和中介服务机构三方共同参与的矿业权及储量动态核查更新机制；江西赣州市建设了一体化矿政管理信息系统，其中税费征收缴纳及年检等功能已拓展到赣州市的18个县、市，推动了矿政监管的精细化。

完成了控制点和界桩保护研究总结。通过试点，提出了控制点保护措施：①明确责任；②保护标识；③加强日常维护；④建立保护控制点和矿业权界桩的日常机制。对于大型露天矿，矿界范围变化不大的界桩也应该加强日常维护和保护的工作，如果已经破坏的应由矿业权人按技术要求重新测量并埋设，已经作为开采区被破坏界桩位置的，则应该上报国土资源主管部门，调整矿界，并按照新矿界测量埋设界桩；或让矿业权人退回法定许可区内开采，重新埋设界桩。

2013年11月26~27日，“全国矿业权实地核查成果‘回头看’成果验收与现场交流会”在昆明召开，会议由全国矿业权实地核查项目办公室和中国地质调查局发展研究中心主办，云南省国土资源规划设计院协办。来自云南、内蒙古、山东、甘肃、青海5家项目协作单位及相关单位代表参加了会议。中国矿业联合会傅鸣珂研究员、国土资源部高咨中心曹树培研究员、云南省国土资源厅矿管处处长吴乔峰等专家和领导出席了会议。会上，5家项目协作单位分别汇报了全国矿业权实地核查成果开发与应用“回头看”工作及2011年度卫星照片执法检查问题图斑处理等情况。在矿业权实地核查成果基础上，“回头看”工作评估总结了矿业权实地核查工作及其成效，为进一步规范矿政管理工作奠定基础；同时“回头看”工作还对实地核查问题处理情况进行了梳理分析，分类归纳了问题出现的原因、整改情况和处理方案，进一步推进了矿业权实地核查发现问题的处理。各协作单位对2011年国土资源部土地矿产卫星照片执法中发现的问题进行实地专门调查，在分析问题产生原因基础上提出合理的处理建议，推动了卫星照片执法中发现问题的解决。通过会议交流，各协作单位相互分享了问题的处理方法及经验，基本上解决了“回头看”发现的问题。

2014 年 11 月，山西朔州市和河南洛阳市栾川矿业权实地核查成果应用试点相继完成并通过了验收；2014 年 12 月，中煤航测遥感局和吉林大学承担的相关技术综合与数据及信息系统支撑课题完成，并通过了全国矿业权实地核查项目办公室组织的验收。

2014 年 12 月 11 日，“湖北省矿政管理信息化系统（一张图管矿）评审会与现场交流会”在武汉举行。国务院参事、国土资源部原总工程师张洪涛，解放军信息工程大学王家耀院士，中国地理信息产业协会常务副会长、秘书长胥燕婴，湖北省国土资源厅党组书记、厅长孙亚等领导专家出席了会议，参加“地质信息技术发展论坛 2014”的来自全国从事地质矿产信息化工作 30 多个单位的 80 多位代表参加了交流会并进行了现场观摩。该系统是在全国矿业权实地核查办公室与湖北省财政厅共同支持下开发的。系统以矿业权实地核查成果数据为基础，结合湖北省矿政管理实际，开展了数据应用拓展，实现了省、市、县三级矿政管理的互联互通。与会人员听取了湖北省矿政管理信息化系统建设的思路、技术方法和最新进展，观看了系统视频展示和实际演示。专家组同意通过验收，并对该系统给予了充分肯定和高度评价。与会人员切实体会到信息化对于推进政务阳光工程、提升矿政管理效率及简政放权的变革作用。

截至 2014 年底，矿业权实地核查成果开发与应用全面完成了各项任务。

总体来看，矿业权实地核查成果开发与应用进展顺利，更新维护了矿业权实地核查数据库，进一步完善了管理信息系统，为各地实地核查发现问题的处理提供了数据和技术支撑；通过矿业权实地核查成果深度应用试点，提出了矿业权实地核查形成的地质测绘基础设施的保护措施，提出了面向矿政管理的矿业权实地核查成果数据拓展技术方法和数据动态更新机制，基本上形成了基于矿业权实地核查成果数据的省、市、县三级矿政管理信息系统建设模式，进一步推进了矿业权实地核查发现问题的研究和矿业权分布规律研究，提出了规范矿政管理的措施建议。应用研究工作进一步挖掘了实地核查成果潜力，推进了矿政管理工作。

第四节　完成的主要实物工作量

经统计，在三年半的时间内，共完成以下主要实物工作量：

1）补充完成矿业权实地核查数据 165 个，其中探矿权 48 个、采矿权 117 个，每个矿业权完成全国矿业权实地核查规定的“四个一”要求，编制完成 48 张探矿权勘查工程实际材料图和 117 张采矿权开拓采掘工程平面图、330 个控制点及平差报告和 165 份对照表。补充核查矿业权均完成野外验收，形成野外验收及数据验收意见书 7 份（湖南、山西及新疆各由一家单位开展核查工作）。

2）由全国矿业权实地核查项目办公室组织，持续投入 9 人开展完成湖南省、山西省、新疆维吾尔自治区、四川省等 4 个省（区）165 个补充矿业权实地核查数据成果 100% 计算机检查和人机交互检查验收工作，共涉及矿业权 165 个，其中探矿权 48 个、采矿权 117 个，形成检查验收意见 11 份，对同批次成果通过检查及修改复核直至合格，并对通过检查验收的补充核查数据开展属性、空间数据规范化整理及入库；数据库功能测试；入库数据检查等工作，始终保持与 2010 年形成的全国矿业权实地核查成果数据结构及标准要求的一致，实现数据库动态更新。

3）完成经国土资源部批准上报入库的全国首批整装勘查区电子报盘数据的收集整理，包括44片（54个区域，不包括铀矿）整装勘查区，以及区内13729个拟设探矿权、拟设采矿权、已设探矿权、已设采矿权数据格式转换、属性挂接、投影变换、形成ArcGISfile Geodatabase数据集及补充制图编码等工作。按照类型形成数据集5个，其中整装勘查区共涉及铁矿（14片）、铜矿（10片）、铝土矿（6片）、铅锌矿（7片）、金矿（7片）等5个主要勘查矿种；已设矿业权6241个，其中已设探矿权3106个，已设采矿权3135个；拟设矿业权6875个，其中拟设探矿权3973个，拟设采矿权2902个。

4）基于全国矿业权实地核查成果，利用各省提交的1:50万基础地理、地质底图，开展成果深度应用研究及开发。通过努力已经完成省级地理及地质数据接边、要素格式转换及投影变换、空间数据集建设，按照相关标准及规范完成地理及地质符号编制，适用于A4、A3和A0等3个幅面。该成果已经成功地应用于《全国首批整装勘查区矿业权分布图集》、《全国首批整装勘查区矿业权设置方案图集》以及其他全国、省级相关图件的编制工作。

5）完成44个（除3片铀矿）首批整装勘查区矿业权设置方案图集的编制和印刷工作，形成ArcGIS图集工程文件90个，其中A3幅图集工程文件45个，便携式图集工程文件45个。印刷形成A3幅图集200本；便携式40盒。该成果已经及时提供给国土资源部开发司、相关司局、省国土资源厅及相关单位使用，得到了高度评价，为找矿战略行动及矿产资源勘查合理投放提供技术支持，同时实现为部机关、社会大众提供方便、快捷的电子或纸质信息服务。

6）完成湖北、重庆南川、江西赣州等13个县（区）、市的矿业权实地核查成果应用试点研究，基于矿业权实地核查矿政管理系统建设完成并投入运行。

7）组织6个省开展矿业权实地核查发现的近200个遗留问题的处理情况，依据国土资源部在全国矿业权实地核查期间印发的有关文件规定，积极推进问题的处理；同时在重庆市南川区等13个核查成果深度应用试点市、县一并开展矿业权实地核查“回头看”工作，通过对发现问题处理的跟踪以及实地核查成果的行业应用效果，客观地评价全国矿业权实地核查工作对于规范矿业权管理、推动矿政管理水平提升方面的作用；另外，借助2011年矿产资源卫星照片执法工作成果，对发现的越界勘查、开采和井口不在矿界等问题仍然未进行处理的部分省份开展工作，以卫星照片执法发现的矿山开采存在问题为基础，评价实地核查工作成果质量。

8）完成3种基于矿业权实地核查矿政管理系统建设模式归纳总结，编制了相关技术要求，并在全国推广。

9）针对全国矿业权实地核查工作发现矿界位移、越界问题较多的露天矿矿业权，进一步利用遥感技术开展露天矿矿业权动态监督管理技术方法研究及实践，从而为矿业权监管部门提供技术支持。

10）为了保护矿权人的利益，保证矿区安全有序地生产，组织开展矿业权基础控制设施保护机制研究，通过跟踪调查充分总结全国成果试点研究工作，结合各地实际情况，提出基础控制设施保护机制意见及建议。

第五节　取得的主要成果

1）研究提出了矿业权实地核查地质测量基础设施保护措施与要求，推进建立了矿山地质测量基础设施保护机制。按照“谁建设，谁保管”的原则，形成责任明确、分工协调的保护机制。国土资源主管部门负责辖区内地质测绘基础设施保护的管理和监管工作；采矿权人负责矿区地质测绘基础设施的建设、保护和维护工作；探矿权人负责勘查区地质测绘基础设施的建设、保护和维护工作。

2）研究提出了矿业权实地成果数据的拓展模式和动态更新机制。矿业权实地核查成果数据可以进一步拓展为矿产资源储量利用调查、储量动态监管、地质环境与地质灾害、矿产资源规划、矿业权设置方案、矿产资源执法监察等提供基础和服务。矿业权实地核查成果数据更新主要包括两方面内容：①矿业权基本属性项的更新，主要通过和矿业权登记数据库保持衔接和同步；②大量反映矿业权人勘查开采活动进展状况的勘查工程或开拓采掘工程数据的更新，基于遥感动态监测对露天勘查开采工程数据进行更新，通过多方参与机制对井下勘查开采工程数据更新。

3）研究提出了矿政管理信息系统数据库建设流程与技术要求，推动了各级矿业权数据库的建设。以全国矿业权实地核查属性、空间数据库的内容、结构为基础，在湖北、洛阳、黑河等地区围绕国土资源管理“一张图”建设等工作，开展数据拓展性应用研究，实现省级、市级、县级不同级别矿政管理信息系统数据库建设需求分析。经过进一步补充完善及拓展，形成一套完整的、能够与国土资源管理相关数据相结合，适用于国土资源“一张图”矿政管理工作的数据库模型、标准和建设流程，可以用于指导全国相关信息系统平台及数据库建设工作。

4）研究提出了基于矿业权实地核查成果的矿政管理信息系统建设模式、工作指南和技术要求，通过省、市、县试点推进了矿产管理信息系统建设。基于矿业权实地核查成果数据进行矿政管理信息系统建设，由于涉及工作内容多、部门广、业务复杂，应按照软件工程方法或敏捷开发方法进行软件系统的开发。矿政管理信息系统可以采用国家、省、市、县四级建设模式，可以是省、市、县三级建设模式，省市、市县（省市、省县）的两级建设模式，也可以是只市级或县级的独立一级建设模式。

5）完成了全国矿业权实地核查遗留矿业权补充实地核查工作。从2011年度开始，全国矿业权实地核查项目办公室对各省完成补充核查的矿业权进行检查、验收，以及全国核查成果数据库的补充工作。截至2013年底，共完成接收的补充核查矿业权165个，主要为湖南省、山西省、新疆维吾尔自治区和四川省4个省（区）补充矿业权数据，其他未交由全国矿业权实地核查项目办公室检查、验收的补充核查矿业权则由各省组织相关专家及人员按照实地核查工作要求，完成补充矿业权的检查、验收及登记库更新和换发新证的工作。

6）通过矿业权实地核查“回头看”，对矿业权实地核查工作成效进行了评估，同时推进了矿业权存在问题的解决。评估表明：矿业权实地核查实现了既定的工作目标，在矿政管理中发挥了越来越大的作用；矿业权实地核查推进了矿业权基础数据存在问题的解决（特别是矿界问题），尽管尚有少部分矿界问题仍有待解决，但是绝大多数矿界问题已经得到妥善解决。组织协助矿政管理部门对矿业权漂移、井口位于矿界外等问题进行变更处理或纠正，解决卫星照片执法调查发现井口不在矿界内的违法图斑132个，矿界位移点122个，进一步夯实了矿业权管理的权属数据基础。

7）通过矿业权实地核查综合研究，提出了矿业权管理政策措施建议。在矿业权实地核查发现问题深入分析基础上，提出了加强矿业权矿界管理和矿业权管理的政策措施。矿界管理措施包括：科学划定矿区范围，实施精细化过程管理，加强矿政管理信息化及相关技术方法研究与应用等。矿业权管理措施包括：加强矿业权宏观调控，尽快完善矿产资源法律制度，合理地解决矿业权和土地使用权分开的矛盾冲突问题等。利用矿业权实地核查成果对煤炭采矿权进行了深入分析，提出了煤炭资源开采准入条件和合理开发保护政策建议。

8）利用矿业权实地核查成果编制了整装勘查区矿业权图件，有力地促进了找矿突破战略行动纲要的实施。充分运用已建立的矿业权实地核查数据库和管理信息系统，编制了《全国首批整装勘查区矿业权分布图集》和《全国首批整装勘查区矿业权设置方案图集》，利用全国矿业权实地核查数据库和管理信息系统，为地质找矿战略行动提供了支撑。

9）系统总结了全国矿业权实地核查成果，组织编辑出版了《全国矿业权实地核查及成果应用研究》（地质出版社）、《全国矿业权实地核查技术方法指南研究》（地质出版社）、《全国矿业权实地核查信息系统建设与应用》（科学出版社）、《基石——全国矿业权实地核查纪实》（地质出版社）等，共4本专著；在《中国矿业》2011年第7期组织专栏发表论文6篇、在《地理信息世界》2011年第5~6期组织专栏发表论文9篇等，基本上实现了实地核查成果向理论的转化应用，丰富和发展了矿政管理理论和方法体系。

第二章　矿业权实地核查成果与应用开发总体框架

第一节　矿业权实地核查成果及组成

全国矿业权实地核查成果由单矿业权实地核查成果、技术方法研究成果、矿业权实地核查数据库和综合研究成果4部分组成。其中，单个矿业权实地核查成果是最基本、最重要的成果。

一、单矿业权实地核查成果

通过矿业权实地核查，每个矿业权实地核查形成了4项基本成果：①一组控制点，包括引入矿业权的2~3个控制点点之记与相关记录；②探矿权勘查工程实际材料图或采矿权开拓采掘工程平面图，主要内容包括勘查工程或开拓采掘工程分布、矿业权拐点及边界和主要地理要素等，比例尺一般为1∶2000或1∶5000，个别范围特大的采矿权比例尺为1∶10000；③矿业权实地核查对照表，根据实地核查数据，对比该矿业权登记数据库数据，形成了矿业权实地核查对照表；④基本情况说明，包括矿业权基本情况、地质特征、矿体特征及勘查开发情况等。

针对应用，单矿业权实地核查成果可分为矿业权权属数据与图形数据、矿山地质测量基础设施两大类。

（一）矿业权权属数据与图形数据

全国矿业权实地核查全面获得了统一标准的矿业权权属数据和反映矿业权状态的图形数据，夯实了矿业权权属数据基础。系统地核实了36755个探矿权和110493个采矿权的登记数据项，首次实现了全国147248个矿业权拐点坐标数据在“1980西安坐标系和1985国家高程基准”内的统一，查清了全国矿业权现状。实测编制了18108张探矿权勘查工程实际材料图、110493张采矿权开拓采掘工程分布图，首次完整地获得了反映矿业权活动现势性的空间图形数据，填补了矿业权登记数据库中空间数据的空白。

探矿权权属数据主要数据项包括：申请序号、许号证号、项目档案号、探矿权人、探矿权人地址、勘查项目名称、地理位置、图幅号、勘查面积、有效期限、勘查单位、发证机关及勘查区块范围等。采矿权权属数据主要数据项包括：许可证号、采矿权人、地址、矿山名称、经济类型、开采矿种、开采方式、生产规模、矿区面积、有效期限、发证日期、发证机关及矿区范围等。

探矿权勘查工程实际材料图和采矿权开拓采掘工程平面图是反映矿业权人勘查、开采活动状况的图件，能直观地反映矿业权实际范围，是全国矿业权实地核查工作的核心成果。图面内容包括矿业权边界拐点及编号、边界线，控制点及编号，勘查工程（钻孔、探槽），开拓工程（井口、巷道）和采掘工程（采剥面、采区及编号、采空区）等要素。除专题内容外，还包括居民地、公路、铁路及水系等标识性地理标志。煤炭探矿权以及详查阶段以上的非煤探矿权均实测绘制了勘查工程实际材料图；所有采矿权包括露天开采采矿权、井工开采采矿权均实测绘制了开拓采掘工程平面图。

（二）矿山地质测量基础设施

全国矿业权实地核查建立了覆盖我国所有矿山统一标准的地质测量基础设施。共建立加密控制点 40346 个，向矿区引入控制点 165182 个，埋设露天矿界桩 242873 个，每个点均实测获得了两套坐标数据（“1954 年北京和 1980 年西安坐标系”），系统地建立了我国矿山地质测量的控制点体系，为后续的矿政管理及基础测绘工作奠定了基础。

在矿业权实地核查中，31 个省（自治区、直辖市）和中国核工业集团公司利用 22890 个国家已有高等级控制点（包括 GPS 国家 A、B、C 级以上控制点、等级三角点和大地水准点），采用静态 GPS、网络 RTK 等进行平面控制测量，结合水准测量、大地水准面精化等进行观测，在全国范围内布设了多级控制点网。为了确保控制点网所要求的精度，这些地区以国家基础控制点为基准，布设建立了 40346 个加密控制点。尤其是在青海、西藏、新疆等边远地区的高等级控制点空白区，采用双频 GPS 连续观测的办法，比较好地解决了高等级控制点缺失的问题，为向探矿权和采矿权矿区引入基准点奠定了基础。以国家基础控制点和加密控制点为基准，各省（区、市）共向矿业权引入了 165182 个矿区控制点，实现了对全国所有矿业权的覆盖。通过联网平差，加密控制点获得了两套坐标和高程数据：一套为“1954 年北京坐标系下坐标和 1956 年黄海高程系”高程；一套为“1980 西安坐标系下坐标和 1985 国家高程基准”下的高程。矿区控制点利用测区转换参数获得了两套坐标，即 54 坐标和 80 坐标。

根据地方国土资源部门的要求，全国矿业权实地核查对没有争议的露天矿采矿权进行设桩定界。核查单位使用 RTK 或全站仪进行矿业权拐点放样，按照国土资源部门要求制作和埋设界桩。界桩规格由各地国土资源部门自行制定。通过全国矿业权实地核查，全国露天矿采矿权共埋设了 24. 29 万根界桩，成为界定露天矿山开采矿活动范围和保护矿业权人利益的重要地物标志。

二、技术方法研究成果

全国矿业权实地核查系统建立了矿业权实地核查技术方法体系。充分利用全球定位系统、遥感、地理信息系统、计算机技术和网络技术等当代高新技术，构建了矿业权实地核查工作的技术框架。确立了以单矿业权为基本实测单元，创造性地提出了单矿业权“四个一”的工作要求，即为矿区引入“一”组控制点后，为每个矿业权实测“一”张勘查工程或开拓采掘工程平面图，使用矿业权的登记与核查属性库生成“一”张实地核查对照表，并编写“一”张矿业权基本情况说明。为我国矿产资源管理的精细化、数字化和信息化提供了技术保障。

矿业权实地核查总体思路是：首先通过实地测量界定矿业权实际位置；其次比较矿业权实际位置与法定许可范围一致性，确认矿业权实际位置是否在登记证许可的范围之内；再次是在实地核查过程中对矿业权登记证书上的其他数据项给予现场调查，核实数据的真实性；最后对矿业权实地核查数据建库并进行分析，为矿业权管理提供基础数据支撑。

实地测量采用“1980 西安坐标系”；高程采用“1985 国家高程基准”。投影采用高斯－克吕格 3°带投影，采用3°带国家标准中央子午线。

一般以县为测区，采用 GPS 做首级控制测量。首级控制点的密度不得小于 100 km^2一个点。点位中误差小于0.044 m，边长相对中误差小于1∶80000。向每个矿业权引入一组控制点，一般为2～3 个。高程测量由国家水准点采用水准测量方法或测距高程导线联测。

对于探矿权，实测主要勘查工程的平面位置与分布，包括钻孔、探坑、探洞、浅井和探槽等。进入详查阶段的探矿权，一般有勘探工程实际材料图，可选择图上 3～5 个工程点进行抽查，如果符合要求就把实际材料图转换到“1980 西安坐标系”即可使用。

对于露天矿采矿权，主要测量露天矿开采的工作面位置和采场的分布。对实地核查无误的露天矿采矿权，应按照核查转换后的拐点坐标进行实地放样测量，埋设界桩。

对于井下采矿权，主要实测矿井的开拓系统和采区分布以及可测量的采空区。开拓系统包括主井、副井、运输大巷、一般巷道、石门和井底车场等；采区分布包括采掘工作面、采区运输巷、上下山、回风巷和人行道等；采空区主要实测近期形成的采空区。对于收集的矿山地质测量图件，经抽查如果内容和精度符合要求，只完成坐标系的转换即可使用。

对相对独立的砂石、黏土采矿权使用亚米级手持 GPS 实测即可；对水气矿业权只实测井口和主要泵房位置；对河砂、海砂等流动性比较强的矿种，要求同砂石黏土，可不进行标桩。

三、全国矿业权实地核查数据库

基于 GIS、数据库等技术，采用面向对象程序设计语言编写了核查数据采集、验收和质量检查等软件系统。其中采集系统不但实现了快速绘制各种空间要素，而且可以自动配置符号，解决了实测的 CAD 数据成果向 ArcGIS 格式的一键式无损转换问题。研发的软件系统在全国1000 多个单位装备使用，极大地提高了工作效率，有效地降低了工作成本，保证了成果质量。

组织建立了一体化集中式存储的全国矿业权实地核查成果数据库，并开发了相应的数据库管理信息系统。基于 Oracle 建立的全国矿业权实地核查成果数据库，囊括了全国约15 万个矿业权核查成果数据、用于核对的矿业权登记数据、省级成果数据和全国矿业权核查汇总数据，数据量约 700 GB。数据库管理系统能够完成从单个矿业权到全国逐级汇总、成果数据的维护与更新、导出，随时提取并一体化显示多元、异构的单个矿业权核查成果数据，还可实现矿业权登记数据与核查数据的逐项对比；可展示采矿权、探矿权的空间分布情况；可按大区、矿业权类别、发证类别、开采方式及有效期等条件进行空间查询，可按成矿区（带）等进行空间分析，还可以完成新申请矿业权与矿业权核查要素之间的空间叠加分析；能完成按行政区划、矿种、发证类别、经济类型及开采方式/勘查阶段等各种组合条件对全国矿业权核查数据进行多角度、多层次的统计分析。系统通过发布的各类 Web 服务（数据服务、地图服务、计算服务等）与其他数据库和信息系统进行松散耦合的衔接，为各类客户端应用提供了统一接口。

建立了从采集、验收、一体化管理、数据质量控制到数据应用的信息集成模式，各阶段的系统既能独立运行又可组合运行，实现数据资源与计算资源的共享，构建了矿业权实地核查成果数据框架，为中国矿产数字化与信息化建设提交精确的基础数据信息提供了技术保障。

四、综合研究成果

系统地梳理分析了矿业权存在的问题，并分类提出了处理建议。由于历史等原因，相当数量的矿业权实际位置与发证范围不一致，产权关系不清，大量超层越界，引发矿业权纠纷。通过矿业权实地核查，全国矿业权发现问题共计 108356 个，其中，属于矿界位置（含矿界位移、超层越界和矿界交叉重叠）方面的问题共计 65953 个，占发现问题总数的 60.87%，占实地核查矿业权总数的 44.79%。通过总结分析，问题的存在有多种原因，有历史遗留的，也有近年新形成的；有技术方面的，也有政策规定方面的；有矿业权人的，也有管理部门的。大致可概括为以下几个方面：过去矿山划界手段和技术落后，导致在矿山划界时常会出现很大误差；有些矿业权设置不够科学合理，客观上造成了矿业权人越界开采；矿业权管理手段尚不完善，信息化程度不一，各级管理部门缺乏及时衔接，导致矿业权登记信息不全、不实的问题；矿业权人无意或恶意违规，受利益驱动往往会采取各种方式逃避监管。根据问题处理分析结果，提出本次矿业权实地核查发现问题处理的总原则是：对发现的问题，要按照不同性质，进行分类处理；属于地质资料不准、技术手段落后等客观原因导致的问题，在不影响其他矿业权人权益的前提下，原登记管理机关可按照实际情况予以变更登记；对于矿业权人主观原因造成的问题，由国土主管部门依法处理。

开展了矿业权宏观布局和设置研究，系统地分析了全国矿业权的分布规律，提出了加强矿业权管理的措施建议。基于矿业权实地核查数据库和管理信息系统，分行政区、矿种、矿业权种类等分析了矿业权的分布特点和存在问题，分别绘制了 31 个省（区、市）矿业权分布图、专题分析图和 11 册 1500 多个全国主要矿业权图集，系统地展示了全国矿业权分布规律。通过对实地核查中发现问题的梳理和研究，分析了问题的主要倾向与产生的原因等。开展了矿业权布局和矿业权边界设置规律研究。基于上述宏观分析和微观研究，从加强矿业权流程管理、矿业权宏观布局和矿业权边界拐点设置等方面提出了加强矿政管理的建议。

第二节　矿业权实地核查成果应用方向及前景

矿业权实地核查成果应用方向可分为 3 个方面：服务于矿政管理、服务于矿业权人和服务于社会公众。目前，矿业权实地核查成果已经得到了越来越多部门的重视，应用潜力巨大。

一、服务于矿政管理

矿业权实地核查成果可满足各级国土资源主管部门的需要。各级管理部门可以通过掌握全面、真实、可靠的矿业权数据，加强矿产资源勘查开发的规划管理，依法维护矿产资源勘查开发秩序，切实保护矿山生态环境，促进矿产资源开发的节约集约和合理利用，依法维护矿业权人的合法权益，同时开展矿政监督执法工作，提高整体矿政管理水平，从而更好地履行国土资源管理部门的规划、管理、保护和合理利用国土资源的职能。目前，全国各省（区、市）国土资源管理部门基本完成了矿业权实地核查发现问题的处理工作，同步更新了登记数据库及换发勘查和采矿许可证。通过对矿业权实地核查发现问题，深入分析，以矿业权实地核查工作流程为基础，规范了矿业权审批、登记和发证流程。矿业权实地核查技术方法在矿业权发证审批中得到应用，国土资源部发文规定：自 2009 年 7 月 1 日起，所有新设探矿权采矿权必须按照矿业权实地核查技术要求，经过实测后方可进行配号。矿业权实地核查成果数据得到国土资源部信息中心采纳应用，实地核查数据通过配号系统进入综合监管平台得到应用，推进了全国矿业权统一配号系统和综合监管平台建设。部分地区初步探索形成了日常矿政监督管理工作的新流程与新方法，在矿业权设置、资源整合、储量利用情况动态管理、查处超层越界开采、矿产资源税费征收和矿山地灾防治管理等工作中发挥了重要的作用，提高了基层矿政管理和服务的水平。初步建成了基于矿业权实地核查成果的矿政监督管理信息系统，很大程度上提高了矿政管理工作水平和工作效率。

二、服务于矿业权人

矿业权实地核查成果可满足矿业权人的需要。在矿业权实地核查前，大部分矿业权人对矿界的法定作用意识淡薄，通过此次核查增强了广大矿业权人的法制观念，提高了依法勘查开采的意识。核查成果可以辅助矿业权人按照准确的勘查开采范围和期限，制定勘查开采方案、从事勘查开采活动、合理开采矿产资源、维护自身应有权益。矿业权人可以利用矿业权实地核查形成的加密控制点和矿区控制点作为矿区勘查或开采活动测量的基准，这些控制点成为矿业权日常生产的重要基础设施；利用界桩作为自身勘查或开采活动范围的重要地物标志，并依据界桩防止他人越界盗采界内资源，保护自身合法权益；以矿业权实地核查形成的探矿权勘查工程实际材料图或采矿权开拓采掘工程平面图为基本用图，在此基础上添加相应的内容形成矿山储量计算图、井上井下对照图、生产调度图和安全生产图等各种图件，开展生产调度和指挥，保障矿区勘查或开采活动的有序进行。

三、服务于社会公众

矿业权实地核查成果还可服务于社会公众。目前探索建设的基于矿业权实地核查成果的“矿政管理一张图”工程都包括了信息发布模块，可为信息公开提供支持社会。公众是市场经济条件下有力的监督者，公众监督是发挥社会民主的重要途径，也是约束政府行为的有效方式。各级国土资源管理部门和矿业权人都应向社会公众及时、准确地公布矿业权信息和审批流程及结果，建立基础性、公益性的地质矿产信息、矿业权设置情况公告和公开查询制度，有力地推进国土资源阳光政务工程的开展。

第三节　服务矿政管理的矿业权实地核查成果开发总体框架

矿业权实地核查成果在矿政管理方面的应用是核心应用。服务矿政管理的矿业权实地核查成果开发总体框架如图 2－1 所示。由图可知，矿业权实地核查成果开发主要包括 3 个方面：矿业权实地核查成果数据更新、基于矿业权实地核查成果的矿政管理信息系统建设和矿业权实地核查成果综合研究。

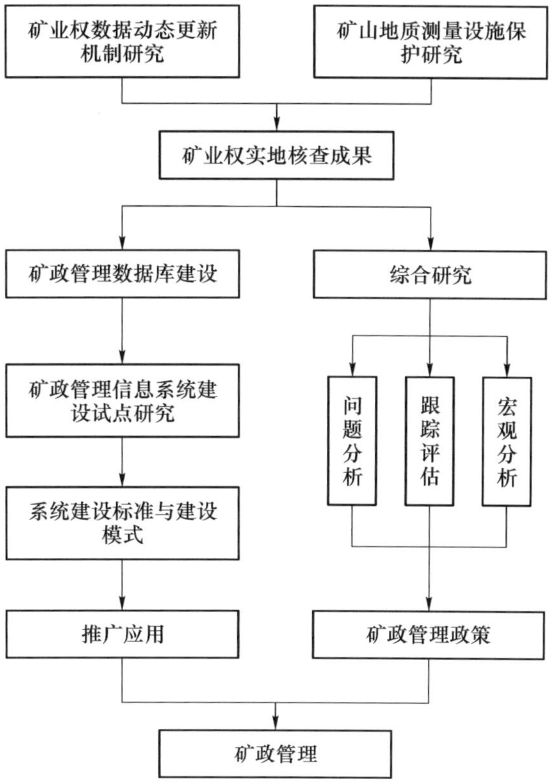

图 2－1　服务矿政管理的矿业权实地核查成果开发总体框架

一、矿业权实地核查成果数据更新

进一步规范整理全国实地核查成果数据库数据，检查、验收各省提交的补充实地核查成果数据，进行规范化整理，导入全国矿业权实地核查数据库。更新维护全国矿业权实地核查数据库，完善全国矿业权实地核查信息系统，为矿业权实地核查发现问题处理与更新换证工作提供技术支持。

建立合理可行的面向矿政管理的矿业权数据动态更新机制，是实现矿业权核查成果深度利用和矿政监管“一张图”的基础。矿业权实地核查形成的探矿权勘查工程实际材料图和采矿权开拓采掘工程平面图，必须要进行不断更新。探索矿业权基础数据和图件更新的周期、要素范围、图件表达方式、经费筹措、工作方式和承担单位选择等，形成良好的工作机制。以矿业权实地核查成果为基础，在分析总结前期核查工作基础上，研究形成以实测图形为基础的矿业权基础数据更新的机制，保证矿业权基础数据的实时更新，为矿政监管系统提供数据支撑。

矿业权实地核查基础设施保护是一项重要的基础性工作。研究如何保护好这些基础设施的措施，同时研究如何利用好这些基础设施，为矿政管理和其他国土资源管理提供服务的措施。明确加密控制点、矿区测量控制点及露天矿山等地质测量基础设施保护的责任主体，健全地质测量控制点建立、恢复、档案形成和监管等环节的管理机制，落实地质测量基础设施保护措施。

二、基于矿业权实地核查成果的矿政管理信息系统建设

以矿业权实地核查数据为基础对数据库进行拓展。借助地理信息技术、数据库技术和网络技术等手段，将基础地理、基础地质、矿业权核查、矿产资源潜力评价、资源储量利用调查、地质环境和地质灾害监测等多种矿政管理数据，按照统一规范的标准进行整合集成，使不同业务人员访问该系统时，基于一张基础地理底图调用不同的业务数据，叠加不同的专业图层进行查询、分析和统计，用于各类矿政管理工作。

以拓展后的矿业权实地核查数据库为支持，建设矿政管理信息系统。基于矿业权实地核查成果数据的矿政管理信息系统建设，旨在以矿业权实地核查成果数据为基础，充分利用矿业权范围内的地质调查、矿产资源潜力评价、资源储量利用调查、地质环境和地质灾害监测等成果数据，综合地质矿产信息和矿政管理要求，以便于操作和推广为前提，开发建立矿业权空间数据管理的信息系统，将各类成果数据综合应用于矿业权审批、矿山开发管理、矿产资源规划、资源储量管理和执法监察等环节，最终实现在统一平台下的各级联网的矿政管理运行系统。

三、矿业权实地核查成果综合研究

开展矿业权实地核查“回头看”，评价总结实地核查成果，对发现问题的整改情况进行跟踪研究。协助矿政管理部门组织开展矿业权实地核查“回头看”，评价总结实地核查成果，对发现问题的整改情况进行跟踪研究，对矿业权漂移、井口位于矿界外等问题进行变更处理或纠正，进一步夯实矿业权管理的权属数据基础。选择问题比较多的省份开展矿业权实地核查工作“回头看”，系统地评价总结实地核查成果，继续支持开展问题的变更处理或纠正。同时在矿业权实地核查成果深度应用研究试点县、市开展矿业权实地核查工作“回头看”工作，评估矿业权实地核查成果及发现问题的处理情况。

进一步总结分析矿业权实地核查发现的问题。以矿业权交叉重叠问题为重点，深入分析问题产生的背景与原因；选择典型矿山跟踪问题处理的全过程，提出处理和预防矿业权

交叉重叠问题的工作流程和管理建议；依据现有法律法规和政策，深化矿业权实地核查发现问题法理分析，提出加强矿业权管理的政策与法规建议。

开展基于矿业权实地核查成果的矿业权管理宏观分析与政策研究。继续以矿业权实地核查成果为基础数据，运用已建立的矿业权实地核查数据库和管理信息系统开展矿业权管理宏观分析。重点分析探矿权不同勘查阶段、不同矿种的空间分布规律，探矿权设置的合理性分析和存在的问题；配合国家找矿突破战略行动的探矿权设置激励机制研究；探矿权与采矿权的关系研究；采矿权不同矿种、不同规模的空间分布规律，采矿权分布与矿产资源赋存的关系研究；矿产资源生产、供应和消费的空间格局研究。

第三章　矿业权实地核查“回头看”与成果总结

第一节　全国矿业权补充核查与成果补充完善

在《关于开展全国矿业权实地核查工作的通知》（国土资发〔2008〕59 号）中明确了 2009 年 6 月 30 日前设置的有效矿业权全部参加实地核查工作。但由于汶川地震灾害，331 个、少数民族维稳区 176 个、矿产资源整合 4560 个的矿业权暂未参加全国实地核查。在按实地核查要求进行实地测量后，这部分成果数据的质量控制需要加强，以实现对全国数据库的动态更新。

从 2011 年度开始，全国矿业权实地核查项目办公室针对全国完成补充核查的矿业权进行检查、验收，并推进全国核查成果数据库的补充工作。截至 2013 年底，共完成接收的补充核查矿业权 165 个，主要为湖南省、山西省、新疆维吾尔自治区、四川省等 4 个省（区）补充矿业权数据，其他未交由全国矿业权实地核查项目办公室检查、验收的补充核查矿业权，则由各省组织相关专家及人员按照实地核查工作要求完成补充矿业权的检查、验收，以及登记库更新和换发新证的工作。

2011 年初设立在中国地质调查局发展研究中心的全国矿业权实地核查项目办公室，开始正式接收全国矿业权实地核查补充成果数据。此次数据接收组由谭永杰总工程师、屈洪刚负责，检查接收人员由杨建锋、林燕、孙炳旭、宋越、杨菁、胡智峰、王永志、杨迪钦等组成，其中，杨建锋、孙炳旭、胡智峰负责电子平差报告、图面精度的检查接收工作，林燕、杨菁、宋越、王永志、杨迪钦负责机检及人机交互检查的工作。数据接收工作严格按照相关技术要求及“关于各省（区、市）矿业权实地核查成果最终提交接收有关程序的说明”进行操作。检查合格的补充核查数据提交经由接收组负责确认后，经确认后全国矿业权实地核查项目办公室出具成果资料接收的收条，予以接收。检查通过的补充成果数据则提交至全国矿业权实地核查项目办公室统一入库、整理。

一、补充核查数据检查、验收与接收

针对补充数据检查、验收小组主要由地质、测量、地理信息专业的人员组成，按照分工和侧重点不同，检查小组分为机检组、图面检查组和人机交互组 3 个组，各小组之间相互协调，以减少工作量，提高效率，补充核查数据验收内容及流程见图 3－1。

图面检查组在检查坐标精度和平差报告时，若发现存在实测精度有误等严重质量问题，核查单位又无法解释清楚时，有必要采取现场实地测量检查。

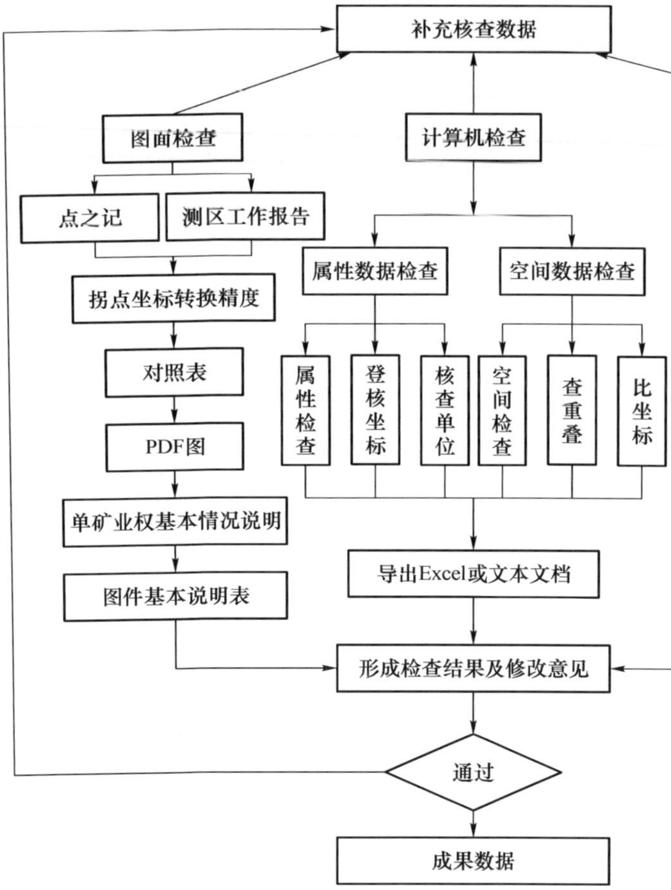

图 3-1 补充核查数据验收内容及流程

陆续检查验收了湖南省、山西省和新疆维吾尔自治区、四川 4 个省（区）提交的补充核查数据共 165 个（表 3-1），严格按照检查与接收相关技术要求执行，计算机检查组使用质量检查软件对成果数据进行 100% 的自动检查；人机交互检查抽取的比例按照核查矿业权数 0～100 抽查 100%，100～400 抽查 10%，400～1500 抽查 7%，1500～3000 抽查 5%，3000 以上抽查 3% 的要求。

表 3-1 补充核查数据检查与验收数量统计

省（区）	采矿权/个	探矿权/个	总数/个	检查意见书/份
湖南	42		42	2
山西	45	4	49	3
新疆维吾尔自治区	26	44	70	3
四川	4		4	3
总计	117	48	165	11

基于全国矿业权数据检查验收抽样方案要求，结合实际情况，对 4 个省（区）提交的 165 个补充核查数据 100% 进行机检、图面、人机交互检查工作；主要针对平差报告、

“四个一”成果电子成果进行检查，对有问题的单个矿业权逐条形成修改意见。对各省（区）存在问题的数据形成检查及修改意见书共计11份，各省（区）经过反复修改，最终形成的补充核查数据成果完全合格。

二、补充核查成果录入全国矿业权实地核查成果数据库

对各省（区）提交的165个单个矿业权核查成果数据进一步梳理，发现问题，将不规范的数据按照相关技术要求进行规范化再整理。

此项工作核实了接收工作程序检查中不容易发现，但对成果数据质量会产生较大影响的内容。在各省（区）矿业权实地核查项目办公室有关人员与核查承担单位的配合下，对成果数据的错误及不规范处再次修改。

将经过再次梳理的补充成果数据统一导入全国矿业权实地核查成果数据库，确认数据库的正常运行及功能实现。

再次对入库的补充核查成果数据进行检查，通过对矿业权数、关联性等方面的检查，检查是否有重复核查矿业权的现象，检查有无许可证重复等情况。

第二节　全国矿业权实地核查“回头看”

全国矿业权实地核查“回头看”工作分两个层面展开。一是在13个核查成果深度应用试点县、市开展“回头看”，通过对发现问题处理的跟踪以及实地核查成果的行业应用效果，客观地评价全国矿业权实地核查工作对于规范矿业权管理、推动矿政管理水平提升方面的作用。二是针对2011年度矿产卫星照片执法检查工作中发现的矿界问题处理情况进行跟踪研究。

一、矿业权实地核查“回头看”

在开展矿业权实地核查成果深度应用研究试点的湖北、重庆南川、河南洛阳、黑龙江黑河、江西赣州、江西德兴、云南、四川、黑龙江、江西丰城、内蒙古鄂尔多斯、山西朔州、河南栾川等13个省、市、县开展矿业权实地核查“回头看”工作，系统地总结评估实地核查成果，并在试点区依据实地核查形成的对照表，逐个矿业权评估实地核查成果及发现问题的处理情况。在中国地质调查局发展研究中心的组织下，湖北省土地规划勘测院、重庆市南川区国土资源和房屋管理局、河南省洛阳市矿业发展中心、黑河国土资源局、江西省赣州市矿产资源管理局、江西省上饶市德兴市矿产资源管理局、云南省国土资源信息中心、四川省国土规划研究院、黑龙江省地质矿产测试研究所、江西省丰城市地质矿产局、内蒙古鄂尔多斯市地质环境监测站、山西省朔州市国土资源局、河南省栾川县地质矿产局等13个单位分别开展本区域的“回头看”工作。

总的来说，13个成果深度应用试点“回头看”表明，矿业权实地核查成果对于加强矿业权科学管理、维护矿业权人合法利益、推进矿管政务公开、规范矿产资源勘查开发秩序提供了重要基础，达到了矿业权实地核查工作的预期目标，在矿政管理中发挥了越来越大的作用。

重庆市南川区国土资源和房屋管理局对2008～2009年期间开展的矿业权实地核查工作进行了全面回顾，逐一对照检查了实地核查发现的各类问题处理情况，系统地总结了矿业权实地成果的应用情况，系统地总结了矿业权实地核查成果在采矿登记、规划、矿业权设置方案、储量动态管理、矿山监管、人为地灾责任认定等方面产生的促进作用。逐矿评估实地核查成果及动态核查发现的问题，分析产生的原因并研究如何规范矿业权管理来避免类似问题的发生，同时对动态核查发现问题的整改情况进行跟踪研究，出台完善了相关管理文件，避免因未实地核查产生矿界不实等情况的发生。

江西省赣州市“回头看”工作表明，矿业权核查中发现的绝大多数问题已经得到了变更处理或纠正，并完成“54坐标转80坐标”工作；在此基础上已对矿权登记数据、矿业权设置数据、矿产资源规划数据、矿山地质环境数据等业务数据以及遥感影像、行政区和土地利用现状等基础数据为基础，建立起矿政核心数据库。通过应用赣州市矿政管理信息系统利用“一张图”和对以往矿业权实地核查数据库进行“回头看”，经过数据分析和井上井下图对照，发现全南大吉山钨矿、定南岿美山钨矿等矿山部分开拓工程巷道及窿口位于采矿许可证范围外，进一步解决探矿权，采矿权等其他业务数据分库查询造成重叠情况。在矿政管理系统中对所有的空间数据都采用统一坐标投影系及坐标投影转换工具，基本上可以避免矿区漂移情况的发生。

二、矿产卫星照片执法检查发现问题跟踪

国土资源部组织开展了2011年度矿产卫星照片执法检查，发现矿业权漂移问题120处、井口位于矿界外114处，尤其以内蒙古、黑龙江、山东、云南、甘肃和青海等省（区）比较突出，问题比较多。为此，选择问题比较多的内蒙古、黑龙江、山东、云南、甘肃和青海省（区）开展矿业权实地核查工作“回头看”，系统地评价总结实地核查成果，继续支持开展问题的变更处理或纠正，重点为2011年度矿产卫星照片执法检查发现的实地核查后仍然没有处理的问题。在中国地质调查局发展研究中心的组织下，内蒙古自治区国土信息院、山东省国土测绘院、云南省国土规划院、甘肃省地质矿产局第二勘查院和青海省国土规划院等单位分别开展了本省的“回头看”工作。

总的来说，内蒙古、黑龙江、山东、云南、甘肃、青海6个省份矿业权实地核查“回头看”表明，矿业权实地核查发现的问题绝大多数得到了解决，推进了矿业权的科学管理；尚有少数问题因为种种原因，未能得到解决；卫星照片执法发现的问题，部分为伪图斑，部分为矿业权人违法活动，还有部分为矿业权实地核查遗留的问题，说明加强矿业权实地核查成果深度应用有着迫切的现实意义。

内蒙古自治区“回头看”工作表明，截至2013年底，全区通过矿业权实地核查发现问题的矿业权，大部分已通过矿业权实地核查换证工作完成了存在问题的处理，占全区登记有效矿业权总数的95%。通过“回头看”工作，为国土资源管理部门处理矿业权漂移、井口不在界内等问题提供了技术支撑，重点解决了2011年度矿产卫星照片执法检查中该区发现的73处可疑图斑。针对自治区发现的73处可疑图斑，已逐个落实到58个矿业权，经过逐一复核，已处理完的图斑71处（涉及矿业权56宗），因存在纠纷而无法处理的图斑2处（涉及矿业权2宗）。涉及卫星照片执法检查存疑的7个探矿权，共计涉及可疑图斑13处，其中6个探矿权（涉及11处可疑图斑）经复核为伪图斑，实际均为探矿的副产

品；1 个探矿权（涉及 2 处可疑图斑）为历史遗留废弃井口。51 个采矿权共计涉及可疑图斑 60 处，其中 6 个采矿权（涉及 13 处可疑图斑）经复核为伪图斑，其中一处为报废的风井，3 处为废弃煤矸石堆放点，两处为历史存在的采坑（非矿权人所为）；其余 45 个采矿权（涉及 47 处可疑图斑）为真图斑。

山东省试点区开展矿业权实地核查成果“回头看”工作，以矿业权实地核查成果为基础，评价总结实地核查成果，对发现问题的整改情况进行了跟踪研究。山东省“回头看”工作表明，山东省的矿业权实地核查发现的问题大都已处理，其中，探矿权也已经得到有效处理；采矿权仍有小部分未处理，约占全省采矿权总数的 10% 左右，问题已及时反馈到省厅管理部门，便于其对矿业权漂移、井口位于矿界外等问题进行变更处理或纠正，进一步夯实矿业权管理的权属数据基础。

甘肃省“回头看”工作表明，矿业权实地核查工作及时发现和解决了矿业权存在的矿界位移、交叉重叠、越界及信息遗漏等历史遗留问题，获得了全面、真实、可靠的矿业权成果数据，为推进矿产资源科学规范管理，依法维护矿业权人权益奠定了坚实的基础；经过各级国土资源管理部门、矿业权实地核查承担单位和矿业权人的共同努力，目前绝大多数问题已经得到了变更处理或纠正，并及时完成了数据库的更新。剩余问题因形成原因复杂，涉及因素众多，处理还存在一定难度。

三、全国矿业权实地核查成果总体评估

通过矿业权实地核查工作“回头看”可以发现，矿业权实地核查实现了既定的工作目标，在矿政管理中发挥了越来越大的作用；矿业权实地核查推进了矿业权基础数据存在的问题（特别是矿界问题），尽管尚有少部分矿界问题仍有待解决，但是绝大多数矿界问题已经得到妥善解决。矿业权实地核查的主要成效体现在以下 3 个方面。

1）摸清了家底，夯实了矿政管理基础。通过矿业权实地核查，获得了 3.7 万个探矿权和 11 万个采矿权的成果数据，首次实现了全国近 15 万个矿业权在“1980 西安坐标系、1985 国家高程基准”一个体系内的数据统一。实测编制了 1.8 万张探矿权勘查工程实际材料图、11 万张采矿权开拓采掘工程分布图，编制了 31 个省（区）、市矿业权分布图，首次完整地获得了全国矿业权工程平面图空间数据，成为矿业权登记数据库的重要补充，为矿山生产管理和矿政管理提供了基本用图。建立了全国实地核查矿业权空间数据库 1 个，省级核查数据库 31 个，编制了全国矿业权分布图（1:250 万）1 张，全国矿产资源与矿业权分布综合图（1:250 万）1 张，根据全国矿业权实地核查成果，编制完成全国主要矿业权实地核查成果主要图集（共 10 册），省级矿业权分布图 31 张，省级矿业权与矿产资源分布综合图 31 张。通过核查，摸清了矿业权家底，为提升矿政管理信息化、科技化水平奠定了坚实基础。以单个矿业权实地核查成果和省级汇总成果为基础，开发建设了矿业权实地核查数据库和管理信息系统，为矿业权管理从属性管理走向空间管理奠定了基础。

2）形成了大量基础资料，应用潜力巨大。通过实地核查，建立加密控制点 4 万个，向矿区引入 16.5 万个控制点，控制点的引入为后续矿山测量提供了基准；埋设露天采矿权界桩 24.3 万个，为今后防止越界开采提供了依据；首次系统地建立了我国所有矿山地质测量的基础设施体系，对于矿政管理、国土资源管理其他领域和基础测绘工作都有重要

的作用。矿业权实地核查成果已全面应用于矿政日常管理和矿业权人的生产工作中。成果在矿产资源规划、勘查开发监督管理、储量动态监管、矿产资源整合、稀土整治专项行动和区域矿产资源综合开发利用等工作中得到了应用。

3）发现矿业权管理中存在的问题，依法保护了矿业权人的合法权益。通过全国矿业权实地核查工作发现矿业权实际存在的问题共计10.8万个，其中属于矿界位置（含矿界位移、超层越界、矿界交叉重叠）方面的问题共计6.6万个，占发现问题总数的60.9%，占实地核查矿业权总数的44.8%。在各级国土资源主管部门的努力下，全国矿业权实地核查发现问题处理工作总体进展顺利，95%以上的问题得到了妥善解决。实地核查矿业权的换证工作基本完成，为进一步规范矿政管理奠定了良好基础，保护了矿业权人的合法权益，更好地履行了对矿产资源合理保护利用的职责。

第三节　全国矿业权实地核查成果总结

为系统地总结全国矿业权实地核查成果，全国矿业权实地核查项目办公室组织力量分别从实地核查总体成果、技术方法、数据库建设与信息系统开发和实地核查工作机制研究等方面进行专题归纳总结，编写完成了《全国矿业权实地核查及成果应用研究》、《全国矿业权实地核查技术方法指南研究》、《全国矿业权实地核查信息系统建设与应用》、《基石——全国矿业权实地核查纪实》等4部专题报告，并相继由地质出版社和科学出版社出版发行，推进了实地核查成果向理论技术方面的转化和沉淀，丰富和发展了矿政管理理论和方法体系。

一、编辑出版《全国矿业权实地核查及成果应用研究》

《全国矿业权实地核查及成果应用》对全国矿业权实地核查工作取得的成果进行了系统归纳和集成，主要内容包括矿业权实地核查技术方法指南研究、工作推进措施研究与组织实施、单矿业权实地核查与汇总成果、数据库管理信息系统、矿业权分布特征分析、发现问题分析与处理建议研究及成果应用等方面。该书全面反映了全国矿业权实地核查工作取得的主要成果，对矿产资源勘查开发管理和研究具有重要参考价值和现实意义。

全书共27万字，插页2页，12.25印张，16开，由地质出版社2011年11月出版发行，书号ISBN 978－7－116－07466－8。

二、编辑出版《全国矿业权实地核查技术方法指南研究》

《全国矿业权实地核查技术方法指南研究》是对矿业权实地核查技术方法和技术要求研究成果的系统归纳和集成。该书根据《国土资源部关于开展全国矿业权实地核查工作的通知》（国土资发〔2008〕59号）总体要求，研究提出了矿业权实地核查全过程的工作流程、工作方法和技术要求，包括组织实施、准备工作、基础测量、实地测量、数据整理、问题分析与处理、成果编制、数据库建设、质量控制和检查验收等各个环节。对于每一个环节，在清晰地确定其工作内容和采用的工作流程与技术方法的同时，还详细论述了所采用的技术方法和相关技术参数的理论依据。

全书共40万字，插页3页，16.25印张，16开，由地质出版社2011年10月出版发行，书号ISBN 978－7－116－07421－7。

三、编辑出版《全国矿业权实地核查信息系统建设与应用》

《全国矿业权实地核查信息系统建设与应用》系统地论述了全国矿业权实地核查数据采集与规范化整理、数据成果验收、实地核查数据库构建、数据质量评述与控制及数据库管理信息系统开发建设等方面的技术标准研究和主要成果，还简要地介绍了实地核查成果数据应用最新进展与关键技术研究。

本书纳入《地理信息系统理论与应用丛书》，全书共30万字，16印张，16开。由科学出版社2012年5月出版发行，书号ISBN 978－7－03443－6。

四、编辑出版《基石——全国矿业权实地核查纪实》

《基石——全国矿业权实地核查纪实》以时间为主线，采用点、面结合的方式和纪实的手法，系统地阐述了全国矿业权实地核查的启动、组织实施和取得的成果及其意义，介绍了项目运作的基本轮廓，挖掘描述了在实地核查工作中涌现出的先进典型和事迹，凝练了矿业权实地核查精神，凸显出全国矿业权实地核查工作对规范矿政管理、提高矿政管理科学水平的基石作用和地位。同时，为了全面地了解全国矿业权实地核查工作，本书还附录了项目实施关键节点上的国土资源部领导讲话和相关文件。

全书共21万字，100多张精美图片，12印张，小16开，由地质出版社2012年3月出版发行，书号ISBN 978－7－116－07574－0。

第四章 矿业权实地核查地质测量基础设施保护研究

第一节 实地核查地质测量基础设施在矿业权管理中的作用

矿业权地质测绘基础设施是利用现代空间技术，在国家测绘基准体系的基础上，建立起的全国统一的、高精度的测绘基准基础设施。地质测绘基础设施包括在全国矿业权实地核查过程中形成的D级GPS控制点，向矿区引入的矿区基准控制点和对露天矿山起定界作用的界桩。通过矿业权实地核查，全国共建立加密控制点4.03万个，向矿区引入控制点16.5万个，埋设露天矿界桩24.3万个。

地质测绘基础设施是国土资源管理工作的重要组成部分，是矿山建设、安全管理、依法依规开采监管及矿产资源管理的重要基础设施，是宝贵财产，受法律保护。自矿业权实地核查工作结束以来，受自然因素、人为因素和社会因素的影响，个别矿山的地质测绘基础设施遭到了一定的损坏，既给国土资源管理部门监督管理带来了困难，也给矿山企业的日常生产工作带来了不便与损失。全国矿业权实地核查花费了大量的人力、物力和财力而建立的矿山地质测绘基础设施，应充分发挥其在矿政管理、矿山日常生产和安全监管等各个方面的作用。为此，加强地质测绘基础设施的维护管理是国土资源管理工作的内容之一，是各级矿产资源主管部门和矿山企业的应尽职责，是矿产资源管理的组成部分。国土资源管理部门、矿业权人应依照《中华人民共和国测绘法》、《中华人民共和国测量标志保护条例》以及矿业权实地核查有关要求，制定矿业权实地核查形成的地质测绘基础设施保护制度，加强对地质测绘基础设施进行保护。

矿业权地质测量基础设施是探矿权在各级勘探阶段探矿的基础，是采矿权在生产过程中掌握生产进程及安全的保证。尤其是井下采矿权，工人进入井下没有控制点就不认得方向，常说地质是矿山开采的先行、测量是矿山的眼睛就是这个道理。要安全生产，每一步都离不了测量，而测量的基础是控制点。

矿政管理部门监管矿业权人的生产、安全需依赖控制点。矿区控制点保护可以防止采矿权人超采、越界等违法行为发生。在煤炭的安全生产中，多次发生重大安全事故，如火灾、水灾、塌陷、冒顶等，救援过程用到控制点，多次因为控制点不准造成失败。也有许多成功案例，使救援获得成功，挽救了宝贵的生命。全国矿业权核查完成的控制点是按照国家统一的大地标准建立的，保护好这些控制点是十分重要的。

第二节　实地核查地质测量基础设施保护机制

一、地质测绘基础设施的保护范围

矿业权地质测量基础设施保护范围包括：矿业权实地核查过程中形成的 D 级 GPS 控制点，向矿区引入的基准控制点以及对露天矿山起定界作用的界桩；新设立的矿业权在勘测定界工作中形成的 D 级 GPS 控制点、矿区基准控制点和露天采矿权界桩。

二、地质测绘基础设施保护责任划分

按照《中华人民共和国测绘法》以及相关的地质测绘基础设施保护规定的有关要求，本着“谁建设，谁保管”原则，形成责任明确、分工协调的保护机制。国土资源主管部门负责辖区内地质测绘基础设施保护的管理和监管工作；采矿权人负责矿区地质测绘基础设施的建设、保护和维护工作；探矿权人负责勘查区地质测绘基础设施的建设、保护和维护工作。

国土资源主管部门职责：各市、县级国土资源主管部门具体负责本辖区内地质测绘基础设施的保护工作。由国土部门向矿业权人提供保护地质测绘基础设施所需资料、各类地质测绘基础设施制作规程等。国土资源主管部门负责落实地质测绘基础设施保护的监管和检查工作。

矿业权人是矿山或勘查区地质测绘基础设施建立和保护的主体责任人。具体职责如下：

1）采矿权人职责：按照国土资源管理部门要求，负责建设矿区内地质测绘控制点和界桩，并在国土资源部门备案；落实专人负责基础设施保护工作；做好矿区地质测绘基础设施保护宣传工作；定期检查地质测绘控制点与界桩，记录基础设施保护状况，做好维护；做好破坏的地质测绘标志恢复和记录。

2）探矿权人职责：按照国土资源管理部门要求，负责建设勘查区内地质测绘基础设施，并在国土资源部门备案；落实专人对本项目区内的地质测绘设施监管维护；做好勘查区地质测绘基础设施保护宣传工作；定期检查勘查区的地质测绘基础设施的保管情况，对于重要的地质测绘设施被破坏的，应及时向国土资源主管部门报告并予修复。

三、地质测绘基础设施保护要求

（一）测量控制点成果档案的建立

严格按照矿业权实地核查技术要求，矿业权人委托负责资质要求的测绘单位或技术支撑单位在矿区或勘查区范围内建立近矿（近井）测量控制点。测绘单位或技术支撑单位将测量控制点的成果资料，包括测量控制点点之记、控制点区域影像资料等档案资料一式 3 份，提交矿业权人和国土资源管理部门存档，便于管理和查证。

（二）露天矿山企业矿区范围界桩的埋设与建档

露天矿山企业在取得采矿许可证之后，需聘请有资质的技术支撑单位，按采矿许可证批准的矿区范围，实测放样矿区范围界桩，确定实地埋设位置，埋设矿区范围界桩。技术支撑单位依据测量控制点，实测放样确定矿区范围界桩实地埋设位置。界桩埋设完成后应由矿山企业留存影像资料，并形成界桩埋设记录表，经验收合格后交矿区国土资源管理部门存档备查。矿区范围发生变化的，矿山企业应及时委托技术支撑单位，按最新采矿许可范围调整界桩埋设，并形成相应的档案资料。

（三）地质测绘基础设施的保护、检查与恢复

各类矿山地质测绘基础设施建立后，矿业权人应与国土资源管理部门签订地质测绘控制点等基础设施保护责任书，切实履行保护矿山地质测绘基础设施的主体责任。矿山企业要落实保护主体责任人，不得随意损毁、移动各控制测量点和界桩，要加强地质测绘资料档案管理，对地质测绘基础设施定期检查，形成检查记录，如有损毁，必须及时请技术支撑单位予以恢复。

（四）监督管理

国土资源管理部门不定期组织技术人员对技术支撑单位提交的近矿（近井）测量控制点和界桩的坐标数据及现场位置进行检查，一经发现与实际情况不符的，通知相关责任单位限期改正。如查出矿山企业故意损坏的，责令限期恢复；对情节较严重和拒不整改的，将根据《矿产资源开采登记管理办法》（国务院令第241号）的有关规定，对矿山企业违法行为依法予以查处。

技术支撑单位按规范要求建立地质测绘基础设施，如实报送地质测量资料，不得弄虚作假。凡技术支撑单位有两次以上出现资料与实际情况不符的，该技术支撑单位将不得在矿区内从事地质测绘等一切中介服务工作，并将有关情况向上级国土资源主管部门通报。

将矿业权人地质测绘基础设施维护工作作为年检应履行的法定义务内容之一，国土资源主管部门每半年向矿业权人通报上年度未建立或未保护好地质测绘基础设施，且未按要求恢复的情况，下发限期整改通知书。

国土资源主管部门加大对《矿产资源法》、《测绘法》等法律法规及相关知识的宣传和执行力度，进一步加大宣传和教育力度，宣传保护地质测绘基础设施保护的意义。通过开展形式多样的宣传教育活动，营造保护测绘基础设施人人有责的良好氛围，进一步加强测绘基础设施保护，切实保障社会稳定。

第五章　实地核查成果数据拓展模式与动态更新机制

矿业权实地核查形成的成果数据是矿业权审批监管和矿山生产最基本的数据，以此为基础，不断拓展、充实矿产资源勘查开采、矿山地质环境等相关数据，并实现数据的动态更新，是矿业权实地核查成果深度开发利用和矿政监管“一张图”建设的重要基础，可充分地发挥矿业权实地核查成果的应用潜力和价值。

第一节　实地核查成果数据

本次全国矿业权实地核查，重点是实地核查全国范围内的矿业权（不包括石油、天然气、煤层气）成果数据，核准矿业权的有效范围和其他数据项。重点是核实矿业权实际位置与法定许可范围的一致性，关键是确定矿业权的实际位置。探矿权的实际范围是探矿权人实施勘查工程所涉及的范围；采矿权的实际范围是采矿权人实施开采工程所涉及的范围，包括开拓工程和采掘工程。实地测量主要的勘查工程或开拓开采工程的位置，并将实测结果投影到平面图上，确定其实际位置。然后将矿业权证书上的拐点坐标投影到同一图上，通过对比分析，确认矿业权实际位置是否在登记证许可的范围之内。同时，在实地核查过程中对矿业权登记证书上的其他数据项给予现场调查，核实数据的真实性。总之，本次核查重点形成了 3 个方面的矿业权成果数据。

一、探矿权核查成果数据

探矿权成果数据包括探矿权空间范围、勘探工程空间分布和探矿权勘查许可证上的有关描述数据项。

单个探矿权都形成了探矿权勘查工程实际材料图（图 5 - 1）。主要内容包括探矿权拐点及边界、重型勘探工程分布和主要地理要素等。比例尺一般为 1∶2000 或 1∶5000。对于预查和普查阶段的煤炭探矿权，比例尺不小于 1∶50000。对于详查阶段的探矿权，比例尺不小于 1∶25000；对于勘探阶段的探矿权，比例尺一般为 1∶2000 或 1∶5000，范围较大的不小于 1∶10000。

探矿权数据的基本描述项有：勘查许可证号、探矿权人及基本信息、联系人基本信息、探矿权取得方式、项目名称、项目类型（新立、延续、变更）、勘查阶段（预查、普查、详查、勘探）、投资主体（国家、地方、企业、外商、个人、其他）、地理位置、发证机关、有效期、发证日期、拐点坐标、勘查矿种及有效期等。

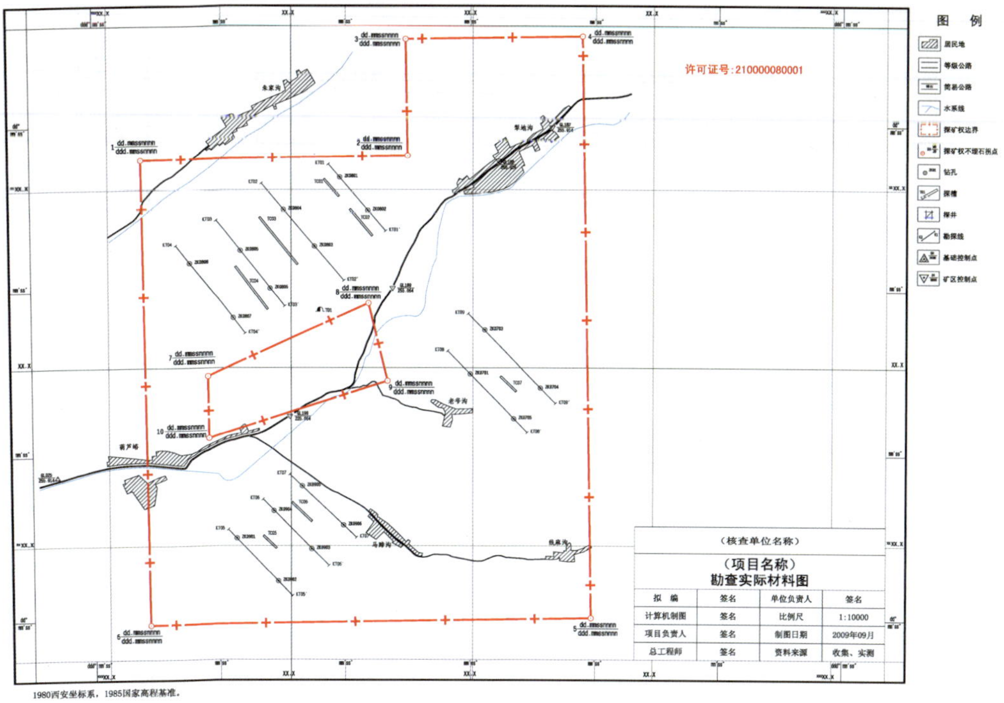

图 5-1 探矿权勘查工程实际材料示意图

二、采矿权核查成果数据

采矿权成果数据包括采矿权空间范围、开拓采掘工程空间分布和采矿许可证上的有关描述数据项。

单个采矿权都形成了开拓采掘工程平面图（图 5-2）。主要内容包括开拓采掘工程分布、采矿权拐点及边界和主要地理要素等。比例尺一般为 1:2000 或 1:5000，个别范围特大的采矿权不小于 1:10000。

采矿权数据的基本描述项有：采矿许可证号、采矿权人及基本信息、联系人基本信息、矿山名称、开采矿种、项目类型（新立、延续、变更）、开采方式、生产规模、经济类型、地理位置、发证机关、发证时间、拐点坐标、开采标高及有效期等。

三、数据格式等情况

本次矿业权实地核查数据的采掘范围为 2009 年 6 月 30 日前设置并有效的矿业权。

相关图件数据格式为 ArcGIS（shp）或 AutoCAD（dxf）。

坐标系统：采用国家统一坐标系，即“1980 西安坐标系”；高程采用“1985 国家高程基准”。

投影：高斯-克吕格 3°带投影，采用 3°带国家标准中央子午线。

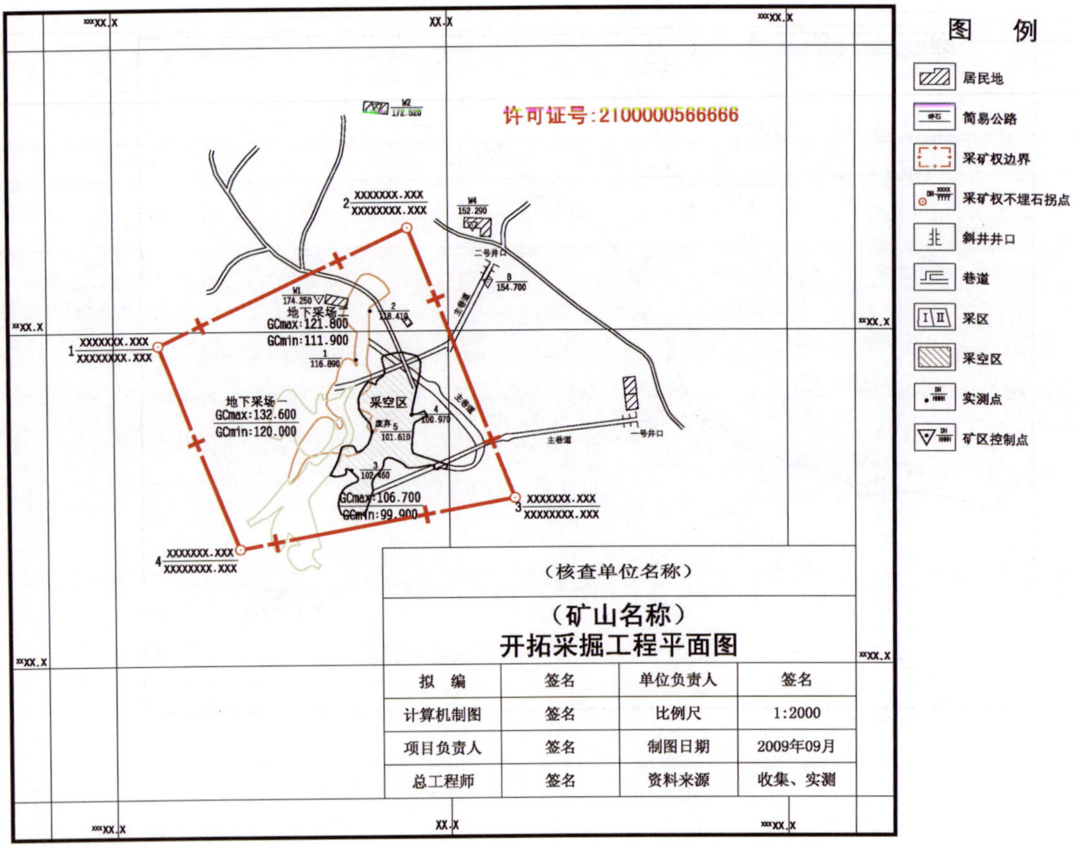

1980西安坐标系，1985国家高程基准。

图 5-2 矿山开拓采掘工程平面示意图

椭球：1975 年 IUGG 推荐椭球（国际大地测量协会，1975）西安 80 坐标系基准椭球（a = 6378140 m；b = 6356755. 2881575286 m；α = 1/298. 257）。

第二节 实地核查成果数据的拓展

矿业权成果数据的拓展，实质上就是矿业权实地核查成果数据除了在矿业权问题处理、登记数据库更新与换证等方面的直接应用外，进一步拓展成果应用的广度和深度。总的思路是按照“一张图”的思路，以矿业权成果数据为底图，叠加矿体、资源储量、地质环境及地形地貌等数据，开展矿业权成果数据的深度开发应用，为矿政管理和矿山企业生产提供更为广泛而深入的服务。

一、拓展内容

（一）提供更为广泛的矿政管理服务支撑

矿业权成果数据，除了可以直接服务于矿业权审批登记和监管外，还可以进一步拓展为矿产资源储量利用调查、储量动态监管、地质环境与地质灾害、矿产资源规划、矿业权设置方案和矿产资源执法监察等提供服务。例如：

1）以矿业权成果数据为依据，开展矿业权与储量动态监管。在矿业权实地核查中，为了确定矿业权的实际位置，每个探矿权实测了一张探矿权勘查工程实际材料图，反映了实测时该探矿权各种勘查探矿工程的现状，每个采矿权实测了一张采矿权开拓采掘工程平面图，反映了实测时该采矿权各种开拓采掘工程的现状。对这些图件进行定期更新，并补充丰富相关内容，如在采矿权开拓采掘工程平面图上添加矿体要素与储量信息，可形成储量计算图（图5-3）。所以，在矿业权实地核查的基础上，定期动态核查开发利用情况，适时准确地掌握矿山的采掘动态，及时发现越界开采等现象，掌握矿山储量变化，为日常的矿业权与储量动态监管等提供服务。

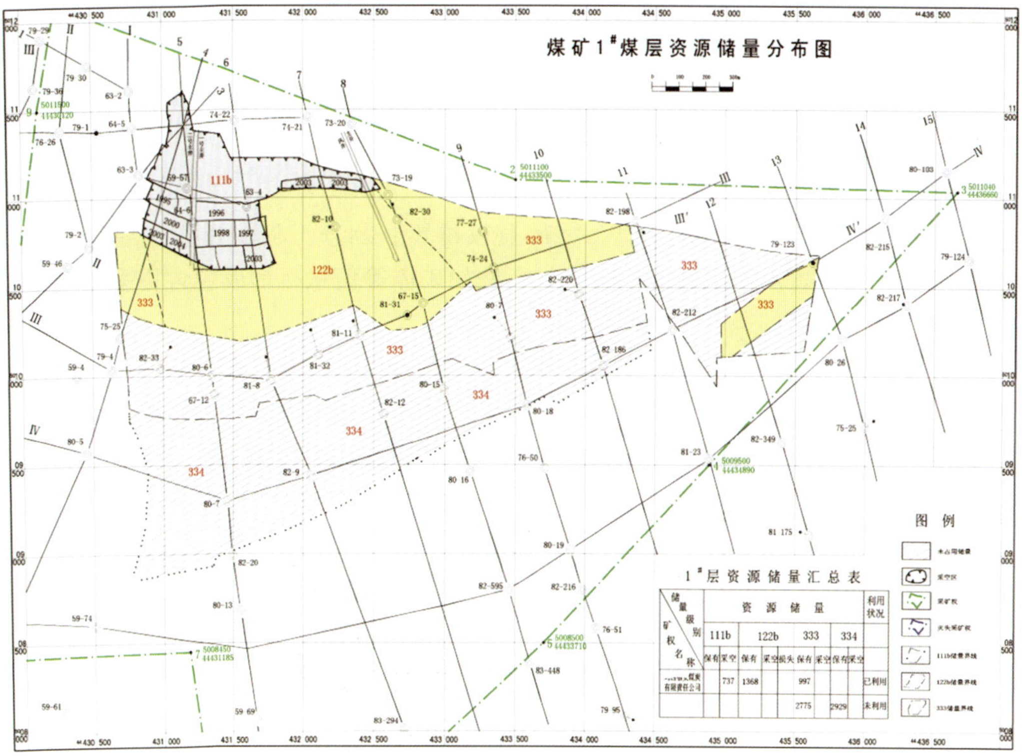

图5-3 矿业权数据与矿体、资源储量数据叠加示意图

2）以矿业权动态核查数据为依据，开展矿山地质环境监管工作。将矿山井下采掘现状图与地表地形图对比，明确地面重要构建（筑）物等保护对象。在采矿前，对影响地表重要构建（筑）物的采矿区域不予核准动用储量。在采矿过程中，加强对核准动用区域及不能动用区域的监管。采矿引发采动影响后，可依据矿业权动态核查成果进行责任认定。

3）依据矿业权实地核查成果，规范采矿权出让管理。有些试点地区，为了进一步规范露天矿山的开发管理，要求企业全面依据矿业权核查成果资料，按照矿山实际采掘情况，采用“西安1980坐标”，重新核实资源储量，重新编制开发利用方案，重新按资源储量和服务年限出让采矿权，并及时实测埋设采矿权界桩。对新建或扩建的矿山，建立或复核两个初始控制点的基础上，对拟划定矿区范围及周边一定区域，一律按要求开展地质测绘工作，确保坐标真实可靠。然后在此基础上，编制划定矿区范围、储量核实和开发利用方案等报告，合理地划定矿区范围，确定切实可行的开发利用方案，促进资源的合理利用。

4）依据矿业权实地核查成果，科学地设置矿业权。通过开展矿业权实地核查，可及时查找发现矿山矿业权设置方面存在的问题，按核查的最新情况编制矿产资源开采现状图，清楚地反映资源、矿山开采现状、影响开发的重要地质构造等内容。对存在的问题按不同情况在矿业权设置方案中分类予以处置，科学编制当地矿业权设置方案，推动采矿权和探矿权合理布局。

（二）服务矿山生产

同样的，在采矿权开拓采掘工程平面图的基础上，叠加地表地形、地面构（建）筑物等地面要素，形成井上井下工程对照图等，可为矿山的日常生产调度提供服务。

二、拓展方式

按照矿政管理“一张图”的理念，将矿业权位置、勘查工程、开拓工程和采掘工程等形成的数据作为要素图层，通过 GIS 工具，叠加矿体等信息，形成包含更多图层信息的数据，从而提供更丰富的服务（图 5－4）。

此外，在数据拓展的过程中，根据各地数据情况和核心业务，首先拓展具有良好工作基础的应用和数据，并不断扩大数据源，实现将地质环境与灾害、矿产资源规划、矿业权设置方案和基础地质调查等数据纳入，扩大业务覆盖面。

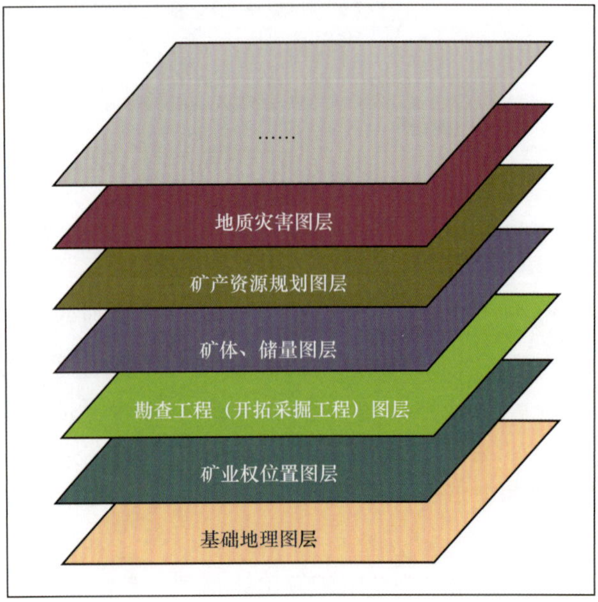

图 5－4　基于矿业权实地核查的矿政管理“一张图”

第三节　实地核查成果数据的动态更新

建立合理的、可行的动态更新机制是矿业权成果数据持续应用的基础和生命力。矿业权成果数据的更新主要包括两方面内容：一是矿业权基本属性项的更新，主要通过和矿业权登记数据库保持衔接和同步；二是大量反映矿业权人勘查开采活动进展状况的勘查工程或开拓采掘工程数据的更新，这些反映矿业权人活动状态的数据，是矿业权与资源储量监督管理的核心，也是矿业权成果数据更新的重点和难点。通过矿业权实地核查成果动态更新机制的建立，不断增加数量、扩展容量、提高质量，保持数据的真实性、可用性与现势性，实现矿业权管理、储量管理和矿山地质环境管理基础数据的实时更新，推进矿政管理由粗放式管理向精细化管理的转变。通过分析，提出以下矿业权成果数据动态更新思路与方法。

一、实地核查成果数据更新的原则

1）要坚持“谁生产、谁更新”的原则。数据生产者是数据产生的源头，最能掌握数据的情况，也最有权威。矿业权成果数据由省、市、县矿政管理部门自行更新权限范围内的数据，然后通过数据同步机制更新到其他数据中心。比如，探矿权属性项的更新，由于省厅负责探矿权的审批，所以由省厅负责更新，并将更新结果及时传递到市、县两级。

2）要坚持与矿政日常管理、矿山生产紧密结合。也就是说数据的更新要融入政府和矿山的日常工作，分析数据更新的原始驱动力，而且可以减少工作量和费用的额外增加，更新后的数据能及时支撑服务政府管理和矿山生产，避免产生“两张皮”现象。

3）要坚持构建数据更新维护的长效机制。核心是要使得参与方能共享更新后的数据资源，而且要形成监督约束机制，保证更新数据的质量。只有形成了长效机制，才能保证数据的持续更新。

4）要坚持以县级为基本单元的勘查开采活动数据更新。矿产资源勘查开发监管的主体责任在县级，所以要以县级为基本单元，由基层管理部门负责更新、管理数据，实现成果数据的动态更新机制和末端用户的全面应用，然后再逐级联网，实现市级、省级和全国级的系统能够访问成果数据，从而保证上下联动，上级管理部门能做到实时调用、查看下级更新的数据。

5）要坚持矿业权成果数据的“动态”更新。矿业权成果数据只有实现及时的动态更新，反映了矿业权人勘查开采活动的当前状态，保证了数据的现势性，才有生命力，才能支撑服务于日常的矿产资源监督管理工作。

二、矿业权基本属性项的动态更新

矿业权基本属性项的更新主要是通过从矿业权数据的日常管理流程入手，与目前实行的矿业权统一配号制度、矿业权年检制度和储量备案制度等相衔接，将更新后的矿业权登记数据库中的有关信息及时按权限在省级、市级、县级进行传递，保证数据的现势性。

湖北省以按照“谁发证，谁负责”的原则，以“时点变更为基础，实时变更为目标”。矿业权实地核查数据库、矿产资源储量利用数据库、矿产资源规划数据库、矿业权设置方案和压覆矿产数据库的数据更新采用增量更新方式进行更新。

数据由省、市、县国土资源管理部门自行更新权限范围内的数据，然后通过数据同步机制更新到其他数据中心（图5－5）。探矿权、采矿权数据、地质勘查资质、地质勘查单位和储量登记数据的更新采用实时更新方式进行更新。在业务审批中调用矿政管理信息化系统数据操作接口动态实时更新。

云南省研究提出了采取额外搭建数据服务器作为数据交换中心的方式在省、市、县实现数据更新（图5－6）。目前，国土资源部对矿业权登记管理采取统一配号的原则。对于采矿权，由部、省、市、县四级发证，遵循谁发证、谁配号的原则；对于探矿权，部、省两级发证。通过这种方式，不仅规范了矿业权登记的管理流程，也可以保证许可证号的唯一性。但是由于配号文件只有发证机关才能获取，这就导致其他国土资源管理部门无法在第一时间掌握矿业权的变化信息。例如，省国土资源厅对县发证的挖沙采石厂数据不明确，市、县国土资源局对省厅变更探矿权勘察边界的情况不了解，从而导致了管理上的一些矛盾和冲突。云南省在构建县级矿业权数据更新机制的基础上，采取额外搭建数据服务器作为数据交换中心的方式，一方面可以提高数据的更新效率；另一方面，不修改原有的矿业权登记数据库，确保数据的安全性。同时，通过这种方式，可以形成囊括全省矿业权登记数据的矿政数据服务器，为省级矿政综合监管平台提供完整的数据服务。

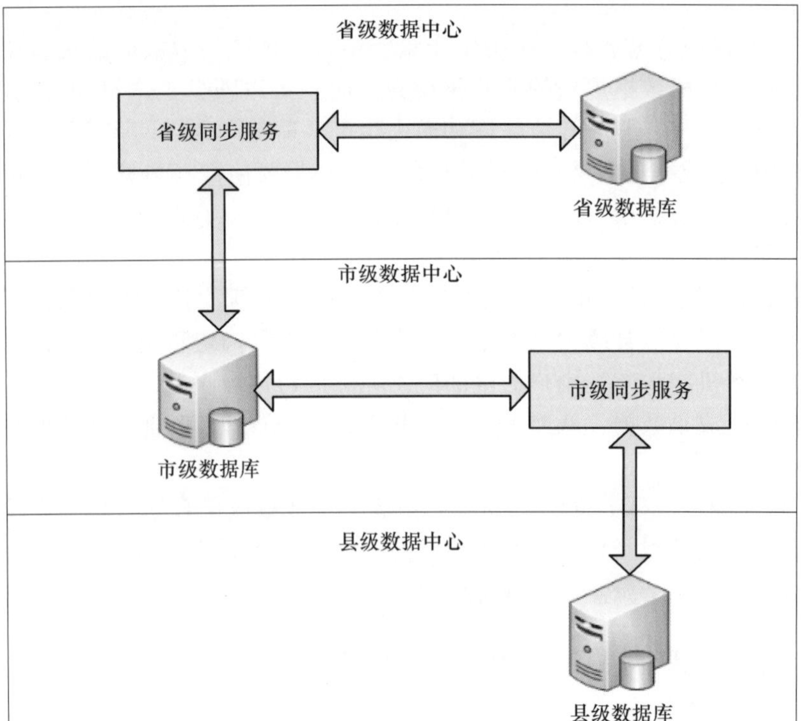

图5－5　湖北省国土资源管理三级数据中心架构图

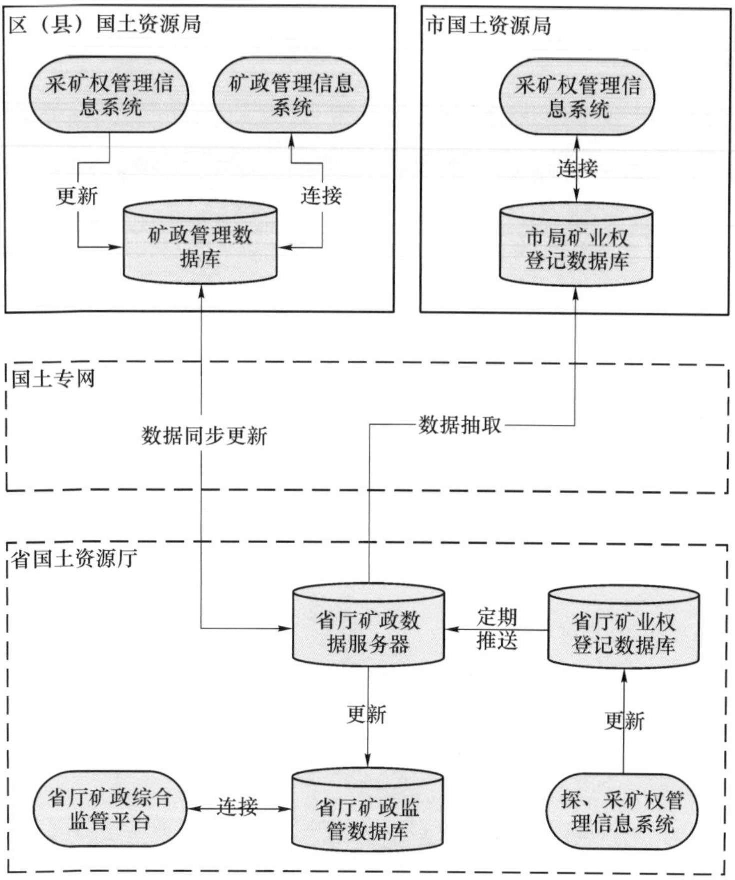

图 5－6　省级矿业权数据更新策略

三、勘查开采工程与储量数据的动态更新

勘查开发工程图件数据和矿产资源储量数据的更新，对于露天开采和井下开采可采用不同的技术方法，尤其是井下开采工程的动态更新更是整个工作中的难点。

（一）基于遥感动态监测的露天勘查开采工程数据更新

全国矿业权实地核查工作发现，露天开采形式的采矿权占全部采矿权总数约 73%，而露天采矿权中除去少量的铁矿和煤，约 90% 为砂石黏土类采矿权。露天勘查开采工程数据更新主要有 3 个途径：①利用全国矿业权实地核查所获取的高精度成果，如矿区控制点进行联测，可以获取单个矿业权准确、有效、实时开采工作情况数据，但该方法受露天矿业权分布广、布局分散的影响，成本高，经济效益差；②由矿业权人主动、按时提供，虽然数据易获取，但数据准确程度，可靠性难以保障；③利用实地核查成果对高分辨率遥感影像数据进行校正，利用相关专业技术人员对影像数据中开采面信息进行提取，可以实现高精度开采面信息获取（图 5－7）。通过遥感影像数据的动态更新，满足露天矿业权开采活动信息的动态更新。

图5-7　某石灰石矿开拓采掘工程正射影像图

基于遥感动态监测的勘查开采工程数据更新流程，一般包括以下几个步骤。

1. 高分辨率影像数据支持

从2002年的2.5m分辨率的SPOT5卫星，到米级分辨率的IKONOS卫星，直到亚米级的QuickBird、WorldView-2、Geoeye-1卫星，民用公开出售遥感影像数据最高分辨率已达到0.41 m（表5-1）。

2. 影像数据精度控制方法

高分辨率遥感影像利用大比例尺地形图数据进行基础位置校正，为适应单个矿业权监测需要，应同时利用全国矿业权实地核查工作形成的高精度控制点以及图件对影像数据进行精确校正，一般可以将SPOT5等2.5 m分辨率的影像误差控制在5 m以内，QuickBird、WorldView等亚米级影像的误差控制在1 m以内，从而保证单期及多期影像精度。

表 5-1　主要遥感卫星参数表

遥感卫星	全色分辨率/m	波段数/个	发射日期/年
SPOT5	2.5	4	2002
IKONOS	1	4	1999
QuickBird	0.61	4	2001
WorldView-2	0.45	8	2009
Geoeye-1	0.41	4	2008

3. 信息识别及提取

遥感信息识别主要分目视解译和信息自动提取两种方法。高分辨率遥感影像包含的地表信息十分丰富，专业人员通过确立各类地物的解译标志可以迅速、准确地对主要地物进行直接判断识别；而对于如开采井口等范围较小的要素识别则需要参照运输工程等间接判断；露天矿业权开采工作面的判断则需要辅助开采运输设备，如挖掘车、加工设备等辅助要素进行判断，其中露天矿业权实时开采范围的确定则充分利用实地核查成果，对多期影像进行对比确认。同理，矸石堆、废渣、材料堆等与采矿活动相关的要素无论是通过目视解译方法，还是信息自动提取方法获取的范围也需要辅助判断确认。露天矿的采剥面、矿渣堆、矸石堆等都有其自身的光谱特征和影像纹理，可用信息自动提取的方法快速识别。常用的信息提取方法有两种：依据影像特征区分全部地物的监督分类；针对特定地物的面向对象的信息提取方法。

露天矿业权开采要素矢量化的过程，可以为手工圈定（人工识别边界，用折线勾绘图斑边界，形成多边形闭合范围），也可以通过信息增强处理后自动转换。

4. 影像数据动态更新

砂石黏土类矿业权变化快，大部分为市、县级发证，有效期为3年以下，且大部分仅为1年。为及时反映露天矿业权开采活动，相应影像数据更新可以按年度进行。

高分辨率的GeoEye-1、WorldView-1、WorldView-2等影像价格较为昂贵，若大面积使用高分辨率影像数据进行监测的成本较高。因此，实际监测过程中，建议针对性地选择重点监测区动态更新高分辨率影像，其他地区可以采用中等分辨率遥感影像。

在多时相影像数据支持下，提取影像要素信息转化为矢量数据，按相关数据库整理及存储规定要求规范化，实现多期数据动态对比分析支持。

5. 多期影像信息比对

多期影像变化信息提取技术日益成熟，可以定量地分析和确定地表变化的特征与过程，常用方法包括光谱特征变异法、假彩色合成法及结合植被覆盖度变化的NDVI差值算法等。

需要指出的是，遥感图像判读、解译后获得的往往是对地物的大致估计，或间接信息，如矿山开采状态、实际采剥面等，有时会和实际情况有出入。矿山的开发利用多为社会属性，仅靠遥感只能间接获取，所以需要结合矿业权实地核查数据或实地调查综合解决。

（二）多方参与的井下勘查开采工程数据更新

在几年来的矿业权实地核查成果拓展和动态更新试点工作中，研究发现，井下勘查开采工程数据和储量数据的更新，重点是要构建合理、可行的机制，以保证对探矿权勘查工程实际材料图、采矿权开拓采掘工程平面图等的更新，保证数据的实时准确。通过试点实践，以实测图形为基础，矿山企业、中介测量单位和政府三方共同参与，既服务于政府矿政管理又服务于矿山企业生产调度的矿业权及储量动态更新机制，是一种较好的方式。

在该机制中，首先在矿业权实地核查基础上，完善井上、井下测量控制系统，开展矿山地质测量工作，建立矿山储量基础台账；定期开展矿业权动态核查，实测矿山开采工程空间分布范围，适时掌握矿山实际采矿范围与采矿许可范围间的关系；定期开展资源储量动态检查，实测矿山地质情况和资源储量变化情况，适时掌握矿山资源储量保有、变化及其原因；定期编制更新矿山采掘现状图、矿山资源储量估算图及相关表格，编制矿山矿业权及储量动态核查年度报告。

矿山企业、中介测量单位和矿政管理部门签订三方协议。矿山企业为甲方，主要是为矿业权及储量动态核查提供必要的条件，配合动态核查工作，并承担核查费用；中介测量单位为乙方，按照要求客观公正地定期开展动态核查，形成的资料一方面为矿政管理提供依据，另一方面服务于矿山企业生产；矿政管理部门为丙方，对甲、乙双方的工作进行监督检查，并不定期对核查结果进行抽查。此外，矿政管理部门根据测量资质、诚信情况，形成若干家入围中介测量机构，供矿山企业自行选择，从而通过竞争机制进一步保障动态核查质量。总之，通过建立“采矿权人定期上报—中介测量单位定期井下实测—矿政管理部门复核与抽查—动态更新矿业权及储量核查数据库”的动态核查机制，适时准确地掌握矿山采掘动态，推动矿业权实地核查成果和矿山储量的持续更新，为实现精细化管理提供坚实的数据支撑。

第六章 矿政管理信息系统数据库设计与建设模式

2008年全面启动的全国矿业权实地核查项目涉及范围广：31个省（区）、市（除石油、天然气、煤层气外）有效矿业权（近15万个）全部参与实地核查工作；地区差异大：受各地区的自然条件、矿政管理基础、技术支撑队伍及测量基础条件影响，实地测量调查与数据整理工作任务艰巨；有限目标：旨在获得及时、全面、真实、可靠的矿业权成果数据，核心为矿业权实际位置与法定许可范围的一致性。

全国矿业权实地核查数据库设计围绕实地核查核心工作目标开展，在大数据背景下，为满足核查数据精度要求，使不同核查队伍易理解、好操作，同时满足数据标准化、易扩展的要求下，高效完成数据整理及建库工作。

全国矿业权实地核查数据库分为属性库和空间数据库两部分。属性库的设计以国土资源部统一配号登记库为基础和参照蓝本，除内容有所调整外，属性数据表结构中相同的属性与其在名称、类型、大小、填写规则等方面均保持一致，实现了后期利用核查成果更新登记库和换发新证的需要。在此基础上增加的单矿业权多种类型的、高精度的空间数据，以及对照表、矿区情况说明及图件描述等信息，从而进一步扩大了矿业权数据的应用面、可用性、应用深度和作用。

随着全国矿业权实地核查工作的完成，获得了一批矿业权实地核查成果，在矿业权问题处理、登记数据库更新与换证等方面发挥了重要数据支撑的作用。2011年启动矿业权实地核查成果开发与应用项目，旨在深度挖掘核查成果的巨大的应用潜力和广阔的应用前景。

以全国矿业权实地核查属性和空间数据库的内容、结构为基础，在湖北、洛阳、黑河等典型地区开展围绕国土资源管理“一张图”建设等重要工作开展数据拓展性应用研究，实现省级、市级、县级不同级别矿政管理信息化系统数据库建设需求分析。经过进一步补充完善及拓展，形成一套完整的能够与国土资源管理相关数据相结合，适用于国土资源“一张图”矿政管理工作的数据库模型、标准和建设流程，可以用于指导全国相关信息系统平台及数据库建设工作，为国土资源部的核心工作提供技术支撑。

矿业权数据可分为空间数据和非空间数据。空间数据主要以基础地理数据、采矿权数据和探矿权数据等国土资源的基础、专题地图的形式存在，包括图形和属性数据。非空间数据主要是以各种文档、报表和多媒体等形式存在，包括结构化数据和非结构化数据，结构化数据主要是指有一定结构，可以划分出固定的基本组成要素，以表格的形式表达的数据，可用关系数据库的表或视图表示；而非结构化数据是指没有明显结构，无法划分出固定的基本组成元素的数据，主要是一些文档、多媒体数据，如申请材料、各种文件和法规等。为实现系统的计算机管理，必须将这些数据由现有的模拟方式转换为电子格式的数据，建立文档数据库。

第一节　建库工作流程

分析矿业权数据库建设涉及的工作内容及成果，存在共同工作流程，各类矿业权数据库建设工作均包括数据收集与分析、数据整理和数据集成建库等3个主要环节。图6－1显示的建库流程同样适用于不同时间段数据更新及补充工作。

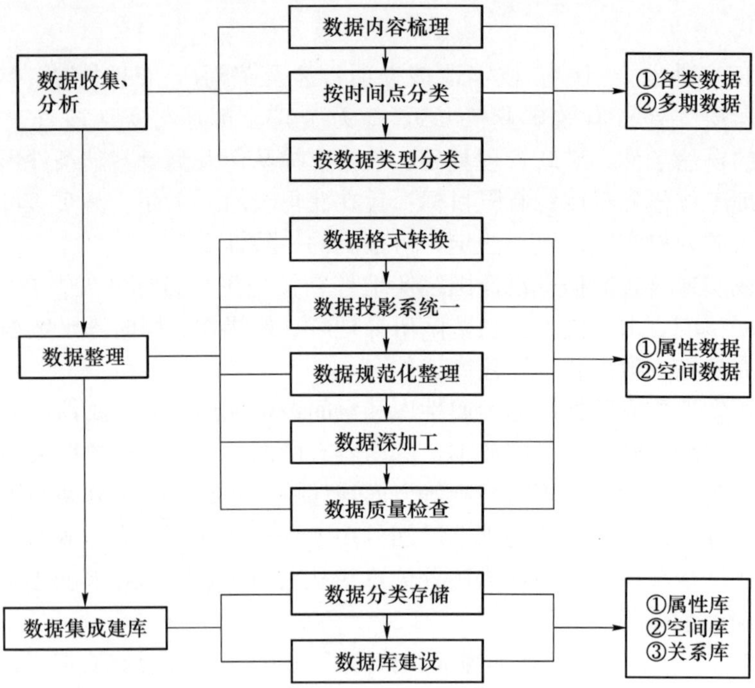

图6－1　矿业权库建设工作流程示意图

一、数据收集、分析

根据矿政管理信息系统用户需求，以及各地区现有数据的情况，收集相关基础地理、基础地质、矿产资源专题数据、管理部门数据等属性、空间、关系类数据。对收集数据按照不同时间段分类，从而形成多期数据组织结构；同时间段的数据则按所属类型不同，分为基础数据、专题数据以及管理数据类型。梳理已有数据格式、标准化程度和分析数据质量，估计数据整理工作量。

收集的数据主要有以下几种格式：①遥感影像：TIFF格式；image格式；②矢量数据：ArcGIS数据格式（如ShapeFile、file Geodatabase、Personal Geodatabase）；AutoCAD数据格式（如DXF、DWG等格式）；MapGIS格式（如.wl、.wp、.wt格式）；③表格数据：如Excel表格；④数据库：如Access数据库。

二、数据整理

根据已收集各类数据的内容及质量的初步分析，制定详细的数据整理及检查方案，组织相关数据处理人员标准化处理及数据深加工等工作，为最终形成矿政管理信息系统数据库提供完整、统一、规范的属性数据和空间数据内容。

三、数据整合建库

为适应信息系统数据高效调用的需要，有效组织多期、多类型数据内容。根据数据量，以及数据动态更新的需要，形成多个空间数据库并列存储，或大数据库存储形式。

第二节　数据库内容

矿产资源综合数据库包括基础要素、专题要素、管理要素三大类信息。基础数据库内容的选取依据国家有关技术规范要求，并综合考虑矿产资源管理与数据共享的最基本底图数据需求；专题数据库以全国矿业权实地核查成果数据及标准为基础，进一步补充完善的数据内容，主要来源于各级管理部门及矿业权人技术管理部门，能够满足矿政管理信息系统分析需要的各类专题数据；管理数据库则以登记库数据为基础的各类用于矿政日常监督管理用的数据。

1）基础要素：该类数据以满足矿产资源监督管理底图使用的基础地理、基础地质及遥感影像类等数据。通过对全国以及试点省、县级成果进行分析，全国、省、县三级所需要的基础数据不同，基础地理可以为1:400万、1:100万、1:50万、1:25万、1:1万等不同比例尺数据；基础地质数据可以为1:250万、1:50万或更大比例尺数据。基础要素根据各省或各地区需要收集、整理（表6－1）。

表6－1　数据库相关要素主要内容

类型	要素名称	要素基本内容			备　注	引用标准
		全国	省	县		
基础类数据	基础地理	行政界线			国界、省界、县界等	GB/T 13923—2006《基础地理信息要素分类与代码》
		行政区			省、直辖市、地级市县等	
		线状水系			依比例尺而定，类型通过属性定义	
		面状水系			同上	
		公路			级别由属性定义	
		铁路			包括轨道交通类	
		居民地（点）			自然村、驻地等点状	
		居民地（面）				
		地貌（点）			山峰、高程点、火山口	
		地貌（线）			首、计曲线，冲沟	
		地貌（面）			沼泽、冰川	
		植被			林地、草地	

续表

类型	要素名称	要素基本内容			备　注	引用标准
		全国	省	县		
基础类数据	基础地质	地质构造线			断层	依据 DZ/T 0226—2010 矿产资源规划数据库标准
		地层			地质界线	
		岩体			地质界线	
		成矿带				
	遥感影像	不同分辨率影像数据			TIFF、image 格式	
	数字高程模型	DEM				
专题类数据	实地核查成果	属性库			Access	实地核查成果数据标准
		空间数据（略）			Shapefile	
		文档			对照表、图件说明	
		基础测绘数据			基础、矿区控制点	
	单矿业权空间要素补充数据	井田边界			CKQ_ JTBJ	参考实地核查成果数据标准
		井田范围			CKQ_ JTFW	
		矿体顶底板等高线			CKQ_ DGX	
		矿体顶底板等高线注记			CKQ_ DGX_ T	
		储量块段			CKQ_ KDM	
		历史储量块段			CKQ_ LSKDM	
		储量块段注记			CKQ_ KDM_ CAD	
		露头线			CKQ_ LTX_ L	
		块段厚点			CKQ_ KDHD_ P	
		块段厚点注记			CKQ_ KDHD_ T	
	开发利用与规划	矿山（点）				依据 DZ/T 0226—2010 矿产资源规划数据库标准
		矿山（面）				
		矿区/床（点）				
		矿区/床（面）				
		国家规划矿区（面）				
		矿产资源保护区（点）				
		矿产资源保护区（面）				
		矿产资源储备区				
		矿产资源开采分区			重点、鼓励、限制、禁止开采分区	
		矿产资源勘查分区			重点、鼓励、限制、禁止勘查分区	
		矿产资源开采规划区块				
		矿产资源勘查规划区块				
		矿产资源重点调查评价项目				

续表

类型	要素名称	要素基本内容			备注	引用标准
		全国	省	县		
专题类数据	开发利用与规划	矿山环境保护与恢复治理重点工程				依据 DZ/T 0226—2010 矿产资源规划数据库标准
		矿山环境保护与恢复治理区				
		矿山环境影响分区				
		矿山土地复垦重点工程				
		矿业经济区				
		重点成矿区带			来源于规划数据	
		主要成矿远景区				
		自然与历史文化保护区（点）				
		自然与历史文化保护区（面）				
	矿业权设置方案	已设探矿权				国土资源部下发矿业权设置方案软件数据结构
		已设采矿权				
		拟设探矿权				
		拟设采矿权				
		调整重置区				
		矿业权总数控制指标表				
	资源储量	查明登记				国土资源部下发储量登记系统数据库结构 国土资源部下发储量统计数据库结构
		占用登记				
		停办登记				
		压覆登记				
		地热矿泉水登记				
		储量统计				
	矿山环境与地质灾害	地质环境监测点				
		地质灾害群防群测				
		地质灾害易发程度分区				
		地质灾害危险程度分区				
		地质灾害防治规划分区				
		地质遗迹保护				
矿政管理数据	矿权登记库数据	采矿权登记数据				国土资源部下发采矿权探矿权管理系统数据库结构
		探矿权登记数据				
	规费数据	使用费数据				
		矿产资源补偿费				
		价款数据				
		地环保证金				

续表

类型	要素名称	要素基本内容			备　注	引用标准
		全国	省	县		
矿政管理数据	日常监管数据	矿山违法及处置数据				
		到期提醒数据				
		越层越界开采数据				
		储量动态监管数据				
		外业核查数据				
元数据	元数据	数据基本描述				国土资源部《国土资源信息元数据库》(2001)
		数据范围、精度、要素描述				
		数据生产单位信息				

2）专题要素：业务专题数据包括矿业权实地核查数据、矿产资源规划数据、矿业权设置方案数据、资源储量数据、地质环境数据、矿产资源开发利用数据及矿山年检数据等。各专题数据主要依据各专业技术规范要求并为实现“一张图”管矿工作补充内容，以及能够实现与基础数据库的相互衔接。

3）管理要素：矿权登记数据、储量登记数据、勘查单位数据、压覆矿产数据、规费征收数据、日常监管数据、年检数据、费率数据及文档数据等各类矿政管理数据，随着日常矿政管理工作而实时发生变化。

4）元数据：元数据库是描述数据的数据，包括业务专题数据、矿政管理数据的元数据和系统运行维护的元数据。

第三节　数据收集

根据各矿政管理信息系统数据库建设需要，确定数据库建设所需要收集的内容、精度及来源。不同数据库中心的建设对基础数据库内容要求不同，精度的要求也存在不同，需要根据实际情况选择确定。

一、省级数据中心建设收集数据

全省1:25万、1:5万或1:1万DLG数据库（基础地理信息数据库）、高分辨率遥感影像数据库（如SPOT、IKONS、TM、QuikBird等）、1:1万DEM数据库（数字高程模型）、1:50万基础地质数据库，矿业权实地核查数据库，设置方案编制单元数据库，省级国土资源管理部门组织编制的矿业权设置方案数据，整装勘查、调查评价数据库，甲类矿产储量利用调查数据库，省级矿产资源勘查现状及规划、开发利用现状及规划、危机矿山接替资源勘查规划以及煤矿、铁矿、磷矿等专项规划，省级发证两权登记库，省级发证矿业权储量登记库，矿业权人、中介机构、实施单位和勘查单位诚信数据，建设项目压覆矿产数据库，矿业权出让数据库。

二、市级数据中心建设收集数据

1:1000、1:2000、1:5000基础地理数据，市级国土资源管理部门组织编制的矿业权设置方案数据，市级发证单矿业权储量，市级矿产资源开发利用现状及规划以及专项规划，地质环境数据，储量登记库，市级发证采矿权登记库。

三、县级数据中心建设收集数据

1:500地形图数据，县级国土资源管理部门组织编制的矿业权设置方案数据，县级发证单矿业权储量，市级矿产资源开发利用现状及规划以及专项规划，地质环境数据，储量登记库，县级发证采矿权登记库。

四、矿山收集数据

矿山收集数据主要用于矿山动态监测或外业应用系统建设，以及矿山三维建模使用。矿山根据需要按要求能够收集以下数据：

1）最新的矿山地形地质图。需要通用软件成图格式：如MapGIS或者AutoCAD文件，包括坐标网格、控制点、地形等高线、水系及各类地物，各种实测和推断的地质界线（包括岩体及其岩相），矿体、矿化带、蚀变带的地质界线，断层、破碎带等构造线以及其代表性产状要素，矿体、岩体、地层、岩相及断裂等符号。

为实现地表三维模型的构建，需要从各图层中提取等高线图层为单独图层要素，并且要求各等高线有高程值，即各线条属性有高程值（统一采用“1985国家高程基准”）。需要每根等高线高程值完全正确，并且等高线数据的线条不能出现交错、散断的现象。

矿区地形地质图最好已经校正到实际的“80坐标系”上，如果没有校正，图面上必须有完整图廓层，有四角点坐标及有方里网及坐标，便于图幅的校正。该图形用于生成矿区的地表模型。有条件的矿山提供高精度的遥感影像和DEM数据也可以用于生成地表模型。

2）孔口和平硐数据。钻孔数据是用来建立钻孔三维模型和矿体，岩层及构造模型的重要数据之一。按如下列表格样式用Excel电子表格方式提供。其中钻孔的孔口三维坐标（X，Y，Z）是必需的（表6－2至表6－10）。

表6－2　钻孔概况表

勘探线编号	钻孔编号	X坐标	Y坐标	Z坐标	终孔深度

表6－3　勘探线数据表

勘探线编号	基线编号	勘探线方位	起点X坐标	起点Y坐标	起点Z坐标	终点X坐标	终点Y坐标	终点Z坐标

表6-4　钻孔班报表数据

钻孔编号	回次号	回次进尺	岩（矿）心长度	*RQD* 值	上次残留岩（矿）心长度

表6-5　钻孔测斜数据

钻孔编号	测点号	测点深度	方位角采用值	偏斜角采用值

表6-6　钻孔分层数据表

岩石分层孔深	分层岩心长度	岩石地层单位名称	岩石全名	备注	岩层倾角	岩性详述

表6-7　钻孔采样数据表

钻孔编号	样品编号	采样起始孔深	采样终止孔深	岩(矿)心长度	样长	第一项目	第二项目	第三项目	第四项目	第五项目	第六项目	第七项目

表6-8　平硐概况数据表

勘探线号	工程编号	坑口 *X* 坐标	坑口 *Y* 坐标	坑口 *Z* 坐标	坑底 *X* 坐标	坑底 *Y* 坐标	坑底 *Z* 坐标	长度	断面高	断面宽

表6-9　平硐采样数据表

工程编号	样品编号	起点平距	终点平距	样品长度	第一项目	第二项目	第三项目	第四项目	第五项目	第六项目	第七项目

表6-10　采空区数据表

中段编号	采场编号	采场拐点编号	开采时间	*X* 坐标	*Y* 坐标	*Z* 坐标

3）井上井下对照图。要求格式为 MapGIS 或者 AutoCAD 文件，图上有完整的井上井下信息，完整图廓层，图廓上有准确的四角点坐标及有方里网及坐标，便于图幅的校正。该图形用于辅助生成矿区的地表模型及地下模型。

4）最新的采掘现状图。最新年度的开采工程实测图和采掘现状图，采掘工程需要带高程。用于井巷建模。图上有完整的采掘信息和完整图廓层，图廓上有准确的四角点坐标及有方里网及坐标，便于图幅的校正。该图形用于建立露天开采面模型或者三维地下井巷模型。

5）全套地质剖面图。完整的剖面图是矿山三维建模的主要资料。要求矿山最新的符合规范的地质剖面或储量计算剖面图。图上必须有矿体边界线、地层界线、断层及其他构造的线条，有两个以上已知孔口三维坐标的钻孔点或者已知坐标的井巷点，用于精确地校正剖面到实际坐标系统下。该图件结合中段图用于建立矿区三维矿体模型、三维地层模型、三维构造模型、三维采空区模型和三维井巷模型等。

6）全套规范的矿区地质中段平面图。要求矿山最新的符合规范的地质中段平面。图上必须有矿体边界线，地层界线，断层及其他构造的线条，井巷线；有完整图廓层，图廓上有准确的四角点坐标及有方里网及坐标，便于图幅的校正。该图件结合剖面图用于建立矿区三维矿体模型、三维地层模型、三维构造模型和三维采空区模型、三维井巷模型等。

7）矿层顶底板等高线图。煤矿、磷矿等非金属层状矿床，需要提供矿层顶底板等高线图，顶底板面上有带高程属性的等高线。图面有储量计算矿段划分信息和储量估算信息；有完整图廓层，图廓上有准确的四角点坐标及有方里网及坐标，便于图幅的校正。该图件用于建立矿山三维矿体模型、三维采空区模型及三维井巷模型等。

8）全套储量估算图件及配套储量估算的全套表格。图件要求格式为 MapGIS 或者 AutoCAD，表格格式为 Excel 或者 Word 格式。要求是矿山最新的符合规范的储量计算图及配套的计算表格，用于建立矿体的含储量信息的精细块段模型。

9）详查、勘探、开采设计报告及配套数据。格式可以是电子文档或纸质复印件。用于了解矿体、构造、开采工程的大致特征，辅助建模使用。

第四节　数据整理

根据矿政管理各数据库的建设需要，确定整理的数据整合建库流程（图6－2），可以看出数据入库前首先必须要对数据质量进行检查，检查内容主要包括矢量数据几何精度和

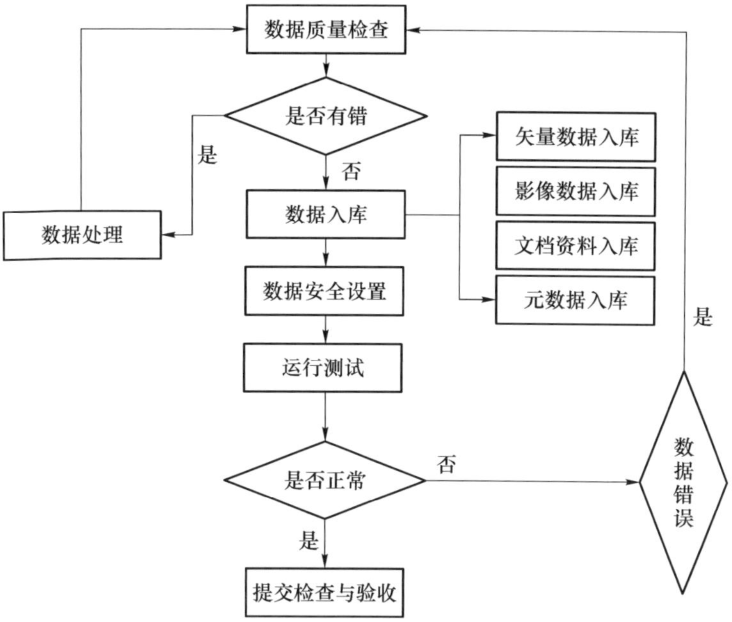

图6－2　数据整合建库总体流程

拓扑检查、属性数据完整性和正确性检查、图形和属性数据一致性检查、接边精度和完整性检查等，检查合格的数据方可入库。

一、数据采集

（一）业务数据采集

矿政管理业务数据主要为矿政管理过程数据，主要包括年度部署数据库、人、财、物等数据的采集。该部分数据需要经过数据规范整理，在检查通过后转换为符合系统需要的数据结构，然后入库管理（图6-3）。

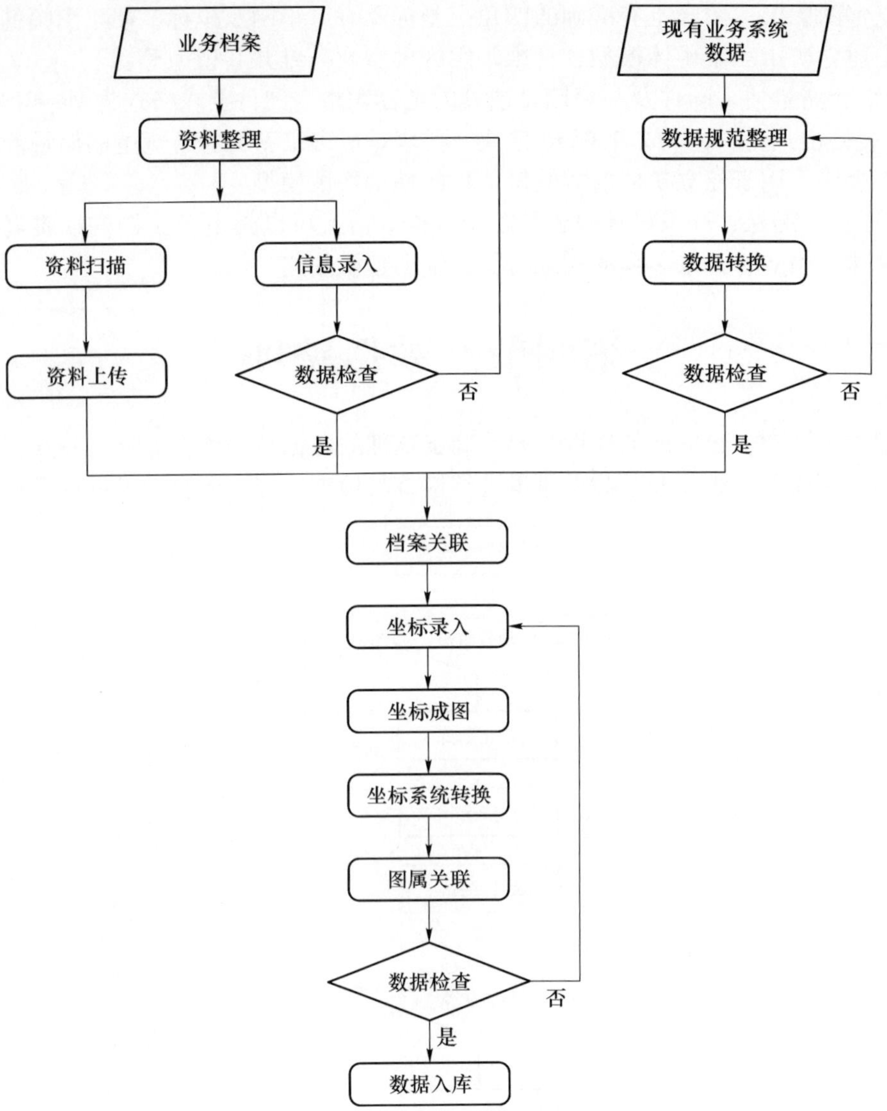

图6-3　业务数据采集流程图

（二）专题数据采集

矿政管理专题数据包括工作程度、矿产资源潜力评价、异常数据和矿产点等专题数据。该类数据部分为其他 GIS 平台格式的电子数据，对于纸质地图，需要经过地图扫描，进行矢量化处理之后才能入库管理（图 6－4）。

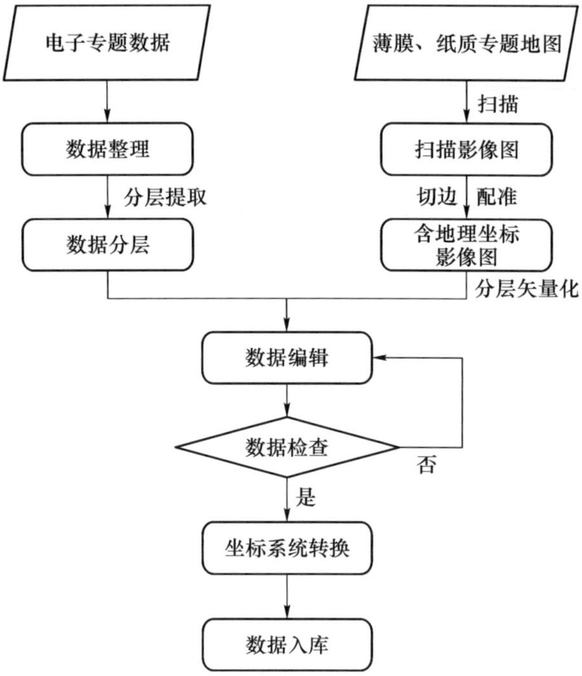

图 6－4　矿政管理专题数据采集流程图

二、数据源检查阶段

在数据整理前，要从两个方面检查收集到的数据。

（一）数据完整性检查

1）检查空间数据是否完整，即根据数据库规范，检查收集到的数据是否包含了所有的必选图层，要素层中的必填数据项是否有控制。

2）检查非空间表格数据是否完整。

3）检查与数据库相关的技术工作报告和检查验收报告是否齐全。

（二）数据一致性检查

1）检查待整理的数据格式是否一致。

2）检查待整理的数据数学基础是否一致。

3）检查待整理的各数据间的属性表达是否一致。

三、数据整理方案制定阶段

根据数据源的情况，制定数据整理方案，整理方案应涵盖最终数据成果的种类和质量要求、人员安排、时间安排以及必要的数据整理方法（如一些软件操作技巧、步骤等）。

四、整理数据阶段

按照数据整理方案开展数据格式转换、数学基础转换、要素分层、要素整理和属性挂接等工作。

（一）数据格式转换

如果收集到的数据格式不统一，则通过专用数据转换工具或软件系统，将收集到的空间数据转换成 ArcGIS Shapefile 格式，文字以及表格数据转换成 Microsoft Office2003 版本，转换后需满足以下要求：

1）空间实体无丢失；
2）空间实体位置无偏移；
3）空间实体几何精度符合要求；
4）空间实体属性内容无缺失；
5）遥感数据的波段无丢失、分辨率精度不降低；
6）DEM 数据格网点的平面坐标、高程值应保证正确；
7）文字及数据内容无空格、无乱码及表格无回车符等影响数据显示及标准的情况。

（二）数学基础转换

对转换后的数据的数学基础，根据情况，采用如下方式转换。

1）若数据没有数学基础，则按照数学基础要求进行定义。坐标系定义为“1980 西安坐标系”，高程基准定义为“1985 国家高程基准”。

2）若有数据数学基础不符合要求，则通过坐标转换与投影变换等方式将其转换为符合要求的数学基础。

（三）要素分层

1）要素分层要求：经不同类型数据整合的数据库要素图层应具有唯一性，即要素图层应无冗余，相同的要素应保证存放在相同图层中；要素的图层名称及属性结构要符合规范要求（详见数据库建设标准及规范）。

2）处理方法：对各类业务数据库相同要素图层进行归并，删除重复内容，保留唯一图层，使其满足最终数据库要素图层唯一性要求。

（四）要素整理

对各类要素存在的空间拓扑错误进行修改，如连接关系、相交关系、闭合关系，以及各要素完整性、一致性的修改。保证同类数据无错漏，数据分析无歧义。

（五）属性挂接

对于图层的属性，按照数据库规范规定的要求进行取舍和整理。部分属性可以从资料的文档，以及图件上的附表获取，如在勘查规划图中附表中存在信息：禁止勘查区、限制勘查区等名称、编号等属性。对于此类数据，可将属性数据整理到 Excel 或 Access 中，经属性一致性检查后，再与图形要素挂接。对于《数据库规范》中“约束条件”项中规定的必填项，需保证数据的完整性。

五、矿山三维数据整理

为了更好地展现矿山立体效果，使监督管理更直观，实现矿山三维将是不错的选择。三维建模的建立需要对矿山提供的原始数据进行整理和处理，以致达到建模数据的一致性。因此，各种数据操作都有一定的标准和要求。以下是各个数据的整理基本要求和标准。

（一）三维数据质量要求

1. 地形地质图

地形地质图的图件格式可以是 AutoCAD 或者是 MapGIS、ArcGIS 格式，用来建立地表模型。对地形地质图需要进行以下 3 个方面的处理，使地形地质图上的数据达到地表建模的标准。

1）图件坐标校正：对地形地质图的坐标校正为真实坐标，并统一到“1980 西安坐标系”下。

2）数据的提取：提取地形地质图上等高线数据，用来建立地表三维模型。

3）数据的处理：给每条等高线赋值高程，对线条进行检查并修正，使其达到无自相交、无重复点和无异常值的要求。

2. 孔口和平硐数据

钻孔数据是用来建立钻孔三维模型和矿体，岩层及构造模型的重要数据之一。钻孔建模是一个自动建模的过程，故需提前按照标准格式准备好数据。检查数据没有异常值，钻孔数据完整、正确。

3. 地质剖面图

图件需含矿体边界线、地层界线和采空区边界线（如果有采空区）信息及钻孔信息等。若图件坐标不是矿山真实坐标，首先需要用校正剖面的功能，把图件坐标校正为矿山真实坐标。然后根据建模类型的需要，分别提取剖面上的矿体边界线、地层边界线和采空区边界线等。最后对提取的线框进行编辑和处理，达到建模要求。

4. 矿区地质中段平面图

对矿区地质中段图进行 3 个方面的处理，使地质中段平面图上的数据达到建模的标准。

1）若图件坐标不是真实的矿山，首先要进行图幅校正，坐标从图件坐标转换为真实坐标。坐标系统一为“1980 西安坐标系”。

2）数据的提取：提取矿区地质中段平面图上巷道数据、矿体边界线数据和采空区边界线数据，分别放在不同图层中编辑和检查。

3）数据的处理：对于提取的巷道边界线、矿体边界线和采空区边界线条进行检查并修正，使其达到无自相交与无重复点的要求，进一步处理达到建模数据的一致性。

5. 采掘工程图

对矿区采掘工程图进行 3 个方面的处理，使采掘工程图上的数据达到建模的标准。

1）若图件坐标不是真实的矿山，首先要进行图幅校正，坐标从图件坐标转换为真实坐标。统一到“1980 西安坐标系”下。

2）数据的提取：提取矿区采掘工程图上的井巷边界线和采空区边界线数据，放置到相关专业图层。

3）数据的处理：对于提取的井巷边界线进行检查并修正使其达到无自相交与无重复点的要求，进一步处理达到建模数据的要求。

6. 矿层底板等高线及储量计算平面图

对矿层底板等高线及储量计算平面图进行 3 个方面的处理，使矿层底板等高线及储量计算平面图的数据达到建模的标准。

1）若图件坐标不是真实的矿山，首先要进行图幅校正，坐标从图件坐标转换为真实坐标。统一到“1980 西安坐标系”下。

2）数据的提取：提取矿层顶底板等高线图上的用来建立巷道模型的巷道数据、矿体模型的矿体边界线数据、采空区模型的采空区边界线数据。

3）数据的处理：对于提取的巷道边界线、矿体边界线和采空区边界线条进行检查并修正，使其达到无自相交与无重复点的要求，进一步处理以至达到建模数据的要求。

（二）三维建模及模型标准

为了方便地质建模和三维可视化显示，需要把复杂的三维矿山模型按照信息的种类分解成各个模型单元，分别为地表模型、钻孔模型、巷道模型、矿体模型、块段模型、采空区模型、地层模型、露采面模型和矿权模型。通过对各个模型单元的建立，组织和集成各个模型到一个统一的模型体系中，形成一个复杂的三维可视化模型。为了达到信息的完整性和比较好的三维可视化效果。在集成过程中，要合理地组织各个模型单元的主要内容，模型分层，模型单元的内部属性，颜色方案等，达到一定的数据模型标准。三维模型要符合 QuantyMine 软件数据格式要求。

1. 地表模型

地表模型有两类：分层设色的地表模型和带遥感影像图纹理的地表模型。地表模型对应地分为两层。地表模型要求根据高精度的地形地质图上地形数据建立，能真实地反应矿山地形、水系、道路、居民地、矿井及采矿场等。露天矿山要能准确地表达采坑的三维空间形态。对于不贴纹理的地表模型要进行分层设色表达。

2. 钻孔模型

钻孔模型要能准备表达矿山钻孔的三维空间形态和其中的地层和样品信息，包括样品段、基线和钻孔编号标注。钻孔模型分为样品图层、基线图层和标注图层。其中样品图层属性表包括ID、勘探区编号、工程编号、样品编号、样长和品位属性字段。钻孔模型颜色方案：样品段从上至下用红色与黄色交替表示；无样品段用黑色表示；基线为绿色；钻孔编号标注为蓝色。

3. 巷道模型

巷道模型必须依照矿山真实的巷道实际测量数据建立，表达矿山真实的三维井巷形态。包括水平巷道模型、竖井模型、风井模型、天井模型、盲井模型、斜坡道模型和平硐模型。根据中段的不同标高进行水平巷道模型的分层，然后其他模型全部分为另外一层。水平巷道模型赋为黄色，其他模型可以统一赋为红色。

4. 矿体模型

矿体模型分为矿体边界模型和矿体块段模型。矿体边界模型表达矿体的三度空间展布形态和与采矿工程的相互位置信息。矿体块段模型用勘探面或者中段面把建立的大矿体切割成各个小矿体块段，并对各个小矿体块段进行块段模型的属性赋值。各矿体块段模型根据其储量类型进行颜色设置和赋属性。一个矿山有多个矿种，矿体要根据不同矿种类赋上不同的颜色。铁矿模型设置为青色；铜矿模型设置为绿色；铜铁矿模型设置为红色；金矿模型设置为黄色。

5. 块段模型

块段模型，包括块段模型及块段模型对应的属性值，非金属矿产的块段模型按照矿层进行分层，属性表中包括块段号、储量类别、平均厚度、平均品位和资源储量5个字段，按照资源储量类型进行配色：111配色为（196，196，0），121配色为（101，55，125），122配色为（14，167，159），111b配色为（255，127，127），121b配色为（116，255，65），122b配色为（127，135，135），331配色为（255，255，25），332配色为（204，255，25），333配色为（255，255，153），334配色为（237，232，196）；金属矿产的块段模型按照矿石类型进行分层，属性表中包括矿体编号、块段编号、储量类别、平均品位、矿石类型、矿石量和金属量7个属性字段，按照矿石类型对块段模型进行配色，铁矿模型设置为青色，铜矿模型设置为绿色，铜铁矿模型设置为红色，金矿模型设置为黄色。

6. 采空区模型

采空区模型表达矿山的开采情况。采空区模型根据不同年份开采阶段进行分层划分。各分层好的采空区模型根据对应的储量图的采空区信息进行属性表赋值，属性表中包括块段号、储量类别、平均厚度、平均品位和资源储量5个字段；并根据储量类型进行颜色赋值：111配色为（196，196，0），121配色为（101，55，125），122配色为（14，167，159），111b配色为（255，127，127），121b配色为（116，255，65），122b配色为（127，135，135），331配色为（255，255，25），332配色为（204，255，25），333配色为（255，255，153），334配色为（237，232，196）。假如没有采空区信息或者不全，则默认采空区模型颜色为红色。

7. 地层模型

地层模型，包括各种地层模型和各类岩石模型，按照地层和岩石的不同类型来进行分层设置。根据《中华人民共和国地质矿产行业标准》中的“地质图用色标准及用色原则”对地层模型和岩性模型进行配色。

8. 露采面模型

露采面模型，准确地表达矿山的露天开采现状和边界。模型需要根据高程大小进行颜色的分层设置。从而能更加清楚地显现其露采面的开采情况。

9. 矿权模型

矿权模型可以很清晰地反映出矿山的开采范围。通过矿权模型，可以了解矿体分布在矿权范围内的位置。可以通过三维空间分析功能，监管矿山的合法开采，避免穿层越界采矿现象的出现。因此，矿权模型根据各个矿山的合法开采区域来划分进行模型分层，而且需要对矿权模型进行透明设置。矿权模型默认设置颜色为蓝色；透明度为120。

第五节　整合建库

按照“谁发证，谁负责”的原则，各级国土资源管理部门组织完成数据整理后，根据矿政管理信息系统对数据库的要求将数据入库。其中，在初次建立市级数据中心时，需将省级数据中心的数据按照行政区划切割下发到市，然后再入库市级整理数据；同理，初次建立县级数据中心时，需将市级数据中心的数据按照行政区划切割下发到县，然后再入库县级整理数据。

一、入库数据检查

（一）成果提交形式检查

1）数据文件命名及目录存储结构检查：检查成果内容目录存放是否符合规范要求。

2）成果数据完整性检查：①图层完整性检查（包括图层子表），检查遗漏或冗余的图层；自定义图层；②附表及数据说明表完整性检查，自定义附表；③文本完整性检查。

3）数据文件存储格式检查：检查是否符合规范要求。

（二）属性数据质量检查

1. 表格数据检查

1）结构完整性：字段是否缺失、是否有自定义、结构顺序是否错位。

2）结构正确性：字段代码、字段类型和字段长度是否符合标准。

3）字段内容完整性：关键字段内容是否为空。

4）字段内容正确性：字段值是否正确，是否符合取值范围。

5）检查主表与子表的关联关系的正确合理性。

2. 文档的检查

文档检查包括对文本、编制说明、报告及数据说明表等进行检查：要求文档内容不缺漏，逻辑清晰，描述准确，结构符合相关规范标准。

（三）空间数据质量检查

1. 图层数据检查

1）投影方式与坐标系统检查：图层空间位置的正确性，主要检查空间坐标的正确性。

2）拓扑关系检查：图形数据拓扑关系的正确性，主要检查是否有多余的多边形碎片及多余的弧段，孤立的点、线要素是否合理，悬挂的线要素是否合理。

3）几何精度检查：图层之间逻辑关系的一致性，主要检查各图层之间应当相互重叠的点、线、面是否能保持基本一致，做到不扭结、不交叉、不裂缝等。

4）图层图元数据完整性检查：主要检查空间实体、符号及注记等的完整性。

5）检查要素分层的正确性及各要素图层关系的正确性，包括图层与子图层的关联关系。

2. 属性表检查

1）图层属性数据（包括子表数据）结构完整性检查：根据《数据库规范》检查遗漏或冗余的字段。

2）图层属性数据（包括子表数据）结构正确性检查：根据《数据库规范》检查字段代码、字段类型及字段长度等是否正确。

3）图层属性数据字段内容完整性检查：检查字段内容为空值是否合理。

4）图层属性数据字段内容正确性检查：检查代码型数据项填写内容的正确性；可以标准化或具唯一性数据项填写内容的正确性；具有逻辑关系的数据项填写内容的正确性，说明性字段内容的合理性。如“目标标识码”的唯一性，最小基本单元属性内容的正确性。

5）图元与属性对应关系的正确性检查。

6）检查主表与子表的关联关系的正确合理性。

（四）逻辑关系的检查

1）根据附表内容，按图层中图元编号的对应关系，对图元进行检查。

2）检查与空间数据相关联的附表与其对应图层的一致性。

二、参数输入

依据参数设置的要求，向矿政管理系统中输入各种建库参数。

三、数据组织

对不同数据层的数据建立索引等。

四、数据入库

整理并完成入库前检查、参数设定的成果数据入库内容主要包括矢量数据、正射影像数据、文档资料数据和元数据等数据，入库后数据是否能正常打开，被程序调用，还需要组织入库数据测试工作。

以矢量数据为例，各要素数据可分层入库，也可批量入库。如图 6－5 所示，系统中的数据库分层将是灵活的、可变的，当相关标准发生变化时，系统数据库分层应该具有一定的自适应和调整能力，可以让用户对系统数据的分层信息进行定义，即“逻辑分层”的含义。该功能通过元数据服务系统进行实现。

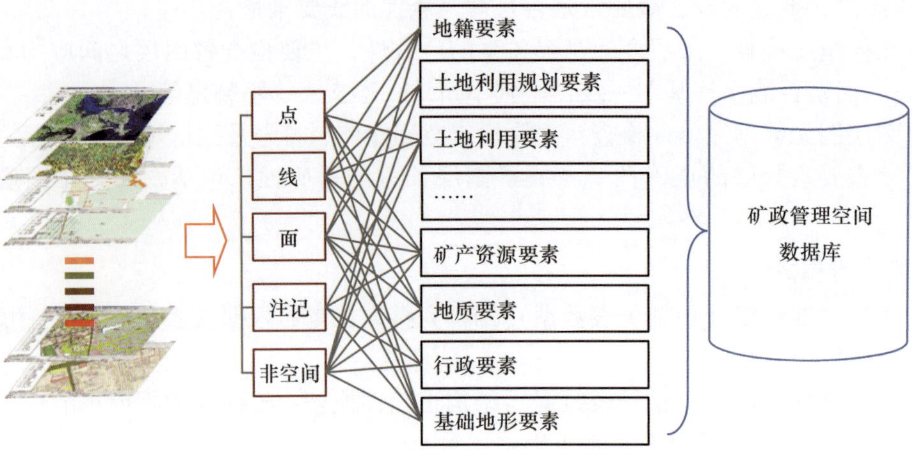

图 6－5　基于空间数据库的分层数据组织

第六节　数据交换机制

矿产资源数据交换用来实现各级矿产资源数据中心之间的上下同步和备份（数据驱动）、垂直业务系统间的数据交换（应用驱动）。通过共享与交换系统建设，完善共享与交换数据的定义，确立共享与交换数据的相关标准，确保数据的安全、可靠传输，实现数据交换过程的可管理性。

一、异构数据共享

国土资源管理部门应用着多种不同的业务管理系统，各类专题数据由相应的系统进行变更和管理，这些系统在 GIS 软件平台和数据格式上都彼此存在较大差异。在矿政管理信息化系统的建设中，需要在保留和集成这些系统和数据的基础上，通过数据交换实现不同业务系统间的数据共享和交换，以完成矿产资源综合管理的要求。根据这些系统的技术特点和部署方式，可以通过两步建立数据交换共享机制。

二、异构数据统一转换

设定时间基点，对异构系统数据统一转换到统一的空间数据库存储在矿政数据中心，通过数据中心对数据进行发布共享，提供相关业务部门使用。并在此基础上，定期或通过定制数据转换工具（监视异构系统数据变化）动态将异构系统产生的数据更新到数据中心数据库内，保持数据中心数据库的现势性。

三、数据交换的体系结构

数据交换包括横向的政府部门之间的共享数据交换和纵向的上下级国土部门之间的基础数据和业务数据的交换。

市级数据中心的交换系统体系可分为两大部分：交换数据库和数据交换系统。

1. 交换数据库

为保证数据交换的及时进行，同时不影响上下级系统的正常运行而设定专门的数据交换库，用来存储等待交换或准备接受的数据，交换数据库部署在市级数据中心，完成本级系统交换数据的存储和管理。交换数据库将采取定期或增量备份的方式完成数据更新，供各数据库使用。

设立交换数据库，便于提高应用系统的性能、数据的安全管理以及交换数据的版本管理，也有利于数据的检查、更新，数据转换。

2. 数据交换系统

该系统负责完成组织、提取数据放入交换数据库，进行数据的分包，发送；产生日志管理，完成不同格式数据的转换，进行数据检效，把交换数据库中的数据转入到工作库。

四、数据交换系统设计

数据交换系统主要由业务数据交换系统、基础数据交换系统和数据共享交换系统三大应用系统组成。

1. 业务数据交换系统

业务数据交换系统完成垂直业务系统间的数据交换，实现垂直业务系统上下业务流程间的业务数据交换：上报（回复）、下发（上报），例行统计数据上报、专项材料上报或下发等。业务数据交换系统使上下级业务应用系统间的操作透明化。应用系统不需考虑业务规则以外的下层数据交换和通信的实现。

业务数据的交换在业务办理的过程中触发，交换的数据集包括项目相关的表格、图形、图片、文本等类数据以及工作流程、意见、角色及时限等审批过程数据。

2. 基础数据交换系统

基础数据交换系统交换的是业务基础数据和基础地理数据，面向市级数据中心和对外数据服务。

为了实现基础数据库在省、市多级数据中心重复存储的部署方案，市级数据中心需要通过基础数据交换系统，及时地、自动地接收县级更新数据，并更新本地基础数据，同时，需要更新区（县）级数据库中的基础数据，县级数据中心的部分基础数据也要更新到市级数据中心。

3. 数据共享交换系统

该系统主要是共享数据交换服务模块，一般不是国土资源不同级数据交换系统发生作用，而是与其他部门的数据交换系统进行数据交换。执行如下任务：接受其他部门传来的数据请求，从运行库中提取相关交换数据，转入交换数据库；向其他部门应用系统发出数据交换请求，扫描中间库中新收到的应用数据集，转入本级数据中心部署的数据库中。

五、数据交换的标准定义

省、市、县多级的数据交换模式绝大部分是在已知结构的关系模式（数据库）之间进行交换，中间交换文件最有效的组织方式是基于 XML 的数据交换模式。

用 XML 文件作为数据交换的桥梁，重要的是要定义 XML 文件的格式。形成的 XML 数据文件应该包含两部分：数据头和数据体。空间数据的交换格式目前常用的交换语言是 GML。GML 已经逐步成为国际上空间数据交换的主要标准格式，所以采用 GML 作为空间数据的交换技术是可行的。

第七章　基于矿业权实地核查数据的矿政管理信息系统建设与应用研究

第一节　矿政管理信息化建设情况

一、已有系统情况

自我国“金土工程”项目开展以来，国土资源领域根据矿产资源管理业务需求，编制了一批单机版或网络版的应用软件，并在全国推广使用，其中具有代表性的有：探矿权管理信息系统、采矿权管理信息系统、矿业权许可证统一配号系统、矿业权年检及矿产督察软件、矿产资源登记统计系统、矿产资源规划软件、矿产资源开发利用系统、储量登记报备系统、矿业权设置方案报盘软件、采矿权报盘软件、采矿权数据核实整理工具、地质勘查资质监督管理信息申报系统、地质勘查资质管理软件、国土资源综合统计网络直报系统、全国矿产资源补偿费征收统计网络直报系统、全国重要矿产资源“三率”调查报盘系统等。另外，国土资源部、部分信息化水平高的省厅研发了能融合办公自动化、矿业权审批等工作的网络版业务系统。在矿政管理领域的各种软件系统的应用，一定程度上推动了矿政管理工作，但还存在着一些问题。

1. “重审批轻监管”等现象依然存在

虽然各级矿政管理部门在实际工作中具体应用了多个软件系统，在一定程度上提升了矿产资源管理业务工作，但由于行政业务环节的制约、软件系统功能上的缺陷，难以从根本上杜绝实际工作中的“重审批轻监管”、“以批代管”等现象。

2. 系统之间缺乏衔接

因下发的软件系统是不同时期针对某项具体业务工作而编制的，缺乏矿政管理或国土资源工作的全盘考虑，难以实现多部门业务协同与衔接，“孤岛效应”、重复工作等现象明显，在基层应用过程中表现尤为突出。

3. 数据分散，难于管理

目前相当数量的省厅还没有建立起类似矿政管理“一张图”的系统，地级市、县级有的甚至还停留在原始管理阶段，甚至还没有形成信息化矿政管理的理念。数据还分散在不同的部门，难以统一管理，很大程度上制约了矿政管理工作发展。

4. 缺乏业务交流，难以真实反映实际需求

建设系统的缺少与基层的丰富交流，还主要立足于管理部门，对矿业权管理工作和矿业权人日常运作等因素考虑不到位，难以反映真实的需求。

5. 数据更新不及时

受网络条件、信息安全等因素限制，各级数据衔接不理想，从国土资源部到省厅、市局、县局的矿业权数据更新速度很慢，跨级更新尤为突出，难以达到信息实时性要求，有相当的信息存在滞后性现象。

6. 数据一致性差

由于无集中式的数据管理，各级部门的同一个数据存在多个版本，数据不一致性现象严重，影响矿政管理工作的精度和质量。

7. 与在建或已有系统衔接较差

受各系统自身不足（技术、功能、数据等多个方面），若干在建或已有系统之间难以进行无缝衔接，更难以进行集成与共享，跨部门的矿政管理工作难以有机融合。

8. 国土资源部下发系统难以考虑各地的实际情况

随着相关软（硬）件技术的发展、国土资源信息化数据的增长，以及国土资源部开发的应用系统很难全部考虑各地的实际情况，使得旧有系统已不能适应当前的工作需要，存在着功能无法满足业务工作要求，数据集成与共享较差、软件更新升级限制较多等问题。同时与各地已建设的电子政务系统无法实现有效的整合，形成两条线使用的现状。

二、矿政管理信息化的不足

由矿政管理信息化建设的现状可知，各级国土资源管理部门在信息化建设方面已经具备了一定的数据和技术基础，但从国土资源信息化建设的总体目标来看，一些地区矿政管理信息化建设还存在一些不足。

1）虽然已经积累了相当数量的数据，但是数据格式、坐标基础差异较大，大多数采用标准文件方式管理，难以满足安全性、数据共享方面的要求。

2）目前单个业务应用系统很难实现多部门交叉业务之间的衔接、共享应用以及互联互通的要求。

3）没有按照当前国土资源电子政务系统建设的趋势来统一规划，各个业务应用仍比较独立，没有统一的政务应用环境。

4）目前的应用系统在可维护性、可移植性、可扩展性、多并发访问及集成应用等方面能力明显不足。

5）没有充分考虑各级矿政管理部门、同级多个部门之间的业务工作之间的衔接，难以采用信息化手段通过工作流程等形式加以实现。

6）重点主要停留在全国、省厅级的矿政管理信息化建设（包括资金投入、软件硬件配备、人员配备等），对地级市、县（区）等最重要的基层矿政管理关注较少。

在现有信息化技术条件下，结合各级矿政管理的业务需求，创造各种条件下，建成综合的、基于可搭建开发的、集成多种业务应用的、面向 Intranet/Internet 网络环境的矿政管理信息系统（平台）等成为各级国土资源信息化建设的重要任务。

第二节　矿政管理信息系统建设方法

一、总体建设方法和步骤

基于矿业权实地核查成果数据进行矿政管理信息系统建设，涉及工作内容多、部门广和业务复杂，应按照软件工程方法或敏捷开发方法进行软件系统的开发（图 7 – 1 展示了总体建设模式与流程）。按照软件工程方法对矿政管理信息系统的建设与应用，可以按“先试点后推广”或“一步到位”的建设方法进行（如图 7 – 1 左侧所示的上下两部分），这两种方法均可以基于已有系统进行改造，或者建设全新的系统。

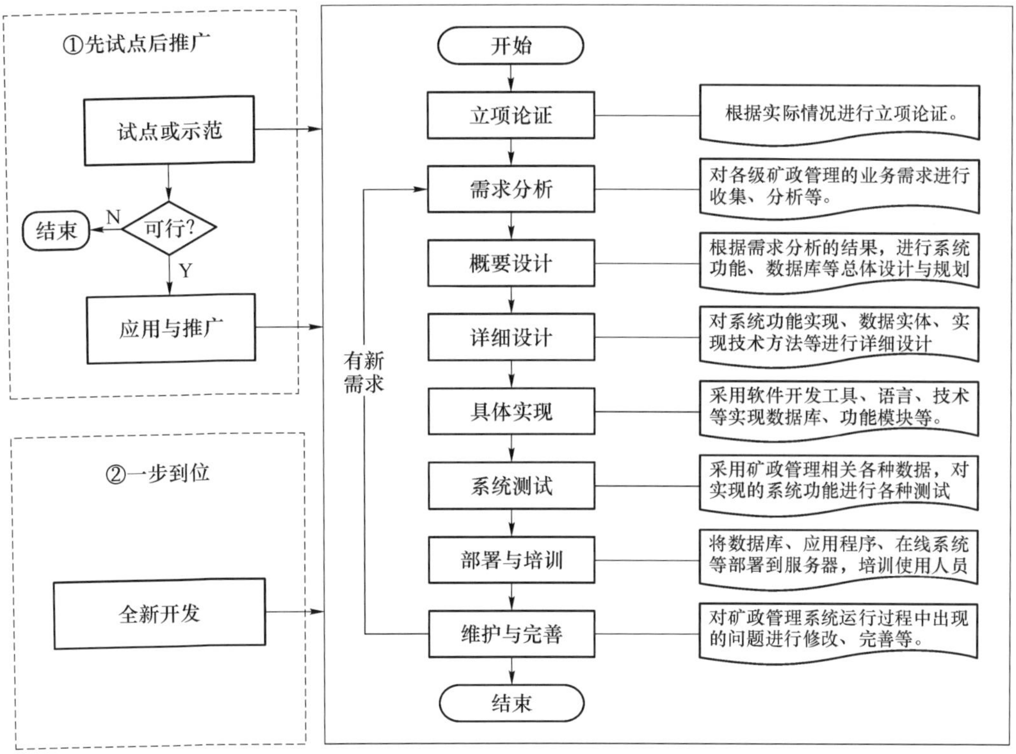

图 7 – 1　矿政管理信息系统的建设方法和步骤

（一）先试点后推广

“先试点后推广”建设模式是目前常用的一种矿政管理信息系统建设与应用的工作模式。虽然全国各级矿政管理部门的业务工作大同小异，但由于各部门资金情况、信息化水平、领导重视程度、工作习惯及人员能力等因素的不同，导致对系统功能需求也有所不同。为了达到“因地制宜”的效果，应先采用试点或示范的方式，即在一个县或一个区进行开发与应用，不断地修改或完善发现的问题，然后逐渐推广到所有的县、市，最后甚至扩展到所有市县乃至全省。

这种方式前期投入较少、周期短、见效快、成功率较高，是最易于接受、最科学的一种方式。但在后期与其他系统进行衔接时可能存在风险。

（二）一步到位

“一步到位”的建设模式是指系统功能囊括所有需求的开发模式，一次到位。此方法事先应进行深入调研，全面把握各种需求（涉及各级部门的所有需求），提出信息化系统功能与业务流程等，确定信息化系统解决方案，并委托专业软件公司进行全新的“量身定制”开发。

“一步到位”模式的优点为：系统建设初期需求全面、深入地考虑了各级业务工作，对业务流程优化设计有较大的空间，其数据共享、系统功能集成度高，组件的重用性好，能够满足各级（省、市、县）的应用需求。

“一步到位”模式的缺点是：建设初期，投入成本相对较大、周期较长、工作量较大、需求统一难度大、需求变化影响面广、系统开发与维护难度大，且风险较高。

无论采用上述两种模式中的任意一个进行矿政管理系统的建设，均可以按照立项论证、需求分析、概要设计、详细设计、具体实现、系统测试、部署与培训、维护与完善等阶段进行（如图 7 - 1 右侧部分所示），其中从需求分析到维护与完善阶段是一个反复进行的迭代过程，直至满足所有需求为止。

二、立项论证

矿政管理信息系统是用来帮助矿政管理人员规范化工作的一种信息化技术手段，可以贯穿矿政管理的各个环节，能够将各种工作内容采用数字化形式进行保存及展现等，可有力地提高工作效率与质量。矿政管理系统建设需要大量的资金、设备和人员等投入，需要相关部门组织有关领导小组和专家组编写系统建设可行性分析报告，并组织专家进行论证。重点考虑财政预算、领导决策、技术情况、数据情况、更新与维护等。

（一）财政预算

根据同级政府或上级政府部门对矿政管理工作的年度预算情况和现有信息化建设情况，规划出用于系统建设的财政预算（包括硬件与软件购买、应用软件开发、人员费用、场地费用等），并根据财政预算支持力度决定采用四级、三级、两级、一级建设模式，以及未来推广及应用的范围。

（二）领导决策

各级主管领导对采用信息化手段促进矿政管理工作的决策力度与思维意识，在很大程度上决定了矿政管理信息系统建设的命运。

（三）技术情况

主要考虑对开发后的矿政管理信息系统起支撑作用的硬件、软件情况，以及相关技术人员、支撑部门（如省、市的信息中心）或其他单位（如软件开发、系统维护企业）的实力。

（四）数据情况

矿政管理部门应全面把握现有数据情况，对现有的电子数据、纸质数据等均有一个详细、彻底的清查，它们与系统需求、开发工作量等密切相关。

（五）更新与维护

各种矿政数据能够提供实时在线，定期或不定期的更新，系统能够提供及时的维护与完善。为保证数据更新与系统维护均具有可持续性，还需要充足的年度支持资金和稳定的技术团队等。

三、需求分析

矿政管理需求分析是矿政管理信息系统建设的最重要环节，需求不明确或变化频繁等情况可能会导致项目成本加大、工期延迟，甚至夭折。在调研与矿政管理相关业务需求的过程中，主要对矿业权、矿产资源规划、矿产资源开发、储量、地质环境、地质灾害及监察等相关业务主管科（室）的业务工作、系统使用要求等进行调研。在此基础之上，综合分析业务工作现状，提炼、优化工作流程，最后形成业务工作明确的需求分析报告。

（一）确定调研对象

调研对象包括国家、省、市、县（区）等各级国土资源管理部门，包括行政管理层和业务管理层（主要是矿政管理及相关业务部门）等，甚至包括矿山企业等。

（二）编写调研提纲

根据不同的调研对象、不同部门或工作人员的业务分工，编写详细的调研提纲与计划，包括时间、地点、人员、调研方式、调研内容及调研记录形式等。

（三）细化调研内容

1. 单位情况

详细描述从矿政业务领导到规划、开发、储量、地环、监察、地灾等相关业务主管科（室）的组织结构、工作目标、工作范围和业务流程等（也可以是有建设意愿的矿山企业）。

2. 信息化环境

调查矿政管理部门的软件、硬件状况（指现有可利用的软硬件资源以及将要配置的软硬件资源）、使用人员状况（主要指业务人员使用计算机的水平，对信息化的理解程度）和运行情况等。

3. 软件使用情况

对各矿政管理部门使用的信息管理系统名称、功能、运行状况、使用效果及存在的不足等进行调研。

4. 数据情况调研

对矿政管理相关数据的现状进行详细调查，主要包括数据种类、数据类型、数据来源、所在处室、数据组成、处理方式、数据处理流程和数据内容等。

5. 系统建设需求收集

按照需求计划和调研提纲，收集矿政管理各层次人员对未来矿政管理信息系统功能和矿政管理对业务办公自动化等需求，矿业权、储量、地环、地灾和监察等相关业务部门对矿产资源信息服务的需求，以及上级或下级国土资源管理部门对矿产资源信息管理与应用的需求，等等。

（四）采用科学的调研方法

根据矿政管理信息化建设调研对象的不同，可以采用访谈、会议、参观、问卷调查或资料分析等方式完成需求调研，调研内容可以采用录音、笔记、复印和拍照等多种信息化形式收集。

（五）需求分析

对收集的各级矿政管理部门的系统需求进行整理、分类、提炼和分析，分析出与矿政业务密切相关的数字化建设内容、系统使用角色、功能需求、业务流程、存储要求、性能要求、系统应用模式、权限管理方式及展现方式等。其中业务流程和功能需求等内容应尽可能细化。

四、总体设计阶段

为了保证矿政管理信息系统建设的顺利进行，根据矿政管理业务需求分析的结果，进行矿政管理信息系统的总体设计，形成目标系统的一个总体蓝图。主要完成矿政管理信息系统的总体结构、各子系统关系、系统功能、数据库和各种接口等内容的设计，最终形成矿政管理信息系统概要说明书。

（一）总体结构

设计出矿政管理信息系统的总体“蓝图”（如组成框图、总体结构图等），明确系统的总体实现目标及由哪些子系统组成等内容。

（二）各子系统关系

给出矿业权、储量及地质环境等跨部门的子系统之间的关系，尤其是因业务系统与模块之间的衔接可能对后台数据产生变化影响的情况。

（三）系统功能

详细列出组成矿政管理信息系统的每一个子系统，以及每一个子系统的功能模块，并且给出每一个模块要实现的业务功能需求，以及达到此目标需要完成的业务流程等。

（四）数据库

设计支撑矿政管理信息系统运行的数据库（或数据中心）等，需要指出涉及的地质、地理、矿产、矿业权、储量和遥感等各类数据，以及各类数据的总体类型、支撑业务系统及存储方式（分布或集中）等。

（五）各种接口

设计矿政管理信息系统运行需要完成的数据接口（模型、控制、视图等）与其他已有系统的接口等。

五、详细设计阶段

详细设计是为了实现矿政管理信息系统每一个功能模块（矿政管理业务功能）而给出详细的描述，可以通过文字说明和流程图等多种方式进行表达，详细说明实现每一个功能模块名称、需要完成的步骤与流程、使用的数据（可能使用多类、多种数据）、中间产生的结果、使用接口及数据库变化情况等。

往往实现一个业务功能可能需要一个或多个模块参与，矿业权审批就是其中具有代表性的一个业务流程。需要每一个系统模块在进行设计时既要保证本模块功能的完整性，又能够与其他模块衔接。

在总体设计阶段的数据库组成基础上，设计出详细的数据模型，尤其要明确每一类矿政管理数据库的数据库实体（数据表、要素类等）和数据库实体的组成（字段名称、类型、大小等）等。

六、系统开发阶段

系统开发阶段是具体软件开发的实施阶段，按照矿政管理信息系统详细设计说明书，采用某种程序设计语言、数据库、GIS 产品及其他组合技术等，具体编写代码实现每一个功能模块、每一个类、每一个方法、每一个算法等，从而完成整个矿政管理信息系统的数据库建设、软件模块编制等工作。

必须明确采用的开发工具、软件支持框架、程序设计语言、开发模式、数据库、运行操作系统和开发方法等，技术选型应考虑与现有及未来系统运行衔接、数据处理、维护与管理等多种因素，有时可能多种语言、数据库或开发工具混合使用。

1）开发工具：Visual Studio、Eclipse、IBM Rational 等。

2）选用的技术框架：. NET Framework、J2EE 等。

3）程序设计语言或脚本/插件：Java、C#、PHP、C、C ++ 、JavaScript、Flex、Sliver-light 等。

4）开发模式：C/S 模式（客户端/服务器）、B/S 模式（浏览器/服务器）、M/S 模式（移动端/服务器）。

5）数据库：Oracle、SQL Server、Access、MySQL、PostgreSQL 等（甚至 HBase），既包括关系或对象数据库，同时还包括空间数据库（如 Oracle Spatial 等），也可以是移动嵌

入式数据库（如 SQLite 等），甚至是 NoSQL 数据库。

6）数据库访问引擎：ADO. NET、JDBC、ArcSDE、SDX + 等。

7）操作系统：需要指明数据库、地图服务器、应用程序服务器、应用系统等运行在哪些操作系统上（如 Windows、Linux、Unix、iOS、Android 等）。

8）GIS 产品：采用的 GIS 产品可以是 MapGIS、ArcGIS、SuperMap 等，为完成矿政管理信息系统开发可能使用桌面产品、服务器产品、移动产品等，其中空间数据开发与展现可以采用一维、二维、三维或二三维一体化的形式。

9）平台模式：基于 COM、基于 SOA 等模式。

10）应用程序服务器：IIS、Tomcat、JBOSS、WebLogic、WebSphere 等。

11）地图服务器：MapGIS、ArcGIS、SuperMap 地图服务器或自开发的地图服务器。

七、系统测试阶段

为了保证矿政管理信息系统每一个功能运行的正确性，必须使用模拟或真实的矿政管理数据对其进行多轮测试，主要测试方式有单元测试、集成测试和系统测试等大类，具体测试内容包括功能测试、数据库测试、性能测试、缺陷测试、平台测试、负载测试和安全测试等。测试方法可以采用黑盒测试（主要方法）及白盒测试。为完成系统测试，需要编写测试用例、测试计划、测试报告等。测试还分为内部测试和第三方外部测试等。

开发人员对其实现的每一个算法、模块进行单元测试，开发人员之间进行交叉的单元测试。开发团队组织测试小组对所有系统功能进行集成测试、系统测试，也可以委托第三方进行测试。测试可以通过直接使用系统功能完成，也可以通过编写测试脚本（如使用 NUnit、JUnit 等）、测试工具（MercuryInteractive、Segue、IBM Rational、Compuware 和 Empirix 等公司的产品）等。

八、部署与培训

根据各种子系统运行环境的不同，由开发人员制作不同的软件包（有 C/S 模式的 EXE 安装包、B/S 模式的 EXE 安装包和绿色安装包、移动应用的安装包等），为使用人员搭建系统的运行环境（操作系统、系统补丁、支持软件框架、GIS 等）和安装系统，配置服务器连接及数据库连接等信息。

对各级工作人员提供软件培训，保证每一个角色的用户均能熟练使用矿政管理信息系统的相应功能。

九、系统维护与完善

为了保证矿政管理信息系统不是一次性开发、一次性使用，而是一次开发、多次维护、长期使用，则需要为其制定科学的维护与完善计划。包括数据更新、及时完善功能缺陷、定期或不定期软件功能升级和日常维护等，保证矿政管理信息系统能够稳定、正常地运行。

第三节　矿政管理信息系统的建设模式

一、总体建设模式

为了顺利地进行矿政管理信息系统的建设、应用与推广，在掌握矿政管理信息系统建设方法和步骤的基础上，现对矿政管理信息系统的建设模式进行分析。

在国土资源部矿产开发管理司的领导下，由全国矿业权实地核查项目办公室牵头，在全国范围内陆续开展以全国矿业权实地核查成果数据为基础的矿政管理信息系统建设试点研究，对通过信息化手段完成日常各级矿政管理的业务工作进行有益的探索，积累经验并进行推广应用。以全国矿业权实地核查成果数据为基础，构建涵盖国家、省（自治区、直辖市）、市、县等不同行政区划的矿政管理信息系统。根据实际情况，矿政管理信息系统可以采用国家、省、市、县四级建设模式，可以是省、市、县三级建设模式，或者省市、市县或省县的两级建设模式，亦可使用只市级或县级的独立一级建设模式。图 7－2 给出了 4 个不同的建设模式。

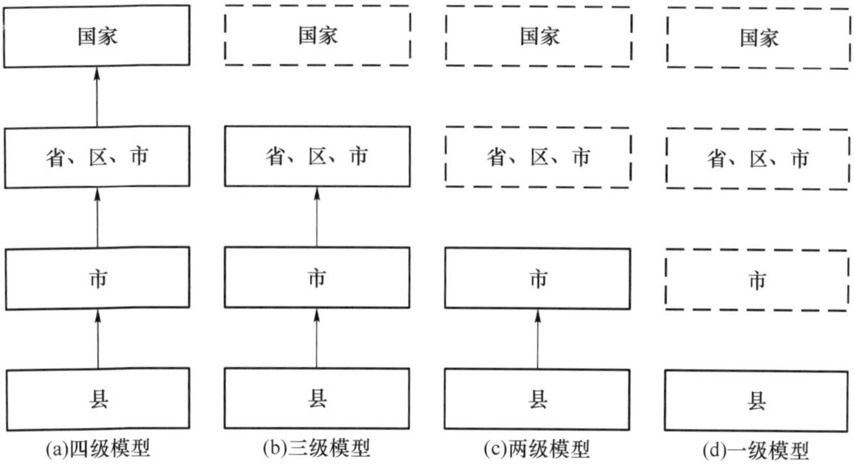

图 7－2　矿政管理信息系统的总体建设模式

二、四级建设模式

四级建设模式，即基于矿业权实地核查成果数据的矿政管理信息系统包括了国家、省、市、县 4 个层面的所有矿政管理工作。图 7－3 显示了从图 7－2 总体建设模式的（a）细化后的四级建设模式。由图 7－3 中可以明确地看出，四级应用模式的最高端为全国矿政管理信息系统，该系统由全国各省矿政管理信息系统构成，而各省的矿政管理信息系统则管理本省所有地级市的矿政信息，各省地级市的矿政管理系统完成所辖区内各个县所有的矿政信息管理。全国矿政管理信息系统可采用集中式或分布式部署（如部署在国土资源部信息中心），数据既可以与系统部署在一个局域网内，也可以通过网络分别部署在各省，其中数据资源、计算资源和地图资源等均可通过服务的方式进行集成与共享，也可以直接连接数据库。

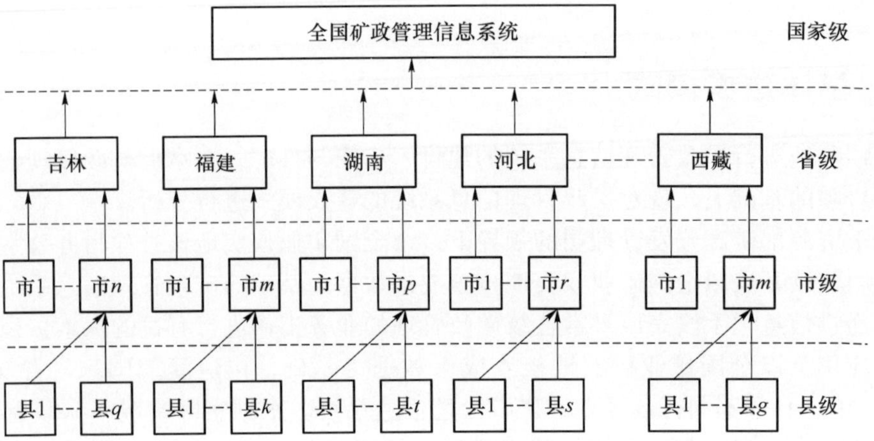

图 7－3　四级建设模式

三、三级建设模式

三级建设模式主要指省、市、县 3 个层面的矿政管理工作，即基于矿业权实地核查成果数据建立的省、市、县三级互联互通的矿政管理信息系统。图 7－4 显示了从图 7－2 总体建设模式的（b）细化后的三级建设模式。由图 7－4 中可以明确地看出，三级建设模式的最高端为省级矿政管理信息系统，该系统由本省各地级市的矿政管理信息系统构成，而各地级市的矿政管理信息系统管理了本市所辖区内各个县的矿政信息。省矿政管理信息系统一般集中部署在省厅数据中心（如湖北省国土资源厅信息中心），系统可以是 C/S 模式或 B/S 模式的，省、市、县三级原始数据可以是统一存储在省厅数据中心，或根据业务需求分别部署在不同行政区的数据管理部门（如县级存储最原始管理数据、市级存储本辖区业务数据、省级则主要存储汇总分析数据等），也可以各级互为备份（如省级存储省、市、县三级数据，市级存储市本级和下属各县的数据，县级则只存储本级数据）。

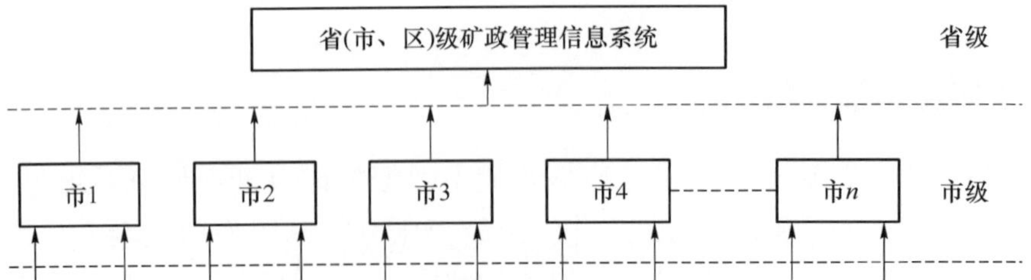

图 7－4　三级建设模式

四、两级建设模式

两级建设模式主要指在市、县两级基于矿业权实地核查成果数据建立的矿政管理信息系统，它涵盖了市、县两个层面的矿政管理工作。图 7－5 显示了从图 7－2 总体建设模式的（c）细化后的两级建设模式。由 7－5 图中可以明确地看出，两级应用模式的最高端为市级矿政管理信息系统，它由本市各县的矿政管理信息系统构成，而各县矿政管理信息系统管理了本辖区内各矿业权相关的矿政信息。市级矿政管理信息系统一般集中部署在市级数据中心或省数据中心，而县级矿政管理信息系统既可以部署在县级管理部门，也可以部署在市级数据中心，矿政管理信息系统可以是 C/S 模式、B/S 模式或二者混合模式。

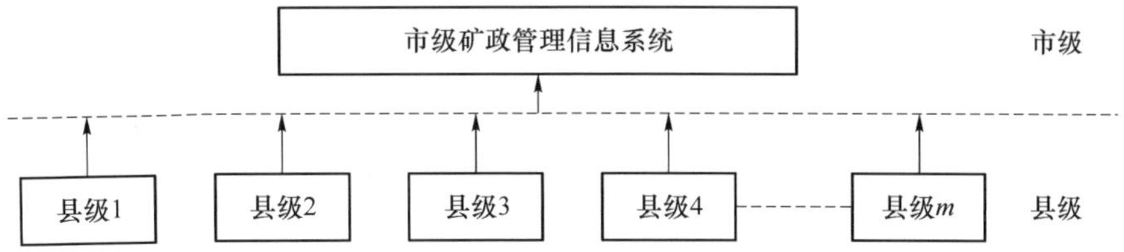

图 7－5　两级建设模式

五、一级建设模式

一级建设模式是矿政管理信息系统的独立运行模式，可以是只省级、只市级、只县级，但一般主要指县级应用（运行）模式，该模式运行在国家、省、市、县四级行政管理的最末端，也是与每一个矿业权人（采矿权、探矿权）最紧密接触的单位。一般部署在县级矿政管理部门，也可以是其上一级矿政管理部门（根据网络等实际情况而定），系统可以将每一个矿业权的所有数据集中存储在一起进行管理，也可以只存储关键数据（如矿业权基本信息、储量变化等），其他数据可以通过网络从上一级矿政管理部门提取，部分数据（视频、瓦斯、温度等各种实时监控信息）可存储在矿山，通过网络随时调用、查看等（图 7－6）。

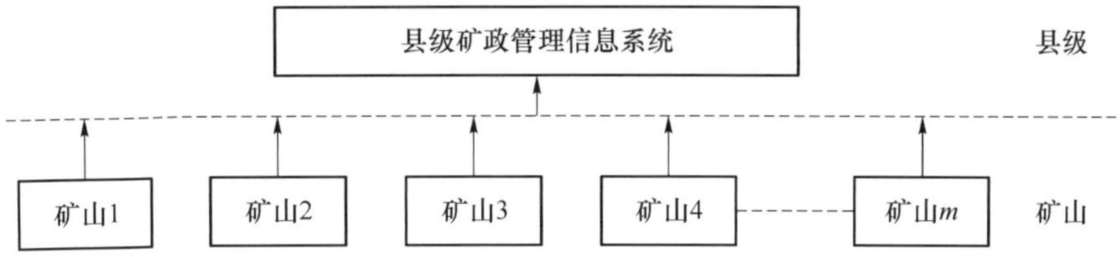

图 7－6　一级应用模式

第四节　矿政管理信息系统设计

一、矿政管理“一张图”概念

矿政管理“一张图”（“一张图管矿”）的目标是建立国家到省、市、县多级互联互通的矿政管理信息系统，形成“天上看、地上查、网上管”的矿政管理运行体系。在矿业权实地核查成果基础上，集成基础地理、基础地质、高分辨率影像、矿业权登记、储量核查、矿产资源规划、矿业权设置方案、矿业权设置单元及储量登记等数据，以矿业权管理为重点，建设满足各级矿政部门的矿业权审批、查询统计、矿业权监管、数据管理和矿山三维展示等需求的矿政管理信息系统，并实现国家到省、市、县多级矿政数据的动态共享和应用；同时形成矿政管理规范化、信息化管理体系，指导矿政管理工作，为全省和全国矿政管理信息化系统建设提供经验与技术保障。

在宏观层面上，矿政管理“一张图”为满足国土资源部参与宏观调控、资源监管、形势分析、辅助决策支持和社会化信息服务提供数据支撑所必要的政策、机制、数据及其管理、技术、标准、应用和服务的总和。在微观层面上，矿政管理“一张图”是实现各类矿产资源数据汇交、存储、处理、应用、分析、挖掘和安全备份等管理和服务的数据集成环境。

从业务管理来看，矿政管理“一张图”是面向矿产资源监管与服务目标，基于统一基础地理空间参考，对矿产、基础地质和地质环境等各类矿产资源专业信息的综合集成与展示，是全面展示我国矿产资源状况的“电子沙盘”。

从数据内容来看，矿政管理“一张图”是基础地理、矿业权、矿产开发、基础地质、地质环境、地质灾害、地质工程等多专业数据，按照统一空间定位基准、统一分类编码、统一命名规则、统一数据格式、统一统计口径等要求，按照管理与服务需求，从各类专业数据库中经过抽取、转换和加载（ETL）过程形成的矿政管理数据库及管理信息系统，利用数据调用接口或 Web Service 方式提供数据服务。

矿政管理“一张图”及核心数据库在形式和内容上是统一的。“一张图”侧重于概念，它是形式上的展示和表现，反映前台用户的应用体验，矿政管理业务及行为以“一张图”的形式表现出来。核心数据库注重内容上的数据与集成，体现对后台数据的管理。它针对矿政管理业务需求，从大量的多个专业数据库中提取出相应的数据集，按照统一的标准加工整理入库，才能形成真正意义上对矿政管理发挥实际效能的核心数据库。矿政管理“一张图”的优势在于各类信息的高度集成，其应用和服务也主要体现在资源监管、宏观调控和信息服务的高端层面，其作用还不能替代矿产资源日常管理业务所依附的各类应用系统及其数据库。

二、系统总体框架

矿政管理“一张图”是一个系统工程，主要包括数据中心（核心数据库）和各类信息系统建设两大块，其中数据是核心。需要统筹规划，集成整合各类矿产资源数据，实现分层叠加显示、查询与浏览、分析与挖掘，能够与以电子政务平台为基础的审批系统、综合信息监管平台以及各有关应用系统对接，支撑矿政管理全面、全程监管和辅助决策，以及与其他系统对接提供对外服务。它是一系列政策、机制、数据及其管理、技术、标准、应用和服务的总和。

图 7 -7 显示了矿政管理“一张图”的总体框架。由图 7 -7 中可以明确地看出，为了清晰地刻画矿政管理“一张图”，将涉及的所有资源划分成了资源支撑层、原始数据层、核心数据层、业务服务层和矿政应用层等，其中核心数据层与业务服务层是最重要的两层。

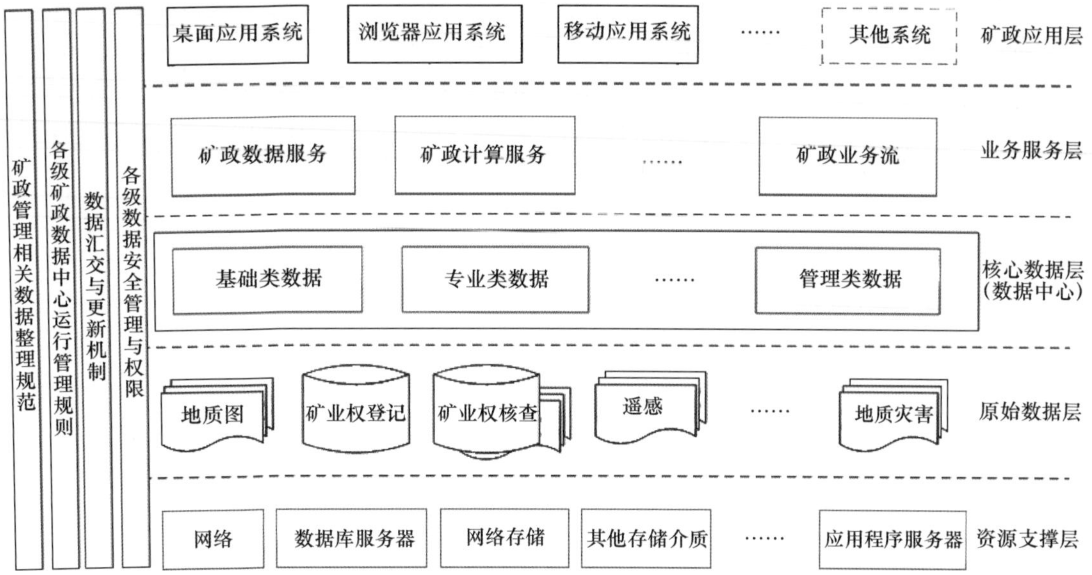

图 7－7　矿政管理“一张图”的总体框架

（一）资源支撑层

资源支撑层涵盖了保证矿政管理“一张图”系统能够运行所需要的软件、硬件资源，硬件资源包括各种网络设施（路由器、交换机、光纤、网卡等）、服务器（数据库服务器、应用程序服务器、均衡负载器等）、网络存储（大型网络存储等）、其他存储介质（光盘、硬盘等）等；软件资源包括操作系统（Windows、Linux、Unix、Mac OS、Android 等）、系统辅助软件（VMWare、Ctrix 等）、应用程序服务器软件（IIS、WebSphere、JBOSS、Tomcat 等）、地图服务器软件（MapGIS Server、ArcGIS Server、SuperMap iServer 等）、GIS 桌面（ArcMap、MapGIS、Supermap Desktop 等）、GIS 开发包（ArcGIS Engine、MapGIS COM、SuperMap Objects 等）、程序设计语言（Java、C#、C＋＋等）、开发工具（Eclipse、Visual Studio、Rational 等）、各种插件或脚本语言（Flex、Silverlight、JavaScript 等）等。通过各种软件与硬件进行交互，完成矿政管理“一张图”系统运行所必需的资源，使得系统更专注于业务处理。

（二）原始数据层

原始数据层是建立在资源支撑层之上的第一层，此层保存了矿政管理可能使用的所有数据，这些数据来自于基础地质、地理、遥感、矿业权登记、矿业权核查、矿产资源规划、整装勘查、地质灾害、环境监测、地形、物探、化探、区域地质调查等多专题数据，也可以是土地、交通、森林等其他专题的数据。这些数据经过坐标变换、裁剪、拼接及各种 ETL 可以形成多种服务不同需求的数据。

原始数据可以是属性数据或空间数据，也可以是结构化数据或非结构化数据。这些数据一般以操作系统文件的原始格式形式保存，也能够以大对象等形式保存到不同的数据库中。可以是文本（.TXT）、文档（.doc、.docx、.wps、.pdf 等）、表格（.xls、.xlsx 等）、图片（.JPG、.jpeg、.bmp、.gif、.tif、.png 等）、视频（.avi、.wmf、.ktv 等）、电子讲稿（.ppt、.pptx 等）、声音（.mp3、.wav 等）、数据库（Access、SQL Server、Oracle、MySQL、PostgreSQL、Visual Foxpo 等）、GIS（MapGIS、ArcGIS、SuperMap 等矢量或栅格格式数据）、网页（.htm、.html）等。

（三）核心数据层（数据中心）

核心数据层是矿政管理“一张图”的核心层的基础，是对原始数据进行一系列的处理之后形成的，它可以是一个数据库，也可能是一个或若干个数据中心，保存了支撑矿政管理“一张图”相关业务的核心数据。根据业务支撑作用的不同，从逻辑上可以将其划分为基础类、专业类和管理类三大类数据，具体内容详见本章第四节第“四、总体数据架构”和本章“第五节　矿政数据中心”。

（四）业务服务层

业务服务层是建立在核心数据层之上的矿政管理“一张图”的核心层，此层承担着矿业权审批、矿业权压覆分析、矿业权预警、储量变化、地下开采变化、地下三维分析、地质灾害监测、矿山开采监管和地质灾害监测等各种矿政管理业务，主要通过向矿政应用层发布服务接口的方式实现。这些矿政业务通过各种 COM 组件（如 GIS 组件）、数据服务及计算服务等接口来实现，即通过各种组件（COM 组件、Web 服务组件等）的服务集成来完成后台的数据集成，达到数据和资源共享目的。开发新的、封装已有的组件形成服务组件（属性服务、地图服务、流程服务等多类服务），并统一注册到 SOA（云计算中心），由中心管理服务的生命周期。由于服务组件基于 XML 格式进行建造，可以透过各类防火墙、网络进行传输，调用结果可再次组合、加工等，故可以构建松散耦合的新系统，也可以与其他已存在的系统进行衔接。其中，提供地图服务的不同 GIS 服务器，只要都遵循国际上 OGC 标准、基于统一的空间参考，发布 WFS、WCS 等地图服务，多个 GIS 厂商提供的地图服务就可以有机地融合，而不必在意其“出身”。

在服务之上，建有矿政管理业务服务总线，能够构造不同的业务服务流。以不同粒度的服务为基础，根据矿政管理不同业务，对服务进行再次封装、组合（可能是一个复杂的生态调用链），形成包含业务逻辑的新服务，最大限度地实现服务组件的重用。

（五）矿政应用层

矿政应用层是暴露在整个系统最外面的一层，也是终端用户直接接触的图形界面，它通过 UI 接口与矿政管理“一张图”系统进行交互，实现矿业权的查询、压覆分析及储量动态分析等业务功能，用户只需要掌握如何使用系统，而不必关心数据是从何处、通过哪些网络、经过多少技术环节、多少个服务参与计算、如何调用生成等，只需重点关注后台的数据中心、业务服务是否按照操作发出的业务指令返回了正确的结果。

应用程序可以是基于 GIS、MVC 等模式开发的 C/S、B/S、M/S 等多种模式的应用程序，其中 C/S 模式（Client/Server，客户机/服务器）是基于 COM 组件或 SOA 开发的、解决矿政管理业务需求的桌面应用系统，它部署在高性能的台式计算机上，也是传统应用最为广泛的一种应用程序。B/S 模式（Browser/Server，浏览器/服务器）是基于服务器端

COM 或 SOA 开发的应用程序，无须部署即可通过网络使用任意一台机器上的浏览器就可以在线访问和使用，绝大多数是瘦客户端（少数为胖客户端），此为目前最方便、最为流行的应用模式。M/S 模式（Mobile/Server，移动端/服务器）是近几年随着智能机的普及而快速发展起来应用模式，它是运行在手机、平板电脑上的应用程序，方便使用、易于携带的应用程序，通过它可以在野外现场运行矿政管理业务系统，完成现场实时检查、监测、督促等。

（六）其他保障

为保障矿政管理“一张图”业务系统的稳定运行，还需要各种数据建设、整理的相关规范，以及各类数据的持续更新与汇交机制、各级数据中心的运行与维护管理、数据管理及系统应用相关的安全与权限等。

三、软件体系结构

矿政管理“一张图”系统可以采用直连数据库实现，也可以基于 Web 服务搭建、基于云计算（SOA：Service - Oriented Architecture 等）实现。图 7 - 8 给出了矿政管理“一张图”的软件体系结构。

由图 7 - 8 中可以看出，所有的原始数据，均需要经过整理（分类、挑选等）、加工（格式转换、坐标变换、裁剪、拼接、切割、编辑等）、提取（从操作系统文件提取到内存或缓存）、转换（转换成保存在大型数据库中的格式）、加载（加载并存储到各类数据库或数据中心）等环节，以集中式或分布式，或二者兼有的形式保存到对应的数据库（数据中心）。

数据中心（数据库）以物理上分布式或集中式，或二者兼有的形式存在，但在逻辑上是一个整体，数据中心可以采取国家、省、市、县、矿山等五级或至一级的模式进行建立，存储了保证矿政管理“一张图”业务的各类数据。数据中心（数据库存储）的是基础类、专业类和管理类数据，这些数据可以是属性数据或空间数据，其格式可以是结构化的表，也可以是非结构化的各类文件。各类数据通过元数据描述进行划分，也可以使用模式给出界限。

无论数据中心中的哪一类数据要为应用系统提供信息，都需要二者之间建立稳固的连接，通过数据库访问引擎来解决此问题。各种应用程序通过 ADO、ODBC、OLEDB、ADO. NET、JDBC（或 JDBC - ODBC）等数据库访问引擎与后台数据库进行交互，对数据库实体进行更新，从数据中提取各种格式的信息（表或对象等）；对于保存在企业级数据库中的各种格式（矢量、栅格等）的 GIS 空间数据各厂商提供了对应的空间数据访问引擎，通过 ArcSDE、MapGIS SDE、SuperMap SDE + 等建立空间数据交互通道；还可以通过专用的三维数据访问引擎与三维模型进行交互。

地理信息厂商提供了丰富的 GIS 组件，如 ArcGIS Objects、MapGIS Objects、SuperMap Objects、3D Objects 等，各种 GIS 对象组件包含了桌面开发组件和服务器开发组件，甚至移动开发组件。GIS 组件封装了对空间数据操作的诸多技术、操作逻辑与方法，开发人员仅需要掌握接口的调用方法即可。基于这些 GIS 组件，实现 C/S 模式、B/S 模式、M/S 模式应用中需要的各种空间数据的展示、查询与分析等。通过数据库访问引擎（如

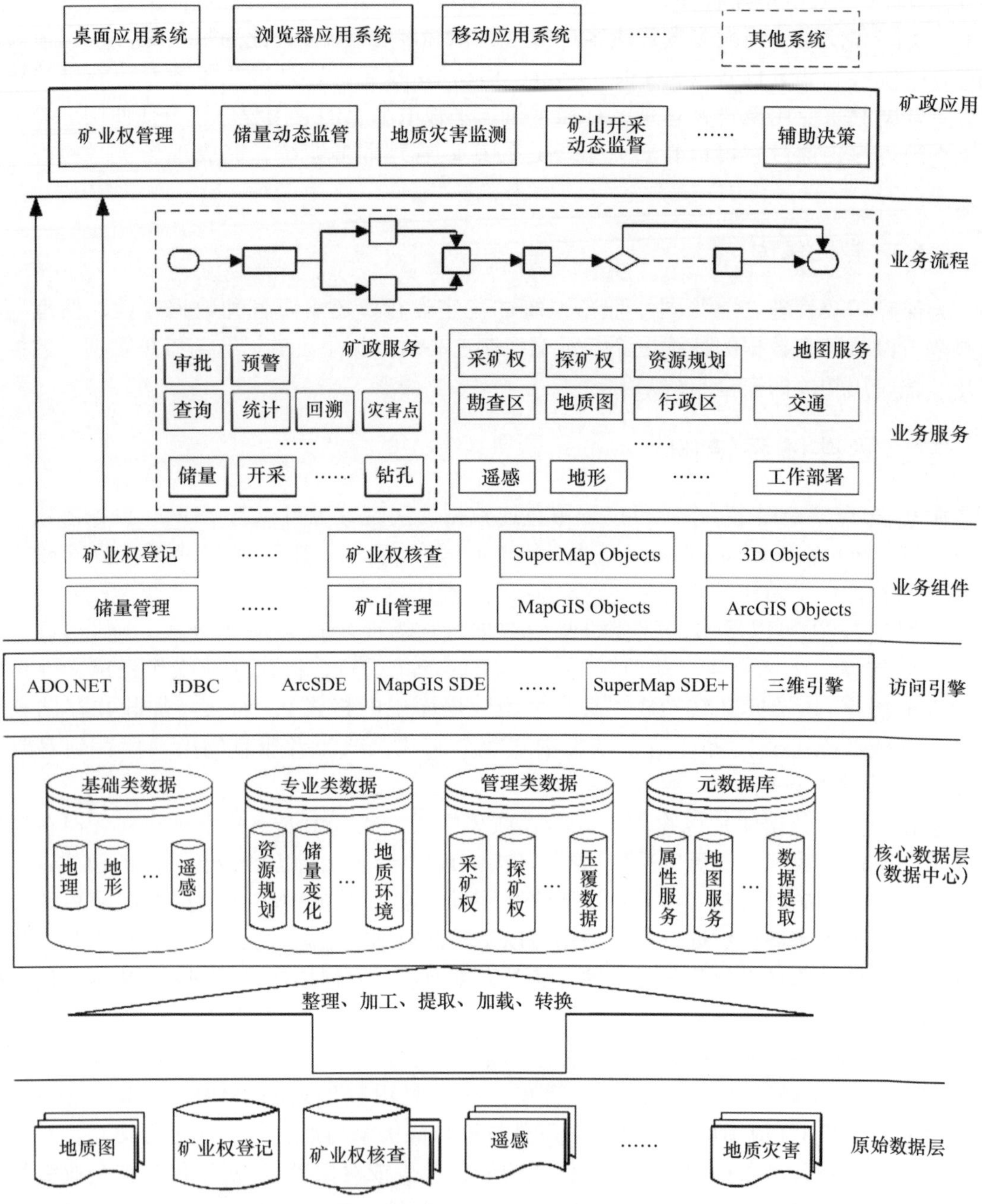

图 7－8　矿政管理“一张图”的软件体系结构

ADO. NET ）对后台数据库（数据中心）内的结构化、非结构化数据进行交互，编写实现矿业权审批、储量变化、矿山开采监控、地质灾害监测等矿政管理业务相关的组件，将这些组件封装打包（. dll、. jar 等），为应用程序界面提供业务接口。

矿政管理“一张图”采用面向服务体系结构 SOA 进行打造（地图服务采用 Service GIS 架构），通过服务将散布在全国各级数据库（数据中心）内的矿政数据有机的集成起来，形成一个动态的、可伸缩的、内容无限的大的虚拟数据库——通过服务集成实现数据集成，从而可以完成全国矿政“一张图”。SOA体系结构将按照一定标准规范把全部业务功能以服务的方式编写、实现、发布并注册，可以实现跨平台、跨网络、跨语言地被多种客户端调用，并具备服务聚合能力以集成来自其他服务器发布的服务（属性服务、地图服务等），实现与IT业务系统进行无缝的异构集成，方便应用开发者快速构建业务敏捷应用系统。将业务组件中实现的应用程序功能封装和发布为Web服务（Web Service），向外只公布Web服务接口。由于调用Web服务返回的结果是XML格式的，故它可以由不同语言、不同模式的客户端应用程序所调用，并且能够与其他的Web服务进行衔接。根据不同需求对空间数据进行分类、打包（如建立地图文档），对各类空间数据进行整理、修饰，封装并发布成符合OGC空间信息标准的WMS、WFS、WCS和CAT等格式的地图服务，最终注册到不同的地图服务器上成各种地图服务，为不同模式的客户端应用程序提供地图支撑。可以通过不同属性数据、地图服务的聚合，将来自于同一个服务器或多个服务器的多种Web Service进行组合（空间、属性等）。

在已发布的不同粒度的服务的基础上，根据矿政管理业务的需求，采用EBUS、BEPL等实现Web服务的流程组合或再造，可以通过XML方式的工作流实现服务的融合、重用，从而基于已有的各种服务，实现不同的业务需求，最终形成的是不同的粒度稍大服务，由客户端直接调用，而不必关心后台在实现此业务时有多少类服务、多少个服务参与计算，只关心输入、返回结果即可。

应用程序界面可以通过直接调用业务组件（如基于COM开发）、直接调用Web服务（数据服务、计算服务等，属性服务、地图服务等）、调用业务服务（可以是若干个不同粒度Web服务组合形成的新服务）开发C/S、B/S、M/S的程序，通过属性数据与空间数据的混合的查询、显示、分析、统计等（空间数据可任意来源的多层数据重叠显示、综合分析等），完成矿业权管理、储量信息管理、地质灾害管理、矿山开采监控管理、决策分析等业务，真正实现“一张图”矿政管理，还可以实现二三维一体化等效果。

四、总体数据架构

数据是数据库的源泉，矿政管理核心数据库是整个矿政管理“一张图”的基础与核心内容，没有（正确的）数据“一张图”管矿就是无本之源。它是从矿产资源、矿政管理相关各专业或业务数据库系统或应用系统中抽取、调用形成的，用于矿政资源的监管、查询分析和辅助决策的核心数据。矿政管理“一张图”系统软件是建立在矿政管理数据中心的基础上，将之称为“核心数据库”。核心数据库的数据来源于原始数据层，是对多专题原始数据进行查看、筛选、分类、整理、修改、裁剪、转换和加载等一系列加工形成的。由于数据量较大，类型较杂，为了方便管理及后续更新，根据核心数据内容对矿政管理业务支撑的作用不同，以原始数据为基础，将其从逻辑上划分成基础类、专业类和管理类等三大类数据（图7-9）。

（一）基础类

基础类是整个矿政管理“一张图”系统的背景数据，各类数据都以其为统一的空间参考，主要是以基础地理框架为基底的、不同比例尺的正射遥感影像数据，以及地形、地名、行政境界、水系、交通、基础地质等一系列的基础地理信息，它在“一张图”管矿

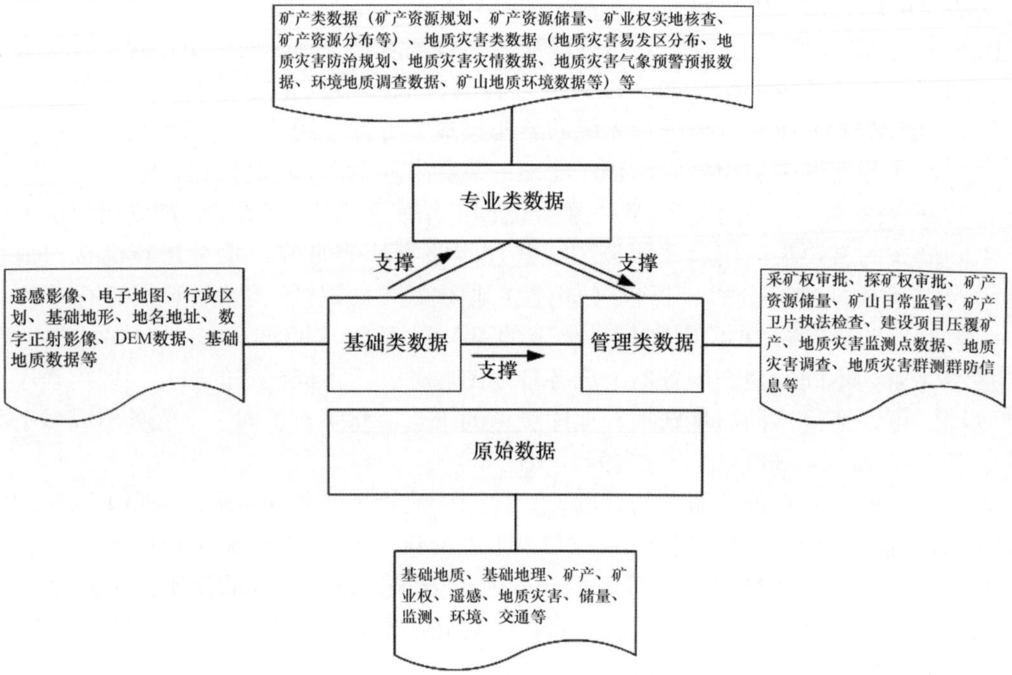

图 7－9　三大类数据

业务中主要起到背景参考作用，也可以参与计算。

基础类数据主要有遥感影像、电子地图、行政区划、基础地形、地名地址、数字正射影像、DEM 数据、基础地质数据等。

（二）专业类

专业类是矿产、矿政管理和地质环境等从规划到产生等相关的一系列业务支持数据，有属性数据，也有空间数据（为由点、线、面要素组成的空间数据图层）。由于它们面向不同级别、不同角色的管理部门和管理人员，故它们参与到日常矿政管理的整个生命周期内，既可以为管理部门提供统计服务数据，也可以为管理人员提供量化的具体指标（如 2010～2014 年的储量变化）。这些数据在一定时限内保持稳定，数据更新频度多数不高（如矿业权边界），但也有较高频度的（如地下开采情况）。

专业类数据主要包括矿产类数据（矿产资源规划、矿产资源储量、矿业权实地核查、矿产资源分布等）和地质灾害类数据（地质灾害易发区分布、地质灾害防治规划、地质灾害灾情数据、地质灾害气象预警预报数据、环境地质调查数据、矿山地质环境数据等）等。

（三）管理类

管理类是矿产资源等管理过程产生的数据，涵盖了包括矿产资源勘查和开发管理各业务管理环节的数据。主要是由坐标串构成的空间数据及统计表格组成的属性数据，这些数据有结构化的关系数据，也有非结构化的文档、图片等。

管理类数据主要包括采矿权审批数据、探矿权审批数据、矿产资源储量数据、矿山日常监管数据、矿产卫片执法检查数据、建设项目压覆矿产数据、地质灾害监测点数据、地质灾害调查数据和地质灾害群测群防信息等。

五、软件开发技术路线

矿政管理“一张图”系统是一个庞大的软件系统，涉及操作系统、数据库、应用程序服务器、地图服务、桌面应用、移动应用、远程监控和数据安全等多层次的软件技术。因采用的操作系统、数据库、GIS 产品等不同，可能会导致使用的数据库建设或系统开发技术路线有所不同，其中 GIS 产品影响较大。目前，国内在矿政管理软件开发方面主要采用 MapGIS、ArcGIS、SuperMap 等 GIS 产品，而且矿政管理“一张图”应用软件主要以桌面 C/S 模式、浏览器 B/S 和移动应用的 M/S 等 3 种形式出现（单一、组合或全部）。下面分别以 3 种 GIS 产品为例，对矿政管理“一张图”可能使用的软件开发技术体系进行简要介绍。

（一）MapGIS

由于矿产资源领域（尤其是基础地质）的许多数据的原始格式为 MapGIS，故有的矿政管理部门采用 MapGIS 产品进行开发。MapGIS 支持桌面应用开发、服务器应用开发，其中服务器软件系统主要以 K9、K10 服务器为主，也支持移动应用开发。

1. 桌面应用开发

采用 Visual Studio（C#、Java、VB 或 C++ 等）开发 C/S 模式（WinForm）的矿政管理系统，通过 ADO. NET、MapGIS SDE 访问数据库中的属性数据、空间数据等，调用 MapGIS 的 COM 组件对 MapGIS 数据进行展示、空间查询及空间分析等功能。

2. 服务器应用开发

将 MapGIS 数据保存到大型数据中（可以采用 SQL Server、Oracle、DB2 等），建立 MapGIS 的地图服务并发布到 MapGIS K9/K10 服务器上，基于 JavaScript、AJAX、Flex 等开发 B/S 模式的矿政管理系统，网页中的主语言可以采用 Java（JSP）、C#（ASP. NET）等，对应的框架分别为 J2EE（可采用 Spring、Hibernate、Struts 等）和 NET Framework。

3. 移动应用开发

可以将 MapGIS 格式的数据直接在移动设备（手机、平板电脑等）中打开、阅读、调用以服务形式提供的数据资源和计算资源。支持 C++ 和 Java 等语言开发。

4. 二三维应用

将 MapGIS 产品的二维、三维组件有机地调用，融入矿政业务之中，形成“二三维一体化”的应用，能够实现地上、地下、空中“三位一体”的二三维展示与分析。MapGIS 的“二三维一体化”在 C/S 模式和 B/S 模式中均能实现。

（二）SuperMap

超图公司开发的 SuperMap 拥有全系列的 GIS 产品，目前该产品亦支持从桌面应用开发到服务器端开发、移动应用开发。近些年，矿政管理系统采用 SuperMap 产品开发的软件应用效果较好（如重庆南川等）。目前市场上较为常用的 SuperMap 产品是 6R 和 7C。

1. 桌面应用开发

基于 SuperMap 的桌面应用组件（如 SuperMap Desktop Objects），采用 Visual Studio（C#或 C++等）开发 C/S 模式（WinForm）的矿政管理系统，通过 ADO. NET、SuperMap SDE+等访问数据库中的属性数据与空间数据等，调用 SuperMap Desktop Objects 组件实现空间数据的展示、查询和分析等功能。

2. 服务器应用开发

超图同样支持大型数据（如 SQL Server、Oracle、DB2 等），安装好 SuperMap 的矢量、栅格格式空间数据发布的地图服务器，在各类地图服务器上（SuperMap iServer），将各种地理空间数据整理发布成对应格式的地图服务，采用 Flex、JavaScript 等，基于 SuperMap 服务器组件开发 B/S 模式的服务器端应用系统。

3. 移动应用开发

SuperMap 对移动应用支持也很到位，不仅可以通过调用地图服务的形式实现资源共享，开发对应的服务功能，也可以将 SuperMap 原始数据保存在移动设备上直接进行操作、上传、下载等。同样支持 C++、Java 等语言开发。

4. 二三维应用

SuperMap 的“二三维一体化”效果非常丰富，能够与桌面应用、服务器应用及移动应用有机地结合在一起，真正实现多种模式的“二三维一体化”展示、分析效果。

（三）ArcGIS

由于 ArcGIS 产品出现得较早，国土资源系统采用 ArcGIS 产品较多，系统开发也较为成熟。目前主要采用 ArcGIS 开发桌面系统、服务器应用程序和移动应用，最流行的产品为 ArcGIS 9. X/10. X。

1. 桌面应用开发

基于 ArcGIS Engine 组件，采用 Visual Studio（C#、Java、VB 或 C++等）开发 C/S 模式（WinForm）的矿政管理系统，通过 ADO. NET、ArcSDE 访问数据库中的数据（属性数据、空间数据等），调用 ArcGIS 组件对数据进行展示、空间查询和空间分析等功能。

2. 服务器应用开发

安装一个或多个 ArcGIS Server 服务器，建立多个 ArcGIS 的地图文档（可以通过 ArcSDE 等打开连接访问空间数据库内的要素），将同一个地图文档按需发布成 WFS、WCS 等多种格式的地图服务，它们可以注册在同一个 ArcGIS Server 中，也可以发布到不同的服务器上。其他的数据服务或计算服务发布到对应的 SOA 服务器上（如 IIS、JBOSS 等）。基于 J2EE、NET Framework 等框架，开发 B/S 模式的服务器端应用程序（JSP、ASP. NET 等）。

3. 移动应用开发

基于 ArcGIS 开发的移动应用，可以直接调用地图服务器上的服务（矢量、栅格等），也可以访问其他格式的服务，与业务结合完成相应的逻辑。可以采用 C++、Java、C#等语言开发。

4. 二三维应用

ArcGIS 的三维最近进步很快，但是在实际软件开发中，一般采用 Skyline 等地上地下三维组件协同实现“二三维一体化”。

六、系统部署（运行模式）

基于“一张图”的矿政管理信息系统可以采用“一对一”和“集中一对多”的两种部署或运行模式，根据实际需求也可同时采取两种方式的混合模式。

（一）“一对一”模式

在“一对一”模式下，一个地区（省、市、县）部署一套单独的矿政管理信息系统（平台），各系统之间一般仅在数据内容或空间区域上区分，即同级矿政管理信息系统可以使用一套相同系统复制部署。

该模式适用于信息化水平高、人员素质好、资金充裕、业务规范和矿业权数量较多的地区（图 7－10）。

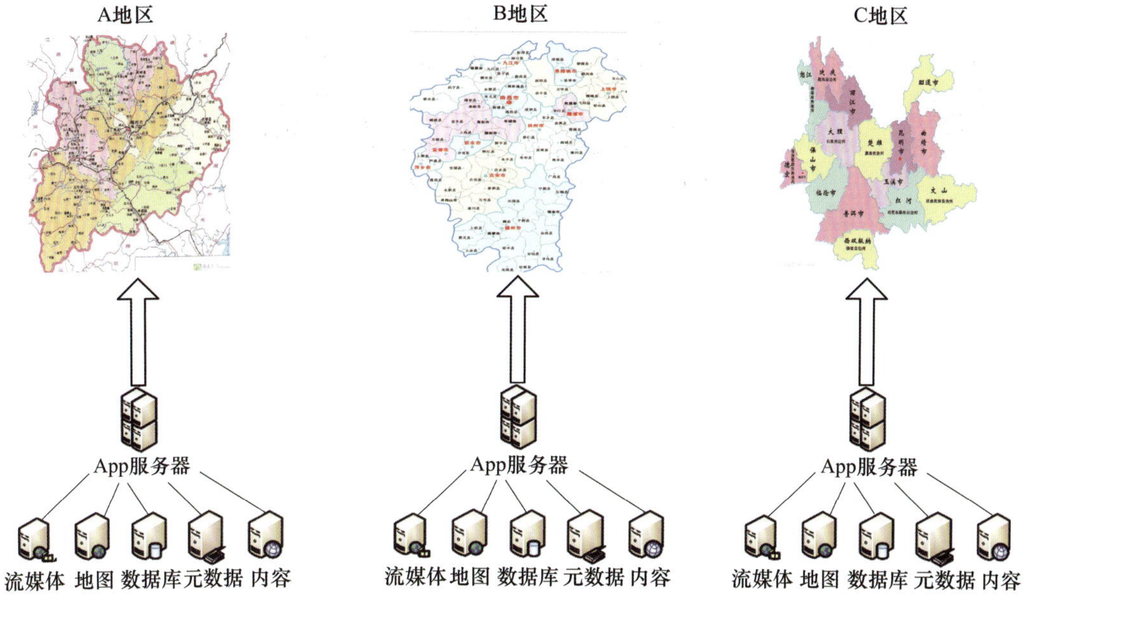

图 7－10 “一对一”部署模式

（二）“集中式”模式（也可称为云服务模式）

将数据库服务器、地图服务器、元数据库、内容数据库、流媒体服务器和应用程序服务器等集中部署在某个地区（省、市）信息化管理部门（如信息中心），即将包含矿政管理“一张图”平台的核心内容统一部署、管理。

“集中式”模式适用于下一级、下二级的基础设施不完善、信息化维护人员水平一般、规模较小的地区。本级、下一级、下两级的矿政管理部门通过网络访问数据中心的数据，本级负责系统相关软硬件维护，而下一级或下两级则不必关心运营与维护，只通过系统使用即可（图7－11）。

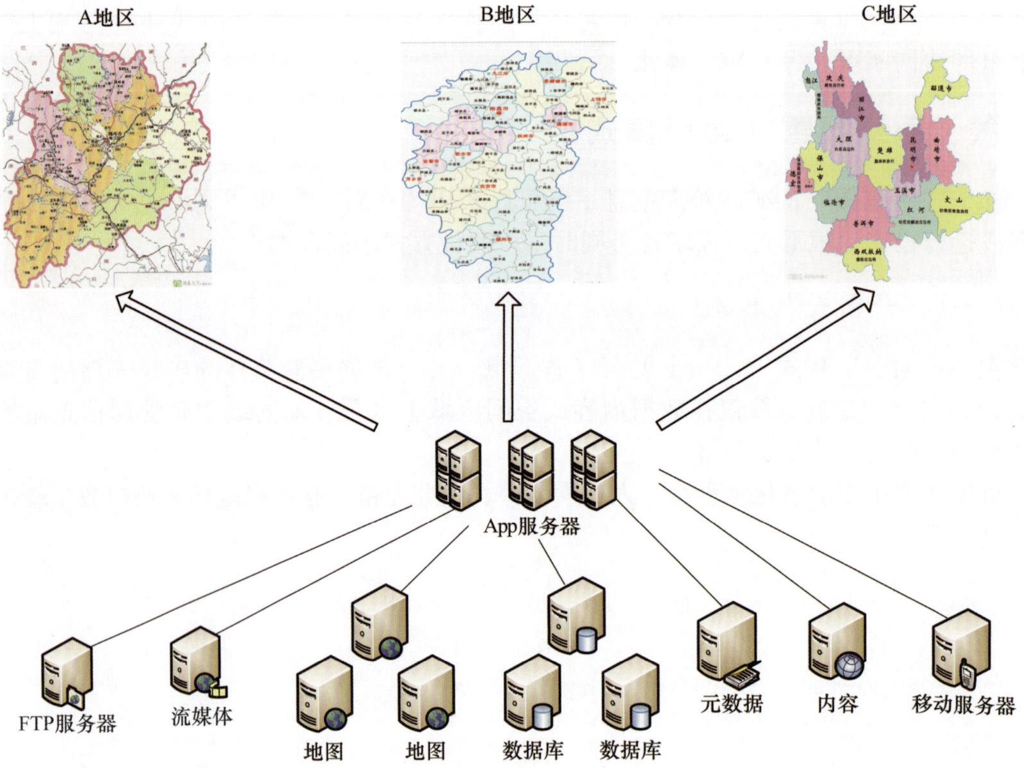

图7－11　“集中式”部署模式

第五节　矿政数据中心

一、数据中心总体架构

为了保证各级矿政管理信息系统拥有丰富的数据源，能够正常、稳定地运行，从“一张图”管矿体系结构中已知，数据中心可以提供强有力的数据支持，即通过建立数据中心的方式为矿政管理业务提供源源不断的信息支撑。根据矿政管理信息系统建设的四级模式，以及数据内容和网络等情况，数据中心也可以对应于四级模式，也可以只建立一个数据中心供各级模式的矿政管理信息系统使用，而且数据中心可以采用集中式存储，亦可用分布式数据中心，每一个数据中心只是总体数据中心内的一个节点（甚至是矿山的数据中心或数据库）（图7－12）。

数据中心包括支撑矿政管理运行所需的原始数据、专业数据和管理数据等多类数据，而且每一类数据又可以包括其原始数据、中间成果和成果数据，甚至服务产品等。数据类型包括属性数据与空间数据等多种类型，数据格式涵盖结构化和非结构化等各类数据。所

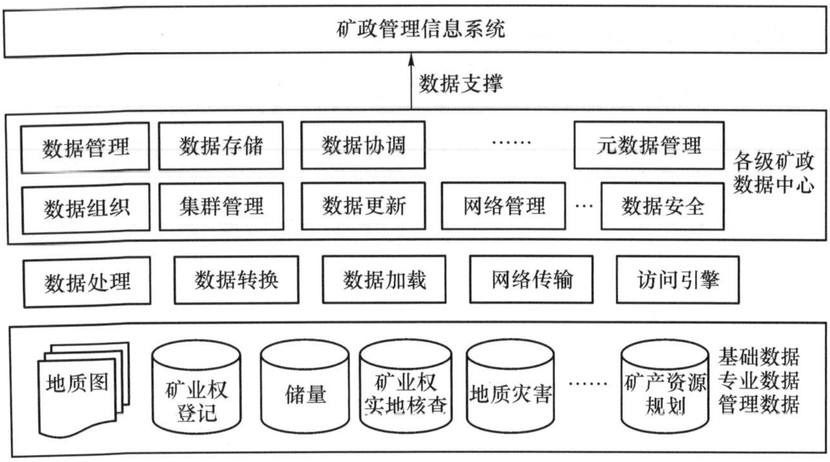

图 7－12　矿政数据中心的总体架构

有数据在保持原始数据版本的前提下，可经多种方法的数据处理、加工、转换，根据建立好的各种专业、专题、定制的数据模型，基于数据访问引擎、通过网络加载到数据中心的大型关系（对象、空间）数据库和内容数据库等，经数据中心内的数据管理模块进行有效的数据组织、索引管理（属性索引、空间索引等）、集群管理（数据库、应用程序服务器、地图服务器等集群），形成集中式、分布式、集中与分布并存的各级（全国、省、市、县甚至矿山）数据中心。通过网络管理、元数据管理等协同工作，各级数据中心之间进行数据协调，实现实时、定时或不定时的动态数据更新；为各类客户端应用程序、不同保留度的矿政业务应用在数据安全保障的前提下，提供来自多种接口的数据服务、计算服务与移动服务等，最终完成数据中心支持下的矿政管理。

数据中心既可以运行在局域网内，也可以运行于广域网中，这取决于数据内容的保密程度和矿政管理系统的运行环境而定。如果只运行于国土资源部内部，则只集中部署在国土资源部信息中心内网即可；若在安全有保障的情况下（通过国土资源专网），需要全国各省、市、县均能同时访问一个大的数据中心，则需要部署在国土资源部信息中心的外网。若只为省级内部矿政管理部门之间服务，则可只部署在省厅信息中心局域网内；若需全省各市、县、矿山均可访问，则需要部署在省厅信息中心的外网，通过网络可以与国土资源部及其他各省、市、县通信，同时也可能有部分部署于内网。若只为市级内部矿政管理部门之间服务，则可只部署在市级数据管理部门的局域网内；若需全市各县、矿山均可访问，则需要部署在市级数据管理部门的外网，通过网络可与国家、省、市之间通信，同时也可能有部分部署在内网中。若只为县级矿政管理部门服务，则只部署于县级数据管理部门内网中即可，若需要与县级其他部门或省、市、县等进行信息共享，则需要将其部署在外网中。矿山一般均部署在本企业的数据中心（库）中，条件好的还可以部署多个数据中心（如总公司、分公司、矿山等），除企业敏感数据部署于内网中，其他可共享数据则可以部署在广域网内，通过网络与国家、省、市、县等各级甚至其他矿山之间进行通信。

二、各级数据中心的关系

图 7－13 中使用数据库的形式作为国家、省、市、县、矿山的数据中心（数据库）。由图 7－13 中可以清晰地看出，全国矿政数据中心为最核心、最大的一个数据中心，它位于中心位置，由内蒙古、北京等全国各省（自治区、直辖市）的数据中心组成，这种组成既可以是物理内容上的集中存储构成，又可以是通过网络由各省（自治区、直辖市）的数据中心逻辑组成，全国矿政数据中心只存储汇总数据，不存储各省（自治区、直辖市）数据中心内的业务数据，但可通过网络随时调用具体数据。各省（自治区、直辖市）数据中心可以由其自身及下辖的市数据中心（数据库）从物理上、逻辑上汇聚而成，各市的数据中心（数据库）可以由其自身及下属的县数据中心（数据库）从物理上、逻辑上汇聚而成，各县的数据中心（数据库）可以由其自身及辖区内的矿山的数据中心（数据库）从物理上、逻辑上汇聚而成。

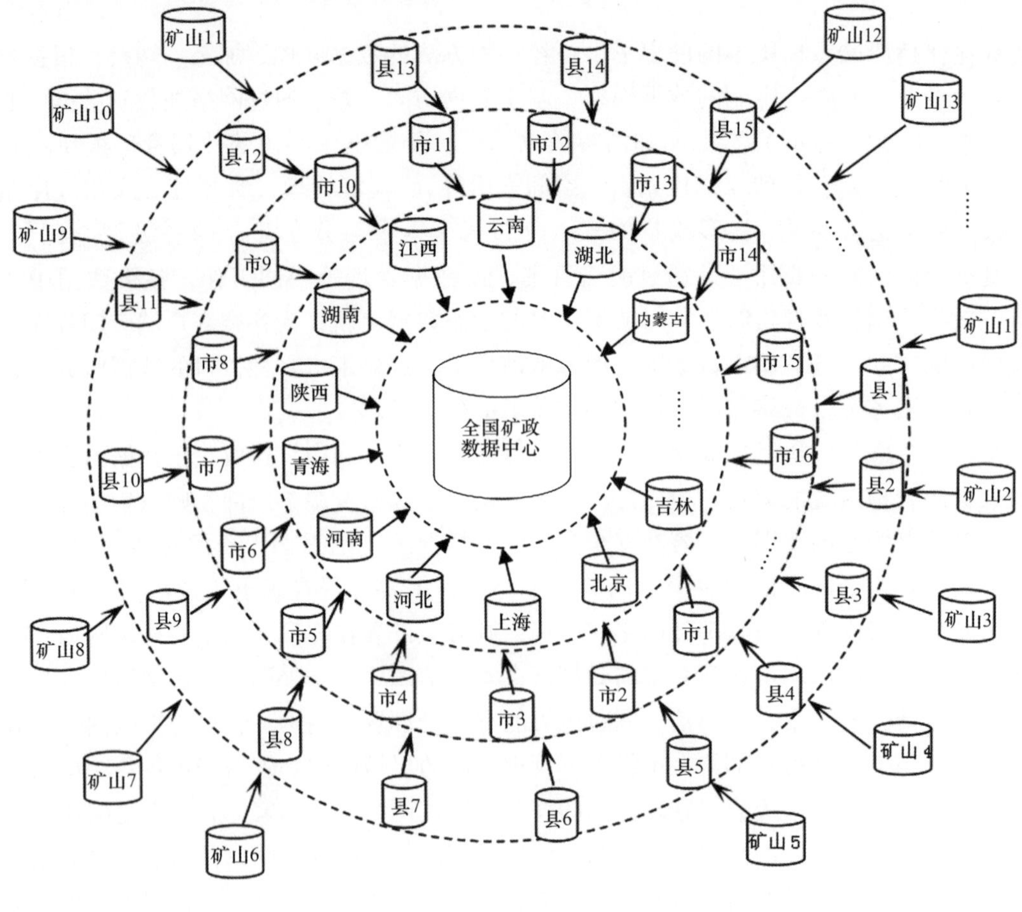

图 7－13　各级矿政数据中心之间关系示意图

各级矿政管理数据中心（数据库）是由多种不同专题的业务数据按照一定的规则建立起来的，它们在物理上可以采取集中式、分布式或集中与分布并存的方式进行管理，也可以分别独立保存，再通过存储介质复制实现独立式的数据集中存储。

三、数据中心的支撑作用

各级矿政管理的数据中心根据其数据类型不同、数据内容涵盖的空间区域不同等，能够为不同级别的矿政管理信息系统提供支撑（图 7－14）。

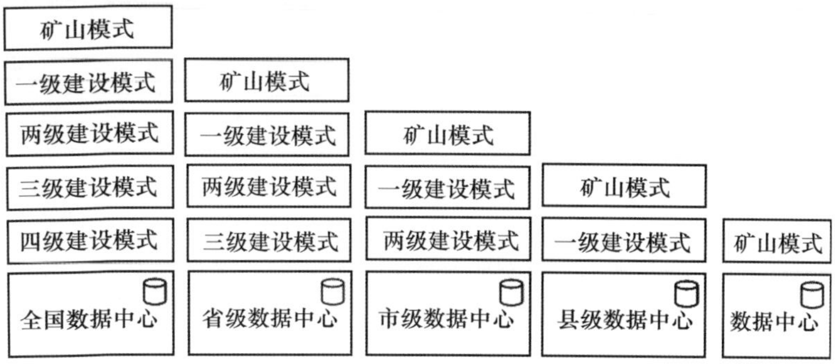

图 7－14　矿政数据中心对矿政系统的支撑作用

由图 7－14 中可以看出，全国矿政管理数据中心能够为四级模式、三级模式、两级模式、一级模式甚至矿山建设的各种范围、内容、功能及角色等不同的矿政管理信息系统提供数据支撑作用，而省级矿政管理数据中心则只能支撑三级、两级、一级和矿山建设的矿政管理信息系统，市级矿政管理数据中心则能为两级、一级和矿山建设的矿政管理信息系统保证数据支持，县级矿政管理数据中心只能够完成一级和矿山模式建设与开发的矿政管理信息系统的数据保证，而矿山数据中心（数据库）则只仅为矿山管理系统提供服务。各级矿政管理数据中心（数据库）均在安全保障的前提下，通过网络可以为上一级、下一级的矿政管理信息系统提供数据。

四、核心数据内容

矿政管理业务涉及的数据内容丰富、来源多样，数据标准、模型、格式、精度及存储形态等存在较大差异，需要将种类繁多、数据量巨大的矿产数据库集成整合为支撑矿产资源管理信息化的综合数据库。各级矿政数据库建设内容根据其作用不同可以分为基础类、专业类和管理类三大类数据库。表 7－1 列出了各级数据中心的核心数据内容。

表 7－1　数据库建设内容表

类别	类型	数据库（数据集）	数据类型
基础类	基础地理类数据库	遥感影像	栅格数据
		电子地图	矢量数据
		行政区划	矢量数据
		基础地形	矢量数据
		地名地址	矢量数据
		数字正射影像	栅格数据
		DEM 数据	栅格数据
		基础地质数据库	矢量数据

续表

类别	类型	数据库（数据集）	数据类型
专业类	矿产类数据库	矿产资源规划数据	矢量数据
		矿产资源储量数据	矢量数据
		矿业权实地核查数据	矢量数据、属性数据
		矿产资源分布数据	矢量数据
	地质灾害类数据库	地质灾害易发区分布	矢量数据、属性数据
		地质灾害防治规划	矢量数据
		地质灾害灾情数据	矢量数据
		地质灾害气象预警预报数据	矢量数据
		环境地质调查数据	矢量数据
		矿山地质环境数据	矢量、属性数据等
管理类	矿产类数据库地质	采矿权审批数据	矢量、属性数据等
		探矿权审批数据	矢量、属性数据等
		矿产资源储量数据	矢量、属性数据等
		矿山日常监管数据	矢量、属性数据等
		矿产卫片执法检查数据	矢量数据
		建设项目压覆矿产数据	矢量数据
	灾害类数据库	地质灾害监测点数据	矢量、属性数据等
		地质灾害调查数据	矢量数据
		地质灾害群测群防信息	矢量、属性数据等
……	……	……	……

不同级别的矿政管理数据中心（数据库），因其管辖的空间范围不同、业务不同，其所需数据粒度也有所不同，全国层面的矿政管理数据一般使用1:100万、1:50万、1:20万的小比例尺数据，而省级层面的矿政管理数据一般使用1:20万、1:10万的中小比例尺数据，而市级层面的矿政管理数据一般使用1:10万、1:5万等中大比例尺数据，县级层面的矿政管理数据一般使用1:5万、1:1万等大比例尺数据，而矿山则可能使用1:5000、1:2000、1:500等大比例尺的数据。

五、数据整理

矿政管理相关的各类数据要进入数据中心（数据库）之前，需要进行系统的整理，尤其要考虑其后期可能完成某些矿政管理业务，有针对性地进行整理，也可以按照通常数据格式进行整理（如空间参考、GIS数据格式转换等）。

数据整理、建库和管理的一系列技术标准规范包括数据整理、质量检查、命名规则、数据转换、数据入库、数据管理、数据更新及其应用接口开发等，确保所有的数据按照统一的空间数据数学基础，统一数据分类代码、数据格式、命名规则和统计口径，实现分类分层管理。

有些矿政管理数据之间没有非常直接的联系，很多数据中可能存在着不同程度的不一致情况，需要对这些数据进行标准化处理，去掉一些不影响总体数据内容且不必要的信息，空间数据要统一空间坐标系和统一格式，另外对文件命名也需要统一。对于空间数据、属性数据关联的字典表（或称为词表，如行政区划、矿种等）也要进行归一化处理或进行中间交换处理，以保证从语义解释上达到一致。

使用空间数据处理软件（MapGIS、ArcGIS、ERDAS 等）对空间数据进行打开、浏览、编辑、保存等操作；应用数据库管理系统（如 Access、SQL Server、Oracle 等）打开备份的数据库，并对数据表的结构及数据类型等进行调整，对记录中的数据项内容进行查看、修改等（图 7－15）。

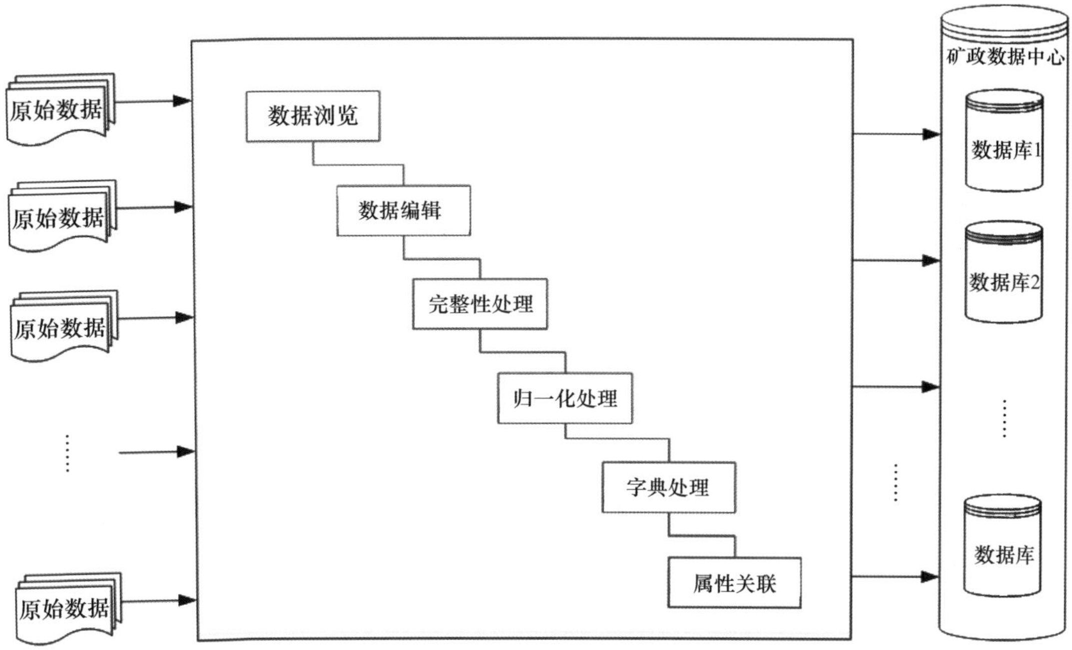

图 7－15　地质资料整理

六、数据入库

采用 ArcCatlog 等各类工具软件，通过 ArcSDE 将空间投影参数一致的地质、矿产、遥感及航磁等各类空间数据的保存到数据中心的大型数据库中（如 Oracle），通过数据库的空间组件（如 Oracle Spatial）进行管理。矿业权数据（矿业权登记数据、矿业权核查数据）等结构化数据则使用数据库自带导入工具、自定义开发的数据管理系统原功能实现数据导入及管理等。矿业权核查、储量利用等非结构化数据（图片、文档、表格等）一般使用自定义开发的管理系统功能实现，以大对象形式（如 BLOB、Image 等）保存到数据库中，并且以矿业权为核心进行组织管理。最终完成与矿政管理相关的地质、矿产、矿业权、储量动态监测、遥感及地质灾害等系列数据的入库，实现各类矿政管理数据的一体化集中存储。

基于大型数据库，采用面向对象数据模型方法，设计用于多源异构地质资料的一体化存储的数据模型，并在企业级数据库中建立相应的数据实体，参考国土资源元数据建立地质资料数据库的元数据库，为矿政管理数据入库做好准备。图7－16给出了矿政管理数据（数据中心）的一体化组成形式，图7－16中显示了基础地理、地质、矿产、矿业权、物化遥、储量和整装勘查等相关数据组成情况（虚线表示这些数据在数据库中是以逻辑划分存在的，而不是一个真的子数据库保存在数据库中），以及与原始数据之间的关系。原始数据是通过提取、转换及加载等环节进入试点数据库的，而且数据关系既保持了原始数据的关联关系，又赋予了新的实体关系，以满足矿政管理数据集中式、分布式数据中心建设与数据共享的应用需求。

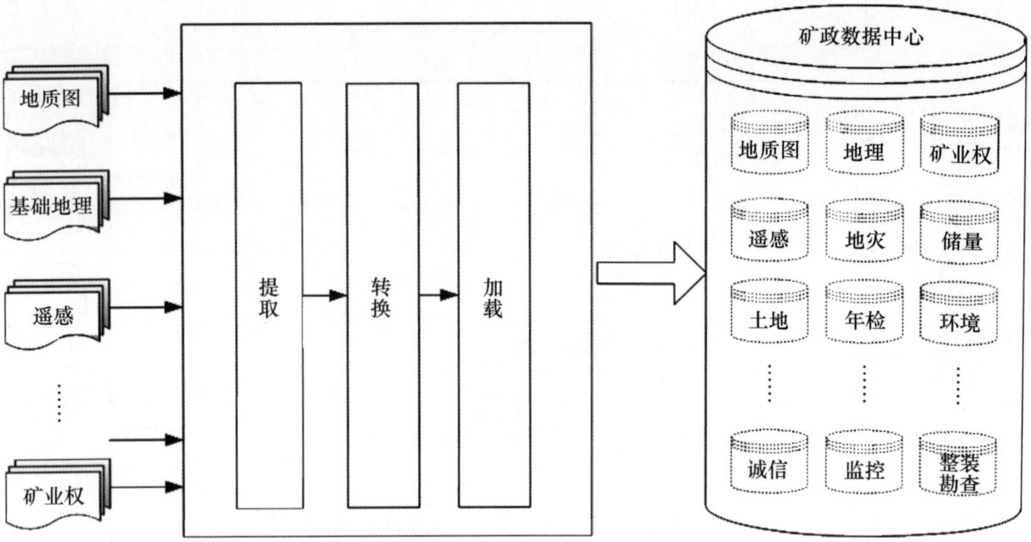

图7－16　矿政管理数据入库及组成情况

七、一体化管理

一体化是指多个原来相互独立的实体通过某种方式逐步结合成为一个单一实体的过程。地质资料一体化指对多源、异构的地质资料进行多位一体的管理，采用某种（某些）方法对它们进行集中式存储，融合形成一个有机的整体（逻辑上或物理上），用户在一处即可完成地质资料的存储、修改、查询、显示应用等。其内涵主要是打破传统的地质资料管理与服务模式，根据地质资料社会化服务及信息共享的需求来重新整合地质资料资源。管理模式的转变将逐步实现3个转变，即从以资料馆为中心的静态档案服务模式向数据中心建设转变、向以资料服务为中心转变和向以用户应用为中心转变。

（一）一体化数据库存储模式

为了满足各种矿政数据的存储、管理与应用，必须提供强有力的后台矿政数据的支撑，而这些数据则来源于科学管理的后台数据库。在矿政数据的原始数据、核心数据按文件的存储方式可将矿政数据的保存方式分为操作系统保存、数据库保存两大类；按照矿政数据保存位置来区分包括集中式或分布式等。

1. 操作系统保存

操作系统保存是在各种操作系统（Windows、Linux 或 Unix 等）内以矿政数据的原始文件形式进行单独存储，文件存放于操作系统的指定目录内。存储位置可以是本机或网络（局域网或广域网）上提供共享的某台文件服务器，也可以是以 FTP 协议访问进行数据传输的 FTP 服务器或以 HTTP 协议进行交互的某个 Web 服务器。

2. 数据库保存

数据库保存形式是将各种矿政数据保存到大型数据库中，结构化数据以关系型二维数据表进行存储，而非结构化数据则以二进制形式（如 Oracle 的 BLOB 类型、SQL Server 的 Image 类型等）进行存储，在容量要求不是很高的情况下，甚至也可以使用 Access 作为后台数据库。数据库服务器可以是单机的文件数据库，也可以是网络上的大型数据库（Oracle、SQL Server、DB2 等）。

3. 集中式管理

集中式管理是将不同结构的矿政数据统一保存到一台可容纳海量（或称为大数据）矿政数据的服务器上，通过各种应用程序对这些资料可以进行访问、下载、上传、修改和删除等操作。采用集中式管理的矿政数据既可以采用文件型存储方式，也可以存储在大型数据库中（Oracle、SQL Server 等），亦可以二者相结合实现资料的管理（结构化数据保存在数据库中，非结构化数据保存在操作系统中，二者之间建立关联）。

4. 分布式管理

分布式管理是在网络上通过应用程序将矿政数据保存到在地理位置上分散的多个服务器上，并完成这些资料的访问、增加、更新和删除等操作。除了管理员之外，一般管理人员通过图形界面对矿政数据进行管理，而且不必关心它们保存在哪个服务器上。矿政数据的保存形式可以是操作系统文件，也可以保存到数据库中。

一般采用逻辑上集中、物理上分布的方式进行矿政数据的存储，而且将原始矿政数据以文件形式进行存储，经过整理或加工后的矿政数据则采用数据库、操作系统文件等形式相结合管理。

（二）一体化数据汇聚机制

系统管理员、各级用户及管理人员，通过各自的客户端程序输入或编辑对应矿政数据的描述性信息（以 XML 或 Excel、文本文件等形式存在的元数据），指定具体的文件（一次可指定一个或多个文件，一般情况下为一个），最后将包括结构化属性信息和非结构化数据（文件）等完整的、经过整理或加工的、可共享的矿政数据通过系统组件或通过网络上传（发布），集中保存在后台的服务器中。数据库运行在保密的网络中（一般运行在物理隔离的环境中，也可以运行在保密级别得到确认的专网中），并且有专门的系统管理员维护。图 7－17 中显示了用户通过网络（Intranet/Internet）将各自不同格式的矿政数据发布及保存到矿政数据库服务器上的示意图，当然也可以由专人派送、拷贝、存储矿政数据。

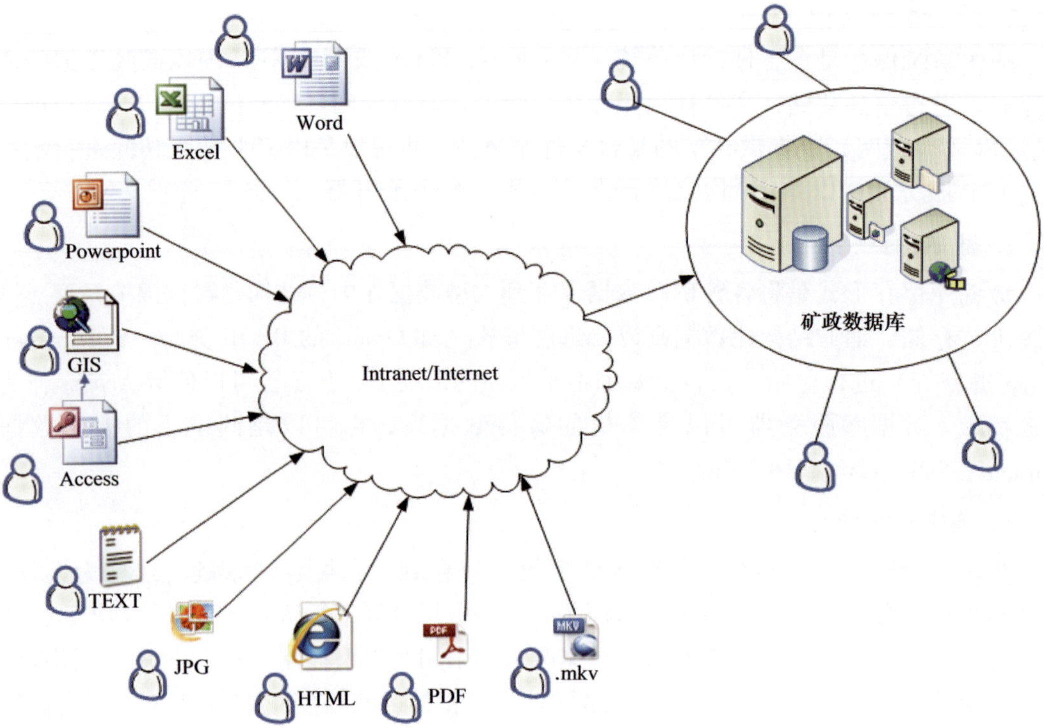

图 7－17　异构一体化汇聚示意图

图 7－17 中显示了由异构矿政数据自下而上、从单个到县级、市级、省级乃至全国的地质资料的逐级汇聚模式。由图 7－17 中可以看出，这些与矿政业务有关的数据有多种，由这些异构、多源的资料文件可以构成县级矿政数据库（数据中心），再由县级矿政数据库（数据中心）构成市级矿政数据库（数据中心），再由市区级矿政数据库（数据中心）和异构矿政资料构成省级矿政数据库（数据中心），再由省级矿政数据库（数据中心）和具体的异构矿政资料构成全国矿政数据库（数据中心）。不同级别的矿政资料数据既可以是实实在在存在的数据库，也可以是逻辑上划分的数据库，可按需创建（图 7－18）。

在核心数据库建设中，需要选择合适的方式及其对应合适的粒度进行管理。管理粒度太细，会造成管理成本迅速增加，而效率急剧下降；管理粒度过粗，则根本不能满足业务管理的需要。由于国土资源数据的复杂多样性，会涉及多种粒度数据的处理，根本的解决方案是结合业务需求利用粗粒度与细粒度其内部的联系有机地统一起来进行管理。

与矿政管理业务相关的数据生产分散，且来源多样，数据标准、模型、格式、精度及存储形态等差异甚大，要实现矿政核心数据库的集中融合且高效应用，需要建立完善的核心数据库建设、整合、质量检查、汇交、更新、访问、发布、交换、成果入库、管理和应用服务、操作和运行等的规范和制度体系，以确保矿政核心数据库建设、更新和维护应用过程中按照统一的空间数据数学基础、统一的数据分类编码、数据格式、命名规则和统计口径等，也能确保各类数据操作行为的规范性，并确保数据的现势性、准确性和有效性。

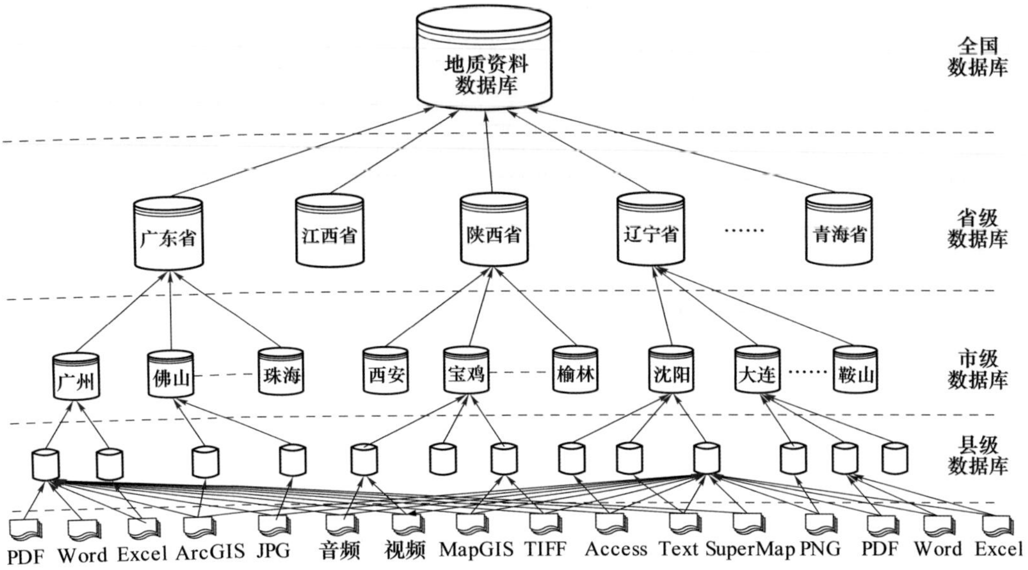

图 7-18　矿政资料数据一体化汇聚模式

数据管理还包括：①数据标准与实施规范制定；②数据整合；③数据质量检查；④数据入库；⑤数据更新等。

八、数据更新

（一）数据更新方法

各级数据中心保存了对应管理区域（全国、省、市、县、矿山）相关的各类数据，涉及的原始数据有实时更新的，有按年度、季度、月份及日等定时变化的。为了保证各数据中心的数据具有时效性和现势性等，需要对数据中心保存的数据进行更新。

1）更新频率：对数据进行实时、定期或不定期的更新。

2）更新内容：可以对数据中心的数据一次更新所有，也可以只更新其中的一部分。

3）更新类型：可以对数据中心保存的属性数据更新，或对内部的空间数据进行替换，也可以更新结构化数据与非结构化数据。

4）更新人员：可以由原始数据生产单位完成，也可以由专门的数据管理人员进行。

5）更新记录：需要记录每一次的数据更新操作（手写、计算机输入、系统自动记录等形式），包括更新时间、软件、权限、人员和内容等，甚至在重要的数据上给出最后更新的时间戳，以备在后续数据追溯时使用。

6）更新顺序：大多数情况下，数据更新均实行自下而上逐级或越级进行更新操作，也有自上而下更新的。

7）更新手段：数据库或产品自带的工具（如 ArcCatalog），根据数据更新需求自定义开发的数据更新工具。

8）更新机制：制定完善的数据更新机制，包括发送更新通知以及涉及人员、安全条例、相关政策和相关资源等。

9）更新权限与安全：需要系统管理人员分配特定权限的人员才能对数据中心内的数据进行更新，分配账户、密码等（甚至使用专门的软件、硬件实现的安全密钥等）。

10）更新方法：对数据中心的数据进行更新，可以通过网络在线或离线方式进行更新，也可以使用光盘、硬盘、U 盘等介质中的内容进行更新。

（二）逐级数据更新模式

数据更新既可以采用自下向上的更新操作，也可以实行自上向下的下推更新方式。

1. 自下向上更新

数据产生自基层，故最频繁的数据更新是从底层向上进行更新。有的数据只保存在基层（如生产监控视频），但有的数据则需要向上一级或更上一级部门进行汇报（如矿山井下巷道变更、储量年检等）。根据矿政管理业务的不同，不同级别的矿政部门对于来自基层最基础的数据并不一定全部保存，有的可能只保存汇总数据（如省厅可能只关注矿山的储量变化总数，而不关心这些数据是如何计算得来的）。故数据更新可以实现逐级（矿山到县、县至市、市到省、省到国家等）更新，也可以越级更新（县到省、县到国家等）（图 7－19）。

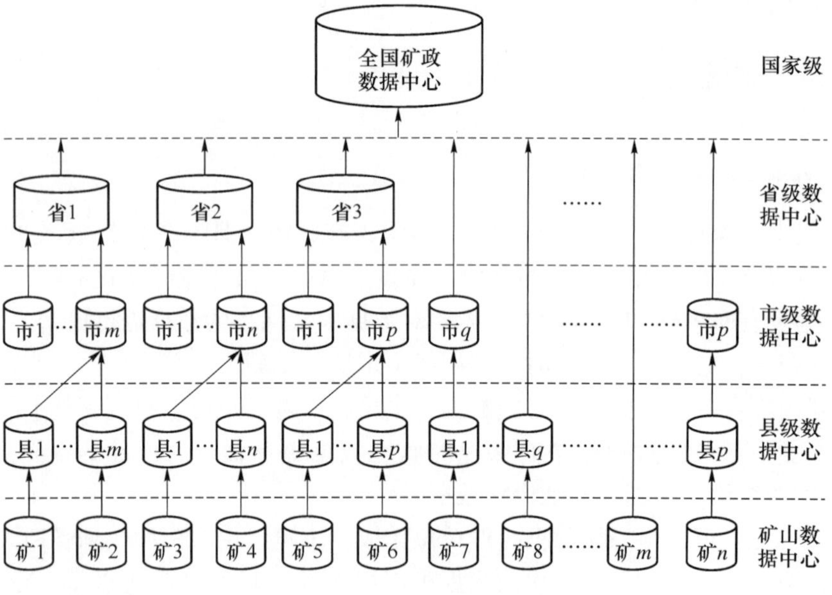

图 7－19　自下向上的数据更新

2. 自上而下更新

数据更新也可以采取自上向下进行，例如国土资源部信息中心向各省、市、县发放统一配号后的矿业权登记数据，以保证各级矿业权数据一致性的核对。各级数据中心之间还可以进行自上级到下级的数据更新，当然可以逐级更新，也可以越级更新（图 7－20）。

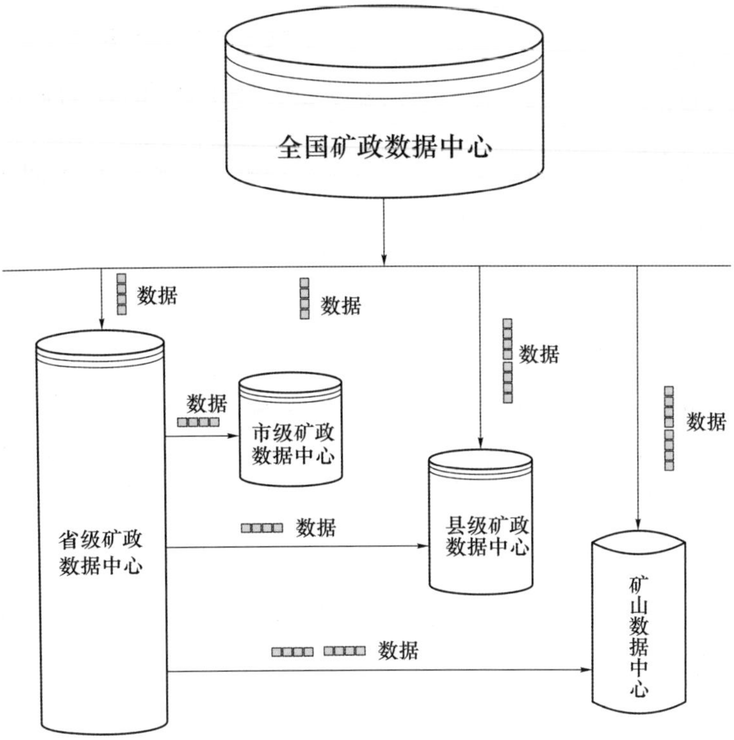

图 7－20 自上而下的数据更新模式

第六节 省、市、县三级矿政管理系统建设与应用分析

一、湖北省三级矿政管理系统总体架构

湖北省矿政管理信息系统（“一张图”管矿）主要由支撑体系、数据中心、应用服务、内网应用系统和外网应用系统组成（图 7－21）。

（一）支撑体系

1. 网络层

在网络层上，依托于各级国土资源部门局域网支撑业务系统内部运行；依托国土资源专网支撑纵向联动。

2. 平台层

基于 GIS 技术、工作流技术及 BI（商业智能）技术等建设矿政管理一张图基础平台，作为矿政管理信息化系统的搭建和运行平台。

3. 安全保障体系

安全保障体系为网络层、数据层、平台层和应用层等层次提供安全保障。

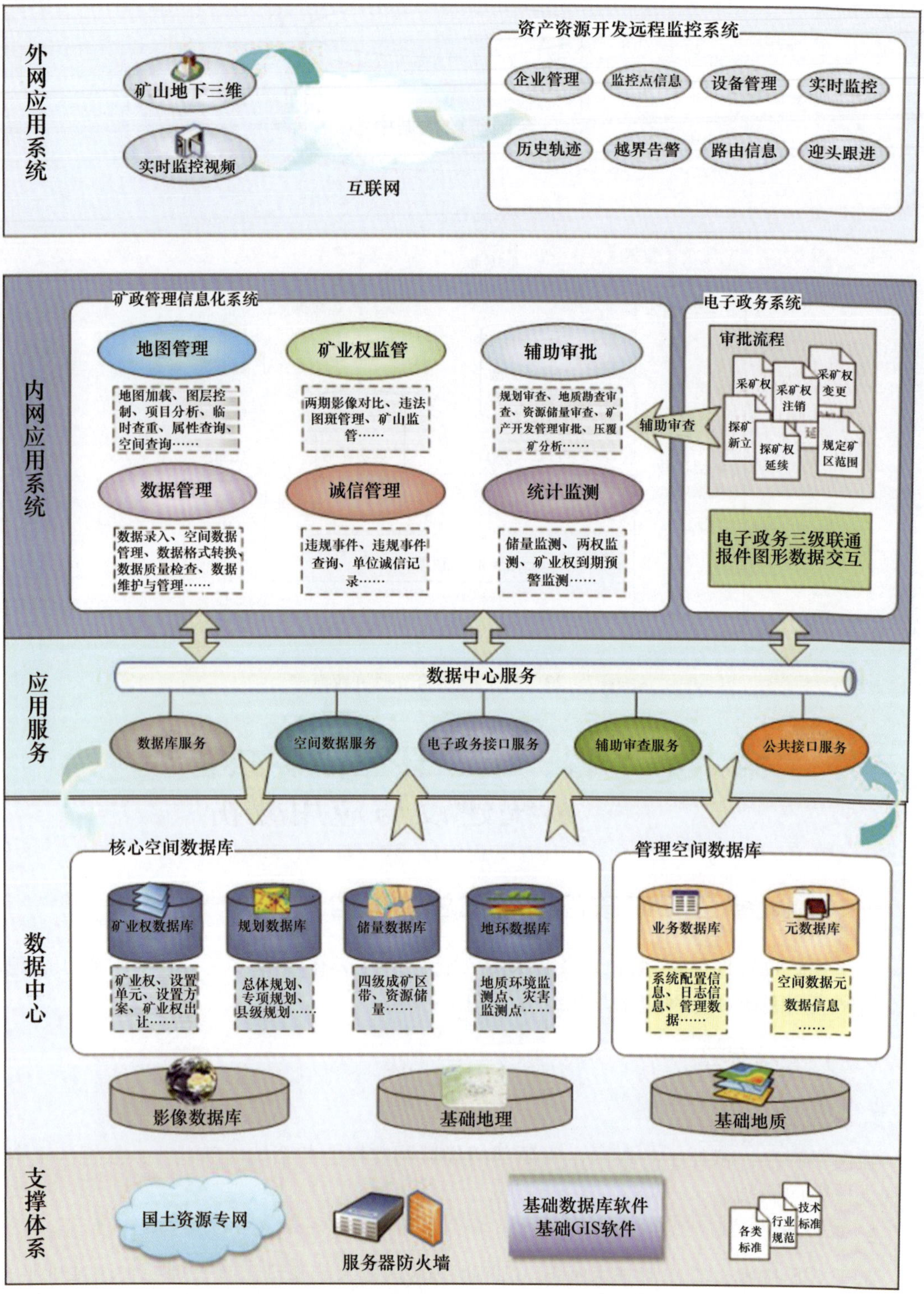

图 7－21　湖北省矿政管理信息系统（“一张图”管矿）总体架构图

4. 标准规范体系

在数据存储、处理、信息输出以及信息系统开发和应用、网络建设、信息安全等相关工作中实施的标准化管理。

（二）数据中心

以矿政各类数据为核心，依托成熟的数据库管理系统和 GIS 数据管理平台建立数据中心，按照统一的标准，建设矿政管理“一张图”综合数据库，由基础地理、基础地质和影像数据作为基础支撑数据库，在此之上建立核心矿政数据库和管理空间数据库。核心矿政数据库主要包括矿业权数据库、规划数据库、储量数据库和地质环境数据库；管理空间数据库主要包括业务数据库和元数据库。

（三）应用服务

在数据中心数据的基础上提供数据库服务、空间数据服务、电子政务接口服务、辅助审查服务和公共接口服务，为上层应用系统提供运行支撑。

（四）内网应用系统

内网应用系统主要包括矿政管理信息化系统，与电子政务系统集成，省、市、县三级数据联通。矿政管理信息化系统提供地图管理、辅助审批、矿业权监管、诚信管理、三维矿山、统计监测和数据管理等功能。通过与电子政务系统无缝集成，实现统一门户、单点登录及身份验证，在原有的矿政审批流程的基础上采用基于电子政务报件的方式提供省、市、县三级电子政务系统的互联互通，同时调用矿政管理信息化系统提供的辅助审查服务为审批提供服务。

（五）外网应用系统

外网应用系统指依托矿山的监控定位等设备，实现对矿山越层、越界开采等行为的监管。

二、湖北省三级数据中心建设

（一）三级数据中心

系统分省、市、县三级数据中心进行建设，上下级数据中心并不直接交互，而是通过同步服务进行交互和更新。所谓数据同步复制是指在由两个或者多个数据库系统构成的一个分布式数据库环境中拷贝数据的过程。这个过程中，将分布式数据库中某个站点的数据拷贝到不同物理地点的数据库中，以支持分布式应用，它是整个分布式计算解决方案的一个重要的组成部分。

系统通过数据库和 ArcSDE 的同步技术来保持同步，同步设计为双向模式，在省级部署省、市数据同步服务，负责省级和市级数据库之间的同步；在市级部署市、县数据同步服务，负责市级和所辖县级数据库之间的同步，不在县级部署同步服务，以减少服务的数量，方便后期的管理和维护。

省向市进行数据同步时，同步服务根据配置只提取目标市所属的变化数据进行更新，其他市若无变化则不更新；市向省进行数据同步时，市级提交所有变化到省级数据中心。因此，必须根据实际的数据类型和级别进行不同的配置。

一个省级同步服务支持省与多个市进行同步，市级同步服务亦同（图 7－22）。

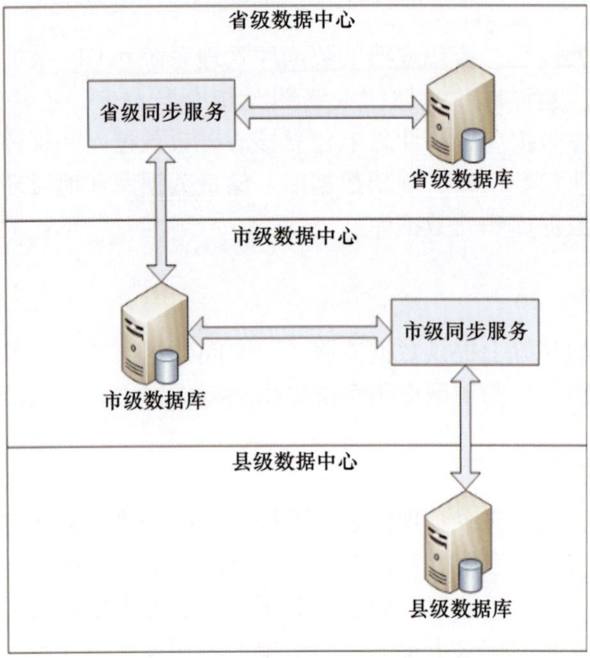

图 7－22　三级数据中心架构图

（二）数据中心总体内容

矿政管理数据中心包含基础类、专业类和管理类 3 类数据（各类数据内容详见表 7－2）。省级数据中心存储了全省的数据，市级数据中心存储了市级行政区范围内的数据，县级数据中心存储了县级行政区范围内的数据。

表 7－2　数据内容及要求详表

类型	数据名称	内容及要求
基础类	基础地理	从全省 1:1 万 DLG 数据中提取的行政区划（省、市、县界，乡镇点）、等级公路、铁路、水系（河流、湖泊）、居民地数据，从县级 1:500DLG 数据中提取的行政村、乡村道路数据
	正摄遥感影像	全省 2.5 m 分辨率，县级 1 m 分辨率
	数字高程模型	全省 1:1 万数字高程模型
	基础地质	全省 1:50 万基础地质数据

续表

类型	数据名称		内容及要求
专业类	矿业权实地核查数据库		全省 2009 年矿业权实地核查数据，含核查属性数据、空间数据
	设置方案编制单元		全省设置单元划分数据（1:10 万至 1:20 万比例尺）
	设置方案		各级国土资源管理部门组织编制的矿业权设置方案数据（1:1 万至 1:20 万比例尺）
	地质勘查	整装勘查	全省整装勘查区数据（1:50 万）
		调查评价	含全省重点调查评价区及项目区
	资源储量		全省储量利用调查数据以及市、县级发证矿业权储量数据
	规划数据		省、市、县三级总体规划和专项规划数据
	地质环境数据		含地质灾害点、防治规划分区、易发程度分区、地质环境监测点
管理类	两权登记数据库		省级采矿权、探矿权登记库，市、县级采矿权登记库
	储量登记数据库		省、市、县三级矿业权储量登记数据库
	诚信数据		矿业权人、地质勘查单位、实施单位、中介机构诚信数据
	建设项目压覆矿产数据库		
	矿业权出让数据库		

（三）各级数据中心数据

1. 省级数据中心数据

全省 1:1 万 DLG 数据库、2.5 m 分辨率遥感影像数据库、1:1 万 DEM 数据库、1:50 万基础地质数据库、矿业权实地核查数据库，设置方案编制单元数据库，省级矿业权设置方案数据，整装勘查、调查评价数据库，甲类矿产储量利用调查数据库，省级矿产资源勘查现状及规划、开发利用现状及规划、危机矿山接替资源勘查规划、专项规划，省级发证两权登记库、矿业权储量登记库、诚信数据，压覆矿产数据库和矿业权出让数据库等。

2. 市级数据中心数据

市级矿业权设置方案、市级发证采矿权登记库、市级发证单矿业权储量、市级矿产资源开发利用现状及规划、专项规划、地质环境数据和储量登记库等。

3. 县级数据中心数据

县级发证采矿权登记库、1:500 地形图数据、县级矿业权设置方案数据、县级发证单矿业权储量、市级矿产资源开发利用现状及规划、专项规划、地质环境和储量登记库等。

4. 矿山数据

矿山收集数据主要用于外业应用系统建设，以及矿山三维建模使用。矿山需要按要求提供两类数据。

1）最新的矿山地形地质图：包括坐标网格、控制点、地形等高线、水系及各类地物，各种实测和推断的地质界线（包括岩体及其岩相），矿体、矿化带和蚀变带的地质界线，断层和破碎带等构造线以及其代表性产状要素。有条件的矿山提供高精度的遥感影像和DEM数据也可以用于生成地表模型。

2）孔口和平硐数据：钻孔数据是用来建立钻孔三维模型和矿体，岩层及构造模型的重要数据之一。

（四）三级数据更新

湖北省建立了省、市、县三级数据中心，三级数据中心的各类数据（属性数据、空间数据）能够实现自上而下或自下而上的双向同步更新，数据中心三级数据同步已很好地解决了湖北省国土资源厅设置方案自动下发同步的要求，利用矿政管理数据中心同步功能，能实时将湖北省国土资源厅审批通过的设置方案更新至各推广地区的矿政管理数据中心。图7－23为数据中心内的各级空间数据的双向同步效果。

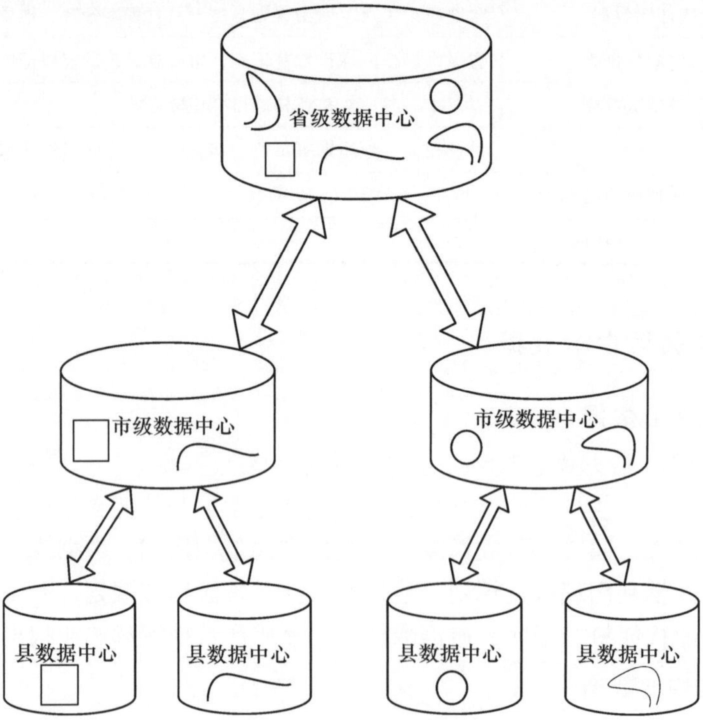

图7－23　数据中心数据同步分级更新图

三、湖北省三级联通的矿政管理内网系统

（一）内网应用系统结构图

湖北省矿政管理信息系统（一张图管矿）的内网应用系统建设主要包含3个方面：①矿政管理信息化系统建设；②矿政管理信息化系统与电子政务系统集成；③省、市、县三级联通（图7－24）。

矿政管理信息化系统围绕数据中心实现支持矿政科学规范管理的地图管理、辅助审

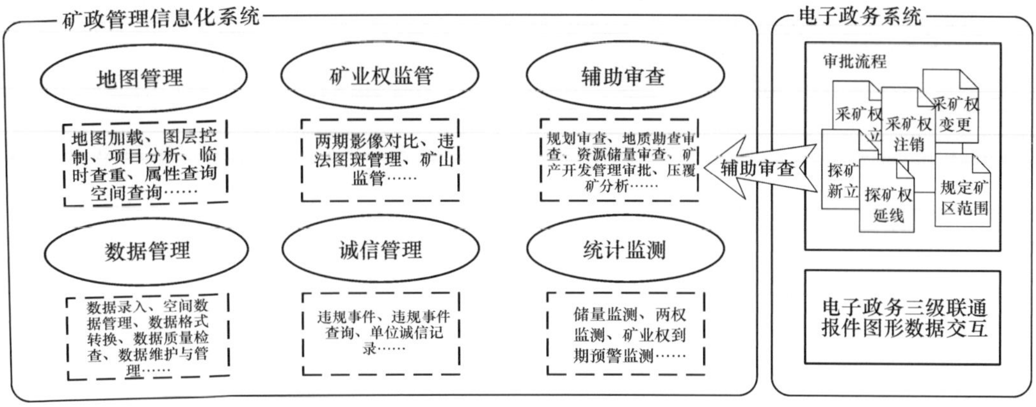

图 7－24　内网应用系统结构图

批、矿业权监管、诚信管理、矿山三维、统计监测和数据管理等应用。地图管理主要对矿政“一张图”数据进行浏览、查询、分析与挖掘，获取专题与综合分析结果，供辅助审批、矿业权监管、诚信管理和统计监测等应用访问调用；数据管理实统一配置、维护管理各类矿产资源专题数据及矿政管理数据，能支持海量空间数据的快速组织管理，保证数据分析和监管的有效性。

矿政管理信息化系统与电子政务系统包括省、市、县现有电子政务系统的无缝衔接，实现统一门户、单点登录、身份认证。在矿业权业务审批过程中，通过接口服务，调用矿政管理信息化系统“一张图”数据进行综合叠加分析，辅助审批；审批过程中产生的数据通过接口服务不断地补充完善矿政管理信息化系统，实现电子政务系统与矿政管理信息化系统数据同步。

通过建设国土资源数据交换平台，实现同构或异构数据库间的数据交换，满足国土资源电子政务系统省、市、县三级数据交换，实现三级业务联动审批，并与矿政管理信息化系统实现数据联动，保证矿政管理信息化系统及电子政务系统中数据的现势性。

（二）内网系统功能

内网应用系统实现了集平面二维、地表三维、二三维对比和矿山立体三维的“一张图”应用框架，以“一张图”为本底，可从储量查两权，或由两权查储量进行资源无极限调用，提供矿产资源状况的查询、浏览和可视化展现，并通过报表、饼状图、柱状图、曲线图等多种表现形式，直观、准确、全面、图文一体化地展示数据信息，支撑管理和决策，为全面全程监管矿产资源开发利用提供数据支撑。具体功能如表 7－3 所示。

（三）省、市、县三级互通

三级联通通过内网三级数据交换系统完成，实现国土资源相关业务三级联通审批需求，即实现审批项目从县（区）、市国土资源主管部门电子政务平台报件后，后续所有审批过程均在各级电子政务平台中运行，含报件的上报、回退、批复。同时，根据审批的状态，调用矿政管理信息化系统与电子政务系统的集成接口，将审批数据更新至各级矿政管理信息化系统数据中心。

表 7-3　内网应用系统功能结构表

功能类别	功能名称
地图管理	地图加载
	二、三维地图浏览
	图层控制
	测量计算
	图例管理
	二维与三维对比
	行政区导航
	剖面分析
	项目分析
	临时查重
	属性查询
	空间查询
	专题数据查询
	地下三维
辅助审批	规划审批
	地质勘查审批
	资源储量审批
	矿产开发管理审批
	压覆矿产分析
矿业权监管	两期影像对比
	矿山监控
诚信管理	违规事件
	违规事件记录
	违规事件查询
	单位诚信查询
统计监测	储量监测
	两权监测
	矿业权到期预警监测
数据管理	数据录入
	空间数据管理
	数据格式转换
	数据质量检查
	数据维护与管理

如图 7-25 所示，省、市两级均会架设前置服务器区，且前置服务器均在各级网闸外面，前置服务器上均会部署数据交换平台，电子政务系统与数据交换平台通过网闸隔离。

由于考虑县级当前实际情况，在过渡阶段，县级不架设前置服务器，其数据交换平台与本级电子政务系统共同部署在电子政务系统应用服务器上。数据交换平台在市级部署市级前置服务器上，数据交换平台在省级部署在省厅远程报件系统应用服务器上。

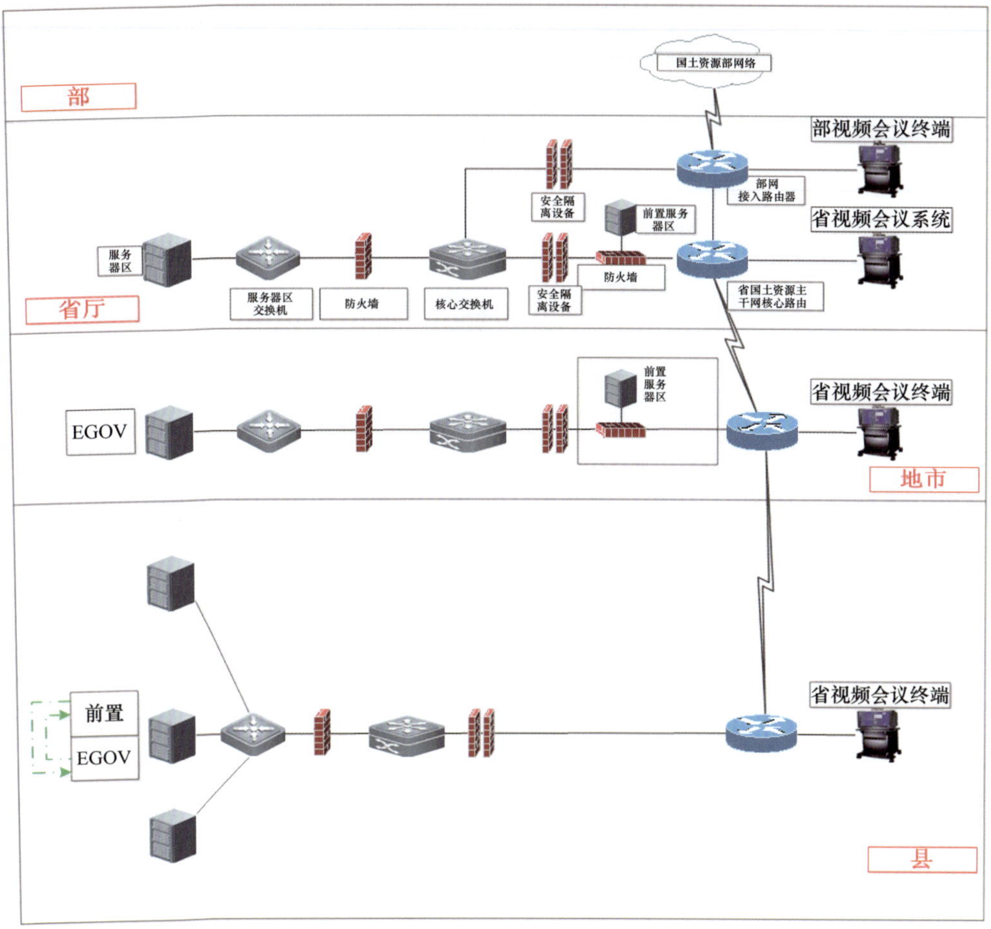

图 7－25　三级数据交换总体架构图

四、湖北省三级矿政管理外网系统

（一）外网系统结构

外网系统结构见图 7－26。

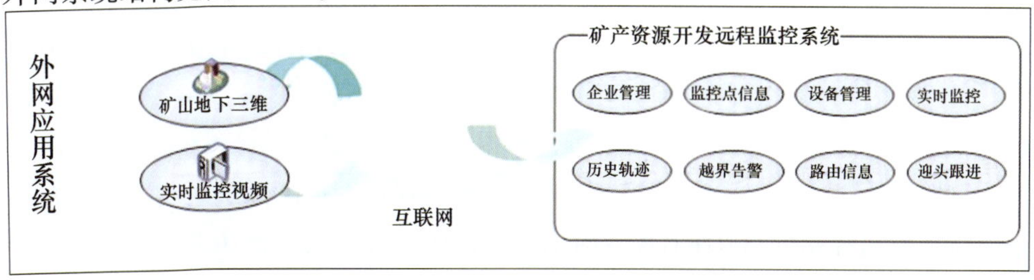

图 7－26　外网系统结构图

（二）外网矿山开采远程监控

采用物联网和 GPS 定位技术，对开采设备和工作人员位置和轨迹进行远程监测，以判定是否越层、越界开采。系统原理如图 7－27 所示。

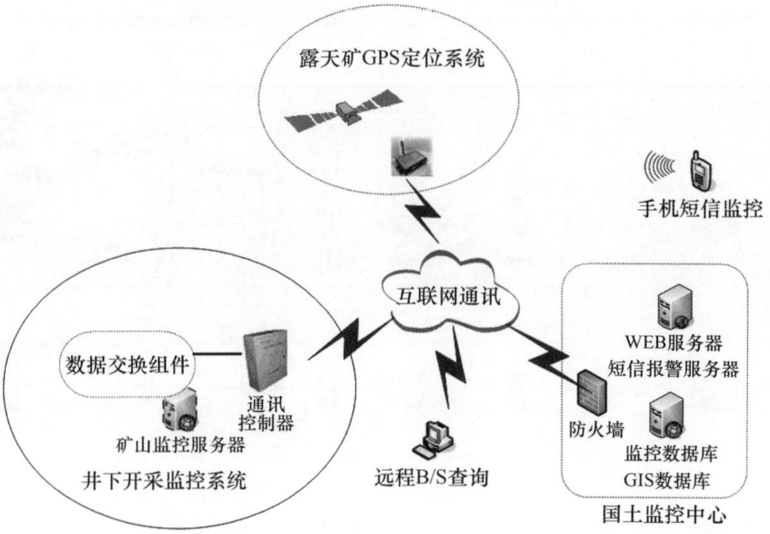

图 7－27　矿山开采远程监控原理图

1）井下开采监控：井下开采使用物联网技术，为工作人员和开采设备（采掘设备、矿车等）配备 RFID 射频卡，通过在各巷道关键位置和边界位置部署读卡分站进行位置监控，判断是否越层、越界开采。

2）露天开采监控：露天开采通过卫星进行 GPS 监控，为关键开采设备（挖掘机、铲车、运输工程车等）安装 GPS 监控模块，通过无线 GPRS 模块把位置信息传输至数据中心，对比矿界判定是否越层、越界开采。

（三）外网系统功能

监控软件可以基于矿产开采平面图和矿山三维实体模型。对于露天开采以及只有一个中段面开采的矿山，推荐采用基于矿产开采平面图建立监控软件系统；对于具有多个中段面开采的矿山，推荐采用基于矿山三维实体模型建立监控系统。

1. 矿山数据浏览

实现矿山开采平面图或矿山三维实体模型浏览。矿山开采平面图数据浏览含地图浏览、图层控制、属性查询、测量及图例等功能；三维实体模型浏览含矿山实体交互与编辑等功能。

2. 远程监控

1）实时监控：在矿山采矿巷道临近采矿边界，有潜在危险的区域布设监控点。实时监控是通过获取监控站的 RFID 监控实时信息，对矿山监控点和矿山井下人员进行实时的监控，实时反映监测点的迎头报警或越界报警信息，实现采矿过程中的井下穿层越界开采的实时报警和监管，以及人员及设备进入危险开采区域的警示。

2）历史轨迹：通过读取矿山监控数据库服务器上一个或多个人员（设备）的历史位置信息，回溯和重现人员及采矿设备在井下任意时间的三维坐标位置和活动状态，监控采矿状况。历史数据可以用于优化采矿资源配置，还可用于矿山事故发生后，定位被困人员的位置，展示被困的井下环境，指导科学搜救。

3）迎头跟进：显示需要前移的迎头定位分站。

4）越界报警：显示越界开采的矿井及越界的定位信息。

5）路由信息：显示设备经由定位分站的详细信息。

6）故障分站：显示发生故障的定位分站。

7）短信报警：将越界报警信息通过手机短信的形式发送到相关人员手机上。

8）显示在线设备：显示在线设备可查看矿山所有当前工作在井下的设备及人员的在线状态，并标注出设备类型（人员、矿车、铲车、挖掘机等），在线设备及人员高亮显示在页面上，不在线设备以暗色显示在页面上。

3. 后台管理

1）监控点管理：添加和修改监控点。

2）定位分站管理：通过电子地图界面为每一个监控点添加定位分站，并且设置定位分站属性。

五、湖北省三级矿政管理系统应用效果

湖北省三级矿政管理系统应用效果见图7－28至图7－33。

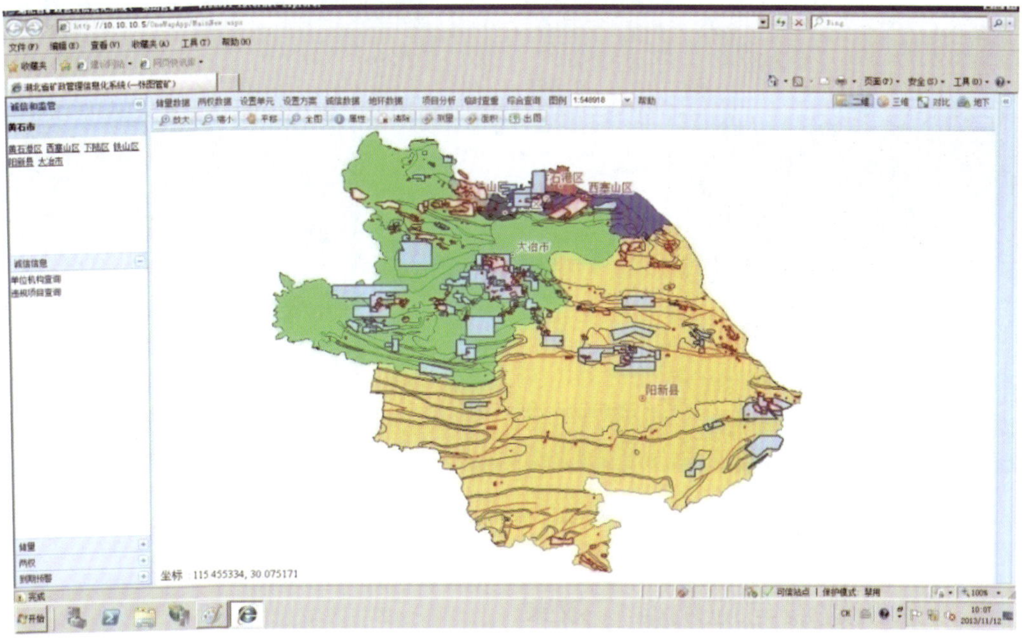

图7－28　黄石市“一张图”运行界面

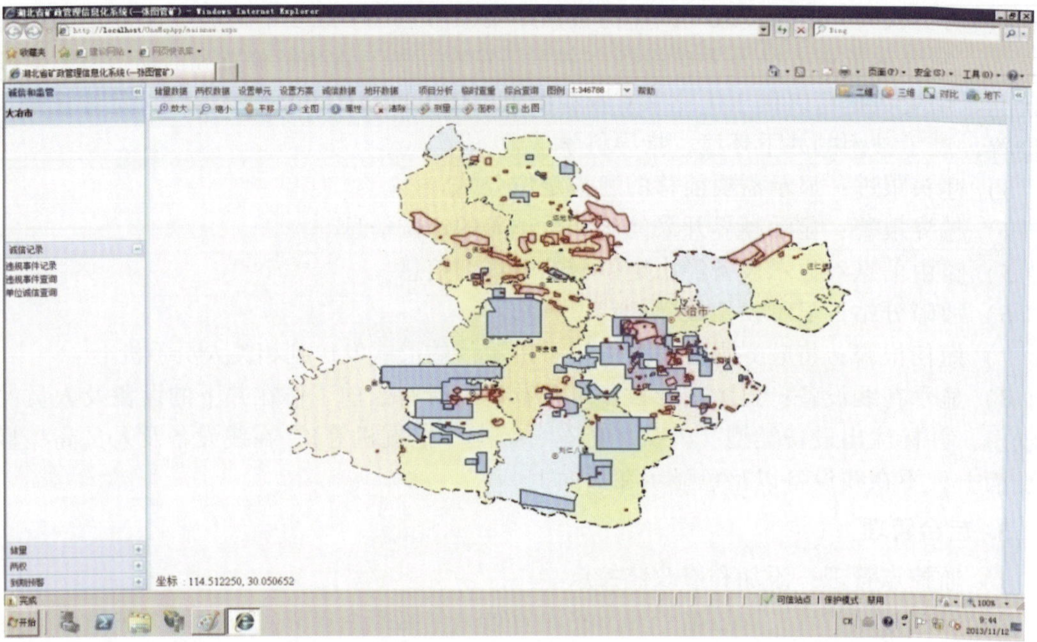

图 7－29　大冶市“一张图”运行界面

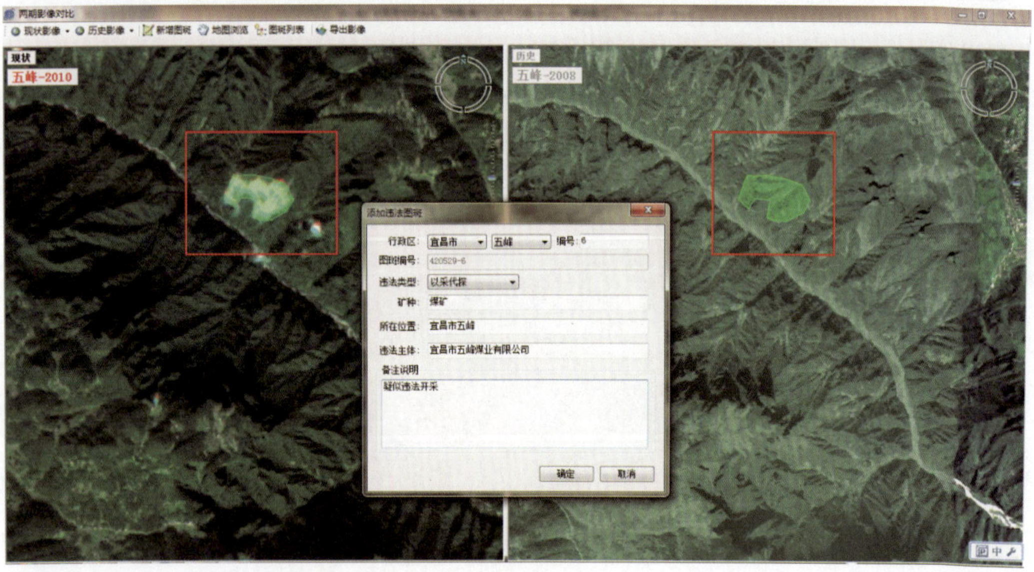

图 7－30　两期图斑对比

六、系统建设与应用推广效果

依据湖北省矿政管理信息化系统建设总体思路，分年度、以点代面逐步推进矿政管理系统的试点与应用。

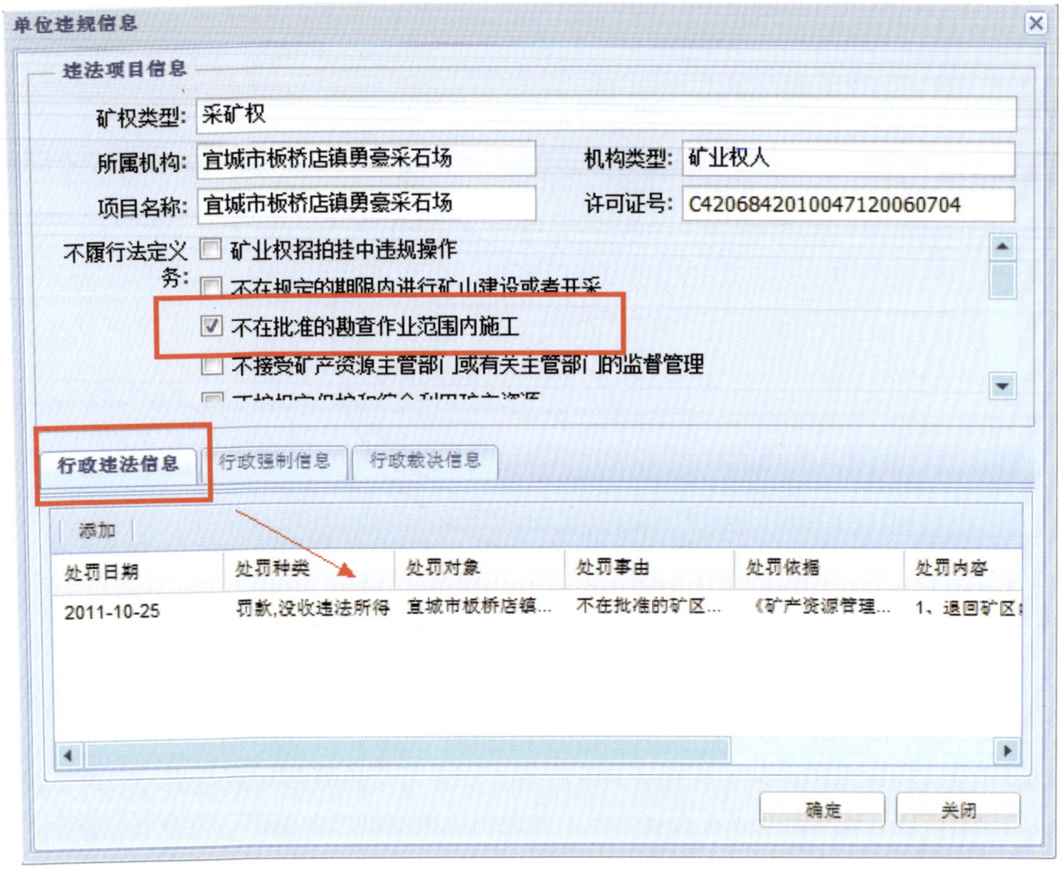

图 7－31　单位违规项目信息

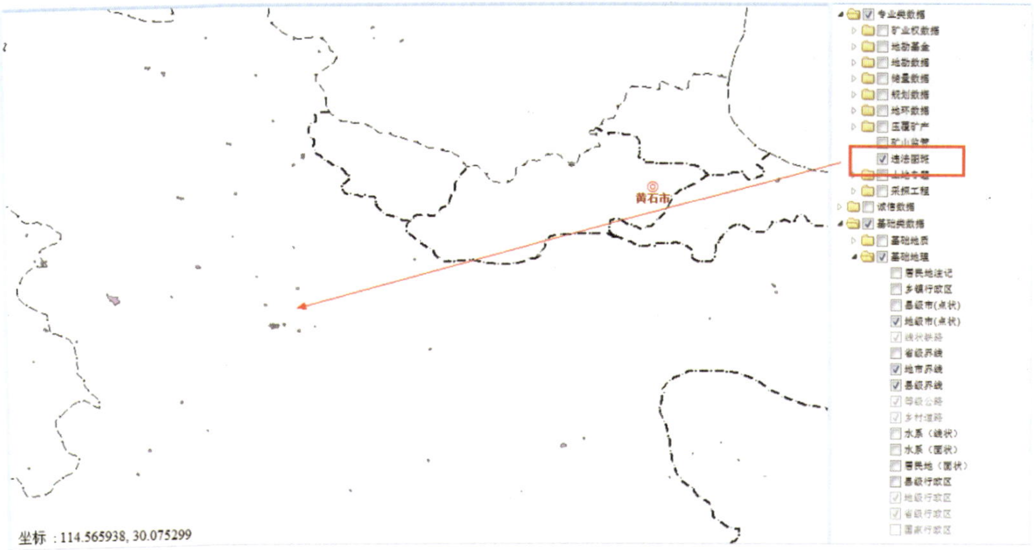

图 7－32　违法图斑数据展示

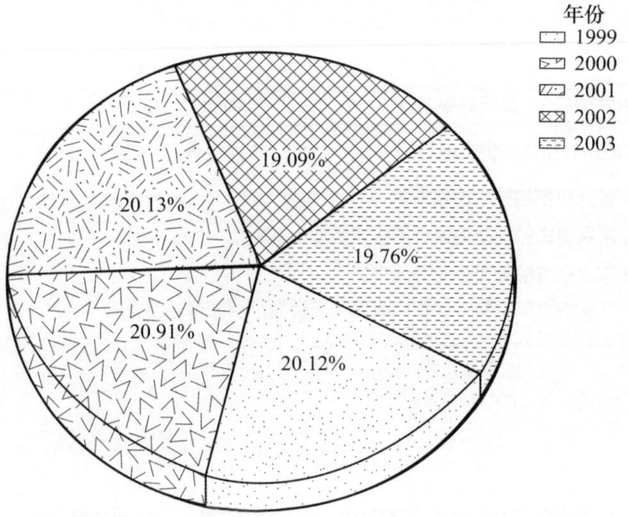

图 7－33　宜昌区某矿山逐年的动用储量情况

2010 年，以宜昌市和夷陵区为市、县级试点，开展了湖北省矿政管理信息化系统建设，实现了市、县两级矿政管理信息化，达到了预期应用效果。

2011 年，将试点扩大到了黄石市和大冶市，主要工作内容包括黄石市、大冶市数据中心建设、矿政管理信息化系统部署、电子政务系统集成以及大冶市、黄石市和省厅三级联通建设。

2012 年，在完成宜昌市、黄石市、夷陵区和大冶市的试点之后，按照系统建设工作总体部署，下发了《省国土资源厅关于扩大矿政管理信息化系统（一张图管矿）建设试点范围的通知》，将系统推广地区覆盖至宜昌市全境、黄石市的新县、鄂州市全境、荆州市及松滋市、十堰市及郧县、咸宁市及崇阳县和嘉鱼县、黄冈市及蕲春县等共 8 市 20 县。

2013 年，继续扩大了系统推广范围，于 2013 年 7 月下发了《省国土资源厅办公室关于进一步开展矿政管理信息化系统（一张图管矿）建设工作的通知》（鄂土资办函〔2013〕41 号），将系统推广地区覆盖到黄冈市、咸宁市、荆州市、十堰市、襄阳市、武汉市所辖（市、区）国土资源局，并在恩施州、荆门市、随州市和孝感市选择各一个县（区）、市国土资源局开展工作，另外还包括潜江市和神农架林区国土资源局。2013 年度开展系统推广工作的市（州）、县（区）、市国土资源局共计 36 个，将系统推广到了湖北省大部分矿产资源重点市（州）、县（区）、市。

自 2013 年 11 月 30 日起，已完成“一张图管矿”系统建设推广工作的任务单位，全国境内的部、省、市、县四级发证矿业权实行电子报件，通过“一张图管矿”审查后，才能上报省厅。

七、系统建设评价

（一）建立了成果数据的拓展模式与动态更新机制

矿政管理信息化系统是以矿业权实地核查数据为基础的，即要保证矿政数据现势性，也要确保数据的准确性，必须形成完整有效的更新制度及统一的更新标准与技术规范。按照“谁发证，谁负责”的原则，建立数据动态更新机制，实现纵向实时更新、横向各类型数据拓展的模式，为矿政管理信息化系统提供准确、有效的数据支撑。具体包括实现数据中心三级数据同步、实现数据中心电子政务接口、编制统一的更新标准及技术规范等。

将系统从矿业权管理拓展到储量监管中。矿产资源储量监管建设内容主要包括资源储量数据库建设、储量监管功能开发和相关应用系统集成3个主要方面。

（二）矿业权实地核查成果应用示范建设

湖北省矿政管理信息化系统的建设试点及推广，积累了一系列系统规划、建设、开发及实施的可借鉴经验。考虑到应用的逐步深入和推广地区范围的不断扩大，应将前期的工作作为应用示范，完善包括系统各类系统建设成果资料和工作推进方法，为矿政管理信息化系统在全省推广提供技术支撑，为全国矿政管理“一张图”建设提供经验，为制定行业内相关标准提供参考。

第七节　市、县两级矿政管理系统建设与应用分析

一、系统来源

赣州市“一张图”矿政管理信息系统的开发与试点是从2011年11月16日正式启动，在中国地质调查局发展研究中心和赣州市矿产资源管理局信息中心的统一领导下，为了实现全国矿业权实地核查成果的管理和综合深入应用，以赣州市矿业权实地核查成果为基础，在已有工作的基础上，开展成果的开发与应用。

二、系统总体要求

根据赣州市矿政管理局的要求，以矿业权实地核查成果数据为基础，结合地质矿产、储量以及日常管理等数据，结合矿政资源信息化特点，以矿政管理为重点，提出并开发了以数据作为管理主线、多业务专题图层的一体化叠加和集成管理为特点的“一张图”管矿的信息系统，集成市、县两级的基础地理、高分辨影像、基础地质、矿业权核查成果、矿业权登记发证、地质矿产、矿产规划及矿政业务等数据，实现了对市、县级矿政业务管理职能的全面整合，建成满足全市18个县的远程联网审批、全市矿政“一张图”信息浏览、全市矿政GIS辅助管理、全市矿政管理数据服务的赣州市矿政GIS云平台。覆盖矿产资源管理的全业务，形成贯穿上下的、统一的、标准的、规范的市、县两级矿政管理运作体系。

在总结分析市、县两级矿业权日常管理方式方法的基础上，分类提炼矿政管理工作模块及相互间的内在联系，确定空间数据库及属性数据库的主要体现内容，提出矿政管理信息系统的主要模块，以空间及属性数据库为基础操作对象，开发矿政管理信息系统，实现对矿业权数据的录入、修改、查询、统计、输出和行政监管等功能。根据赣州市矿政管理工作的需要，建立了包括矿业权管理系统、执法监察管理系统、地质灾害管理系统、数据动态更新系统和系统综合管理系统等系统在内的矿政管理信息系统。

三、系统总体框架

1）计算机网络及硬件平台建设：计算机网络及硬件平台建设主要包括政务内网、政务外网和公众服务网络体系建设。

2）市级矿政管理各类业务数据库建设：国土资源空间数据库建设包括市级数据中心建设、数据共享与交换体系建设。

3）基于基础平台搭建的业务应用系统：通过平台定制、搭建、建模完成的矿政管理业务应用系统，在统一的电子政务基础运行平台中运行。

4）探索矿政管理新模式：以矿政管理各个业务科室为主要服务对象，提供基础行政区划图、地质矿产图、采矿权分布图、探矿权分布图、地质矿产规划图、地质灾害防治图、土地利用现状图及遥感影像等“一张图”的矿政管理模式，各业务科室负责更新维护本科室数据，为其他科室提供便捷查询检索统计分析，即数据集中存储通过权限进行成果共享（图7－34）。

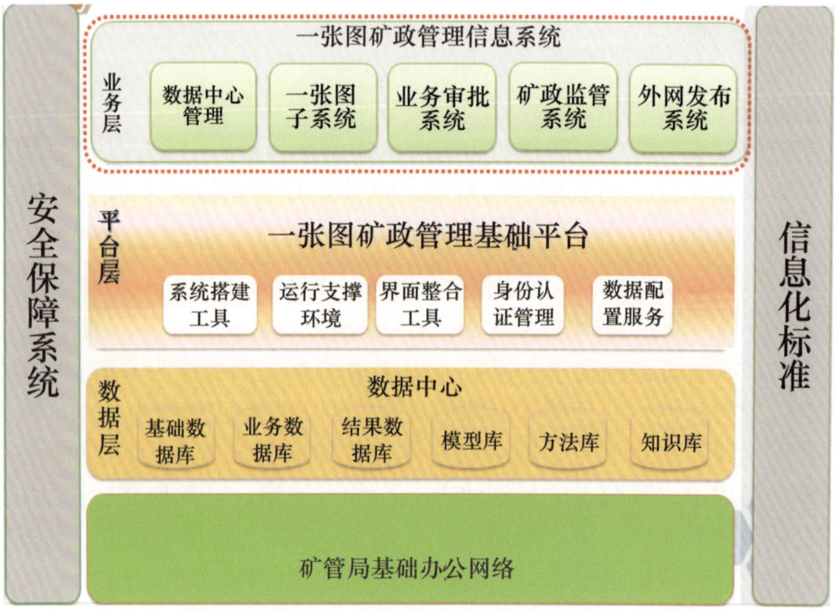

图7－34　赣州市、县两级矿政管理系统的总体框架

四、市、县两级矿政系统结构

整个系统在架构设计上，已经考虑私有云服务模式，但尚未完全实现，在后续的建设过程中，按照此思路考虑。在市局信息中心网络中，通过服务器创建云计算虚拟化平台集群，在集群中部署矿政管理系统的客户端软件，所有用户通过内部专用网络连接到赣州市局的云计算虚拟化平台服务器集群，使用集群上的客户端软件连接信息中心的服务器，高效的矿政数据更新维护、查询展示、审批及监管等（图 7－35）。

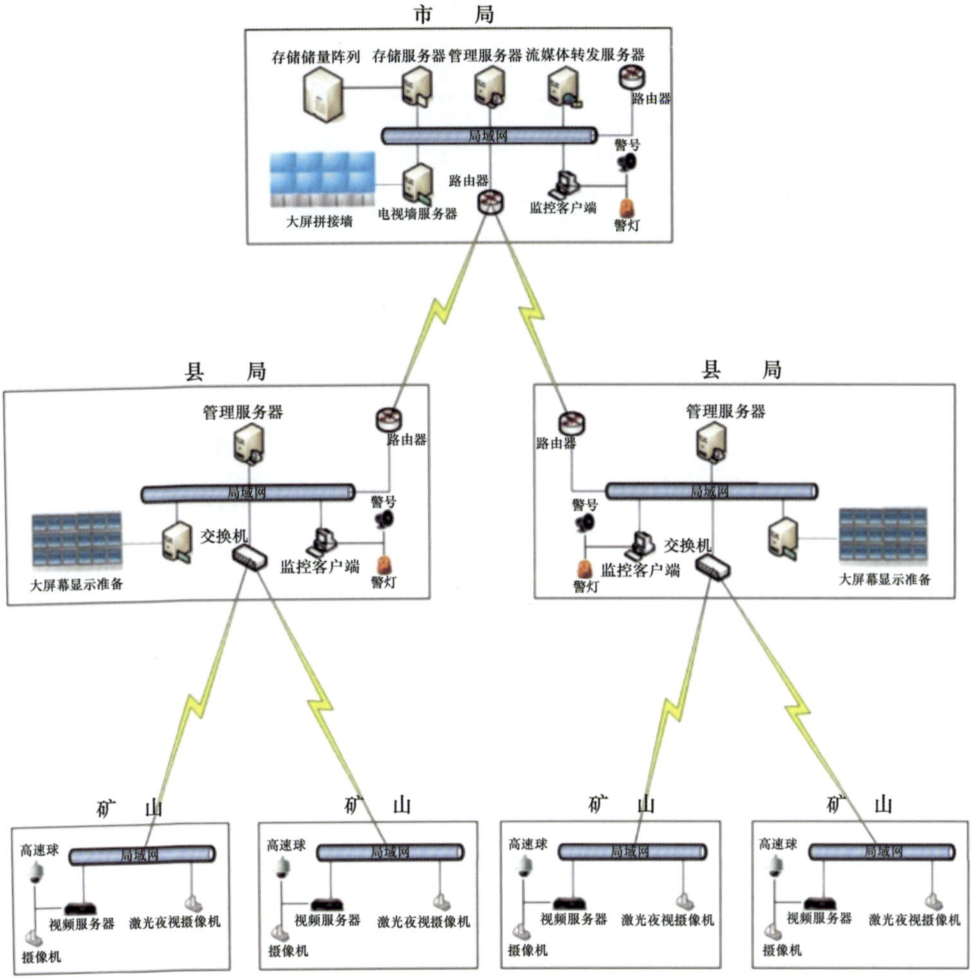

图 7－35　赣州市、县两级系统结构

五、系统开发、部署模式

矿政管理系统基于 B/S 与 C/S 架构开发与部署，应用服务器部署在市局信息中心，涉及 C/S 部分需要在各区（县）分局及从属机构部署应用系统的客户端软件，这些软件的部署、调试及维护工作的实现全部由赣州市局完成。

六、系统应用效果

赣州市、县两级系统应用效果见图 7 – 36 至图 7 – 39。

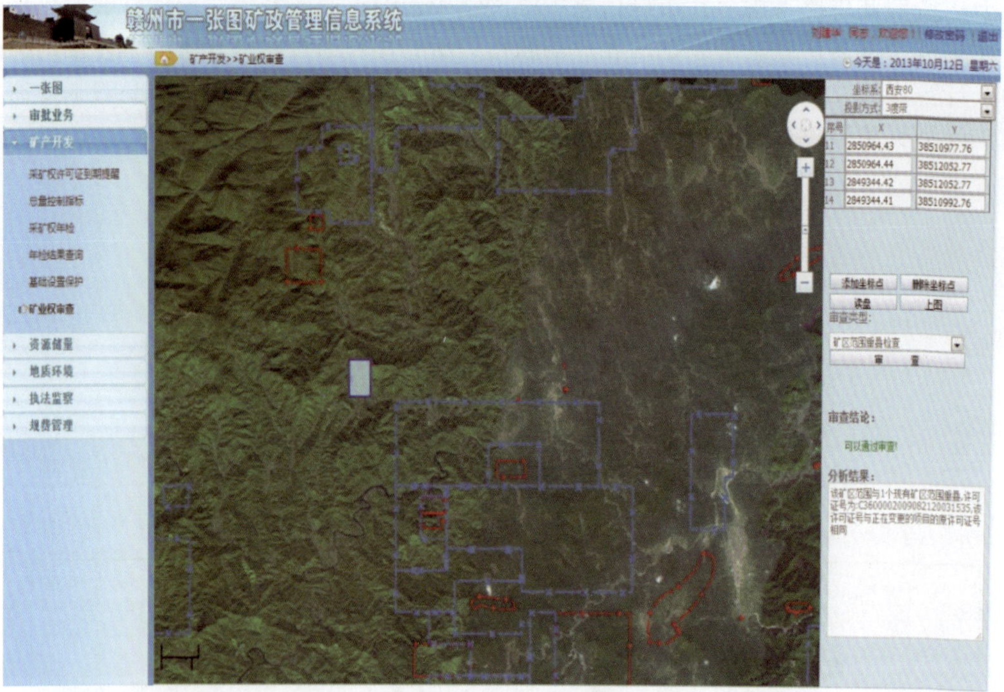

图 7 – 36　矿业权审查

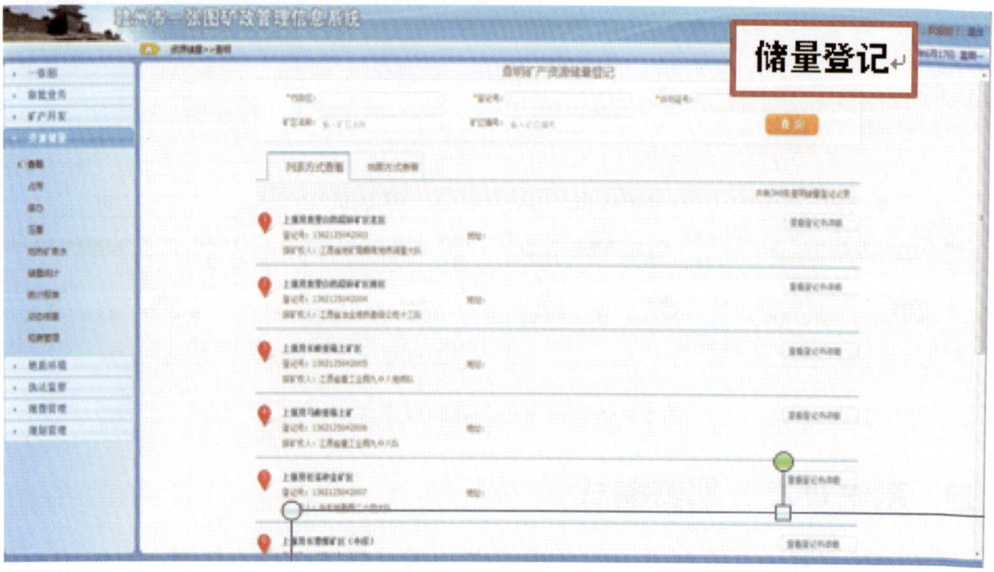

图 7 – 37　储量登记

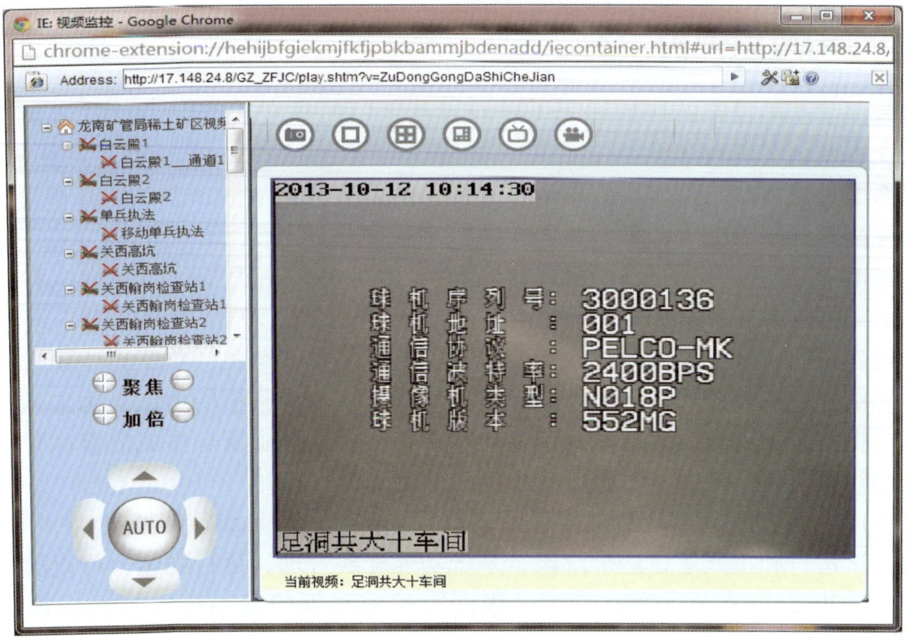

图 7 - 38　稀土视频监控

图 7 - 39　矿业权设置图

七、应用效果评价

将地质测绘基础设施的保护纳入了矿政管理部门的日常工作中，及时记录设施现状等，形成文本及档案资料。

开展系统总量控制工作，根据矿山每年提供的采掘计划指标、上年度开车量、开采计划和炸药量配额计划等综合因素，更深入地控制采掘总量。

以赣州市18个县、市矿政管理部门补偿费征收业务需求为基础，为规范补偿费征收业务流程、加强国有矿产资源的有序利用。结合“一张图”矿政管理信息系统实行全市统一的补偿费征收管理方式，简化业务操作人员的工作量，避免征收工作中出现纰漏。

开展矿山外业视频监控接入工作。赣州市是稀土矿较为集中的地区，为加强矿山安全生成工作，提高矿山安全管理技术和信息化水平，达到对矿山安全生成监督的目的，系统提供了矿山视频监控系统，实时查看矿山周边情况。

通过使用“一张图”矿政管理信息系统规避了矿区重叠与漂移的情况。

通过在试运行和正式运行两个阶段，系统功能充实合理，运行稳定，可以满足县矿政管理的需要。2013年9月，赣州市“一张图”矿政管理信息系统经过严格审查，荣获2013年度“中国地理信息产业优秀工程奖”金奖。

第八节　县级矿政管理系统建设与应用分析

一、县级矿政管理系统的总体功能需求

县级矿政管理系统的需求来源于各科室的业务工作，通过专业工作与业务工作等进行区分与管理（图7－40）。

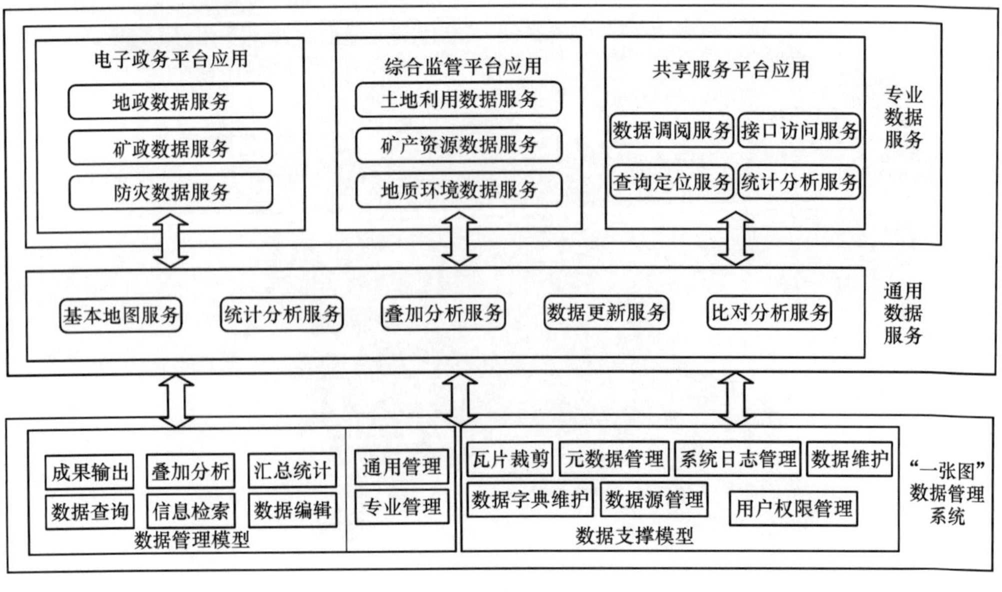

图7－40　总体功能结构图

通过县级矿政信息管理系统建设实现对县级国土资源审批和监管所需的各类数据的提取、挖掘和分析，形成矿政管理核心数据库，通过对各类数据的关联查询、比对核查、叠加分析及专题分析等，及时发现问题，及时准确地掌握全县国土资源状况及其动态变化情况，为资源监管提供技术手段，为政府提供决策支持；基于矿政管理核心数据库建设数据共享服务系统，实现各县级国土资源局内部各部门之间数据资源有效共享和业务协同办公。

通过县矿业权实地核查成果开发与应用项目建设，实现政务系统各业务图形数据的互联互通，将地政、矿政、测政、防灾与监管业务都集成在一个工作平台框架下，实现各县级国土资源局各部门并联审批、协同办公；同时通过统一平台，将需要整合的业务数据和矿政数据进行整合应用，将国土资源综合监管平台中的区块分析、压占分析、矿业权核查、建设用地压覆矿产、灾害点统计和综合比对分析等服务整合到业务系统中，辅助业务审批，实现“一张图”管矿和“一张图”防灾的业务要求。

二、县级矿政管理系统架构

县级矿政信息管理系统建设是以计算机软（硬）件环境、GIS（ArcGIS、MapGIS、SuperMap 等）集成开发平台与网络通信技术为依托，以信息化标准规范体系和数据交换体系为体系结构，以国土资源基础类、管理类、专业类、文档资料及元数据等各类核心数据库为基础，通过建设基于地政模型库、矿政模型库、防灾模型库为目的国土资源行业模型库组装构建的模型管理层，建立基于共享服务平台的国土资源行业通用、专业数据服务体系和工具集，最终形成以数据和服务为支撑，面向县级电子政务平台、共享服务平台和县级矿政信息管理系统的集信息与服务为一体、多级互联互通、资源有效共享的大型应用服务体系。

整个系统通过建立县级矿政核心数据库，将地理信息服务（图形浏览、定位查询、空间分析等）、属性查询与统计分析、专题图件发布等 GIS 服务加以封装，由覆盖县级国土资源单位的电子政务系统对外发布应用；通过建立基于共享服务平台，实现专题业务模块的服务化、组件化和模型化管理，最终形成国土资源行业各类业务通用和专用模型；开发整合海量矿产和地质灾害专题应用，实现多年度、多专题、多比例尺及全区域的空间数据库分布式运行和综合管理（图 7－41）。

三、矿政核心数据库建设

县级矿政核心数据库需要将符合数据模型要求的各种入库数据，根据数据库表的组织结构入库。根据国土资源各类入库数据的类型将核心数据库数据组成分为以下 6 个部分，即数据元数据库、系统元数据库、基础类数据库、专业类数据库、管理类数据库和文档资料库（图 7－42）。

县级矿政核心数据库是由多种不同专题的业务数据按照一定的规则建立起来的。在现行的国土资源数据管理体系中，分为省级、市（州）级和区（县）级进行不同粒度的管理，因此数据库以区（县）级数据集为基本管理单元，加上适当的规则逻辑来组织管理，且在区（县）级，应具备访问这些空间基础对象的能力，即能处理图元级粒度的数据。

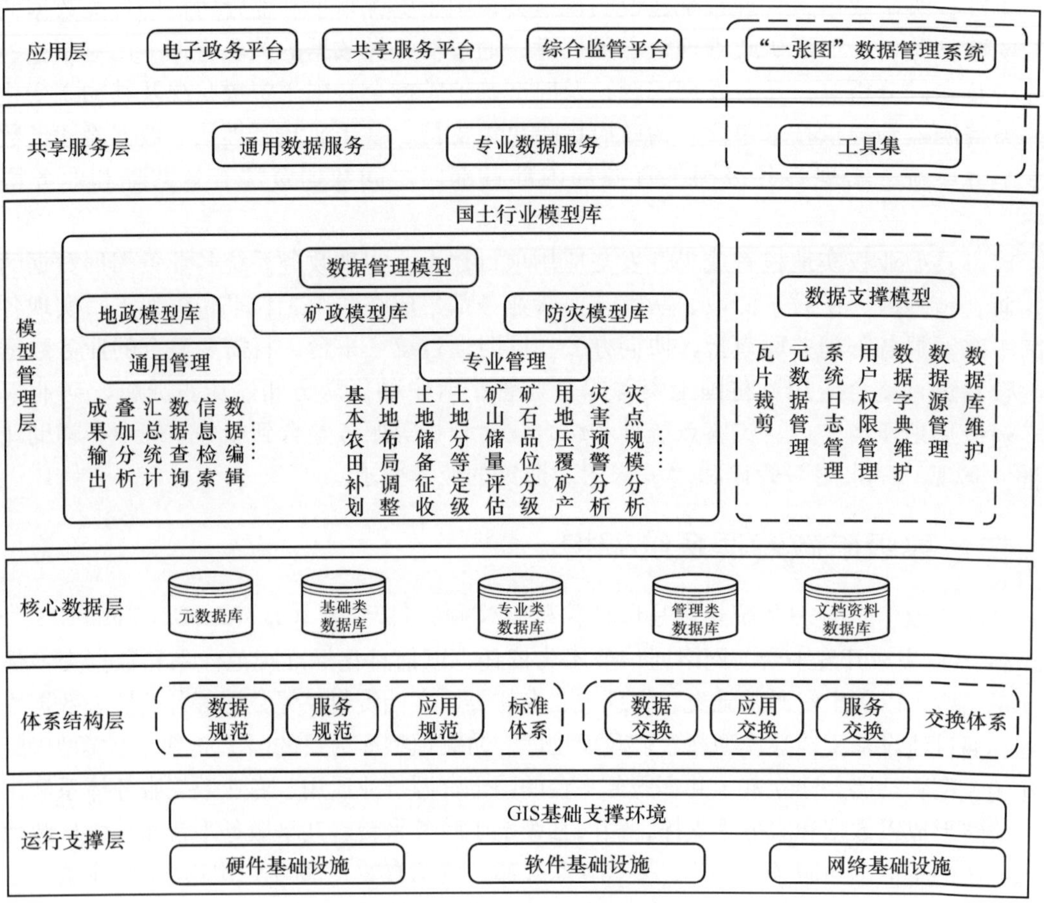

图 7－41 系统总体框架图

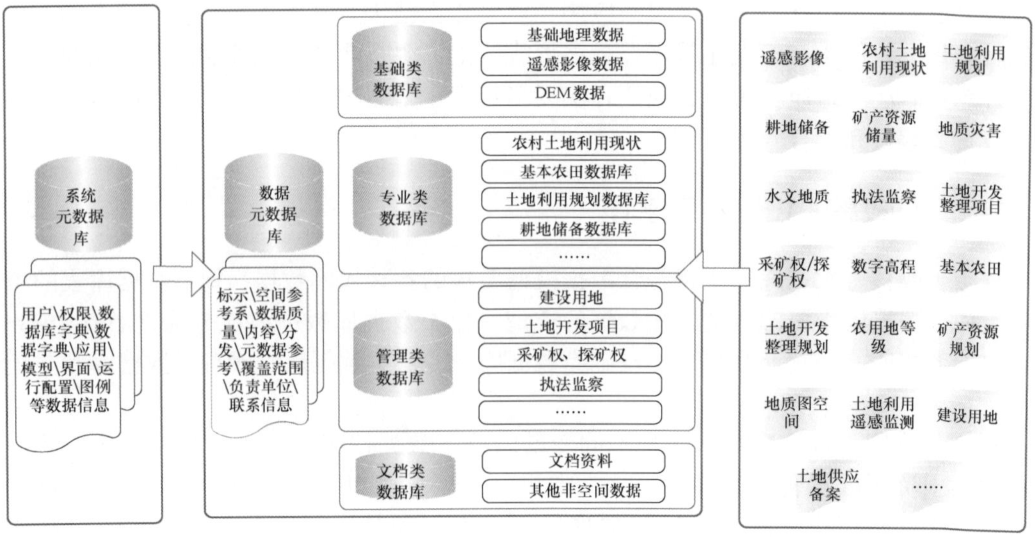

图 7－42 "一张图"县级核心数据库数据组织模型

四、重庆市南川区县级矿政管理系统

2008 年重庆市南川区开展了全国矿业权实地核查试点工作，2009 年 7 月通过国家验收后，继续开展了储量核查及矿业权、储量动态核查工作，积累了较为丰富的数据资料。2010 年 2 月，全国矿业权实地核查项目办公室将南川区列为矿业权实地核查成果深度开发应用试点区县，在全国矿业权实地核查项目办公室、重庆市国土房管局的指导下，该区探索建立了集成各种地学、矿政管理数据为一体的区（县）级矿政监督管理信息系统，再次成为全国瞩目的焦点。2010 年 10 月，在全国矿业权实地核查项目办公室主持的“全国矿业权实地核查成果应用试点交流会”上，以国土资源部总工程师张洪涛为首的专家组一致认为，南川区的矿政监督管理信息系统设计合理，功能基本完善，达到了试点工作的预期目的，为探索基于矿业权实地核查成果的“矿政一张图”工程建设提供了比较可行的技术路线和工作框架。重庆市南川区形成了以实测为基础，政府、矿山企业和中介服务机构三方共同参与的矿业权及储量动态核查更新机制，在 2011 年的“中国地理信息系统工程奖”评奖中，该系统被评为金奖工程，得到了专家们的认可（图 7－43 至图 7－50）。

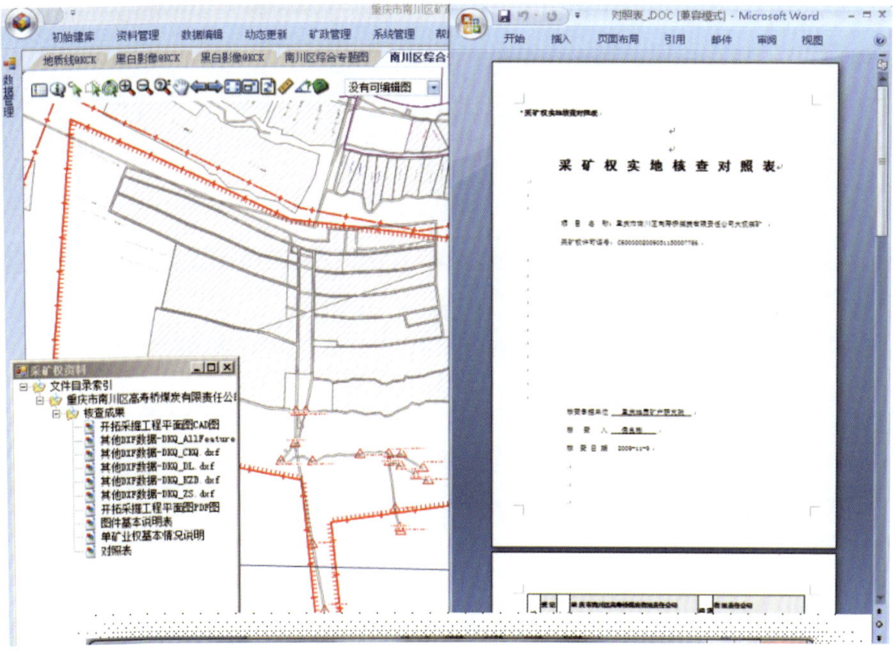

图 7－43　矿业权实地核查档案管理

五、湖南省县级矿政管理系统

2012 年，湖南省以全省矿业权实地核查成果为基础，选择祁东县和石门县开展矿业权实地核查成果深度应用工作，实现了矿产规划、地质灾害等各类专项数据库建设与整合集成，纳入多种信息到矿政审批、监测、监管，开发了集辅助审批、数据管理和综合分析等功能为一体的县级矿政“一张图”管理系统。通过建设系统建立了长效的数据库存储、更新机制。系统能实现各类国土资源业务数据的存储、管理、应用和动态更新，对两个县 50 多家重点矿山进行了储量动态检测以及储量数据更新整理工作，并在矿业权实地核查形成的采掘工程平面图基础上更新了年度变更的采掘区、采空区、巷道和储量资源分布数据。反映了矿业权实地核查工作以来，2011 年和 2012 年的矿山开采变化情况。系统运行良好（图 7 - 51 至图 7 - 54）。

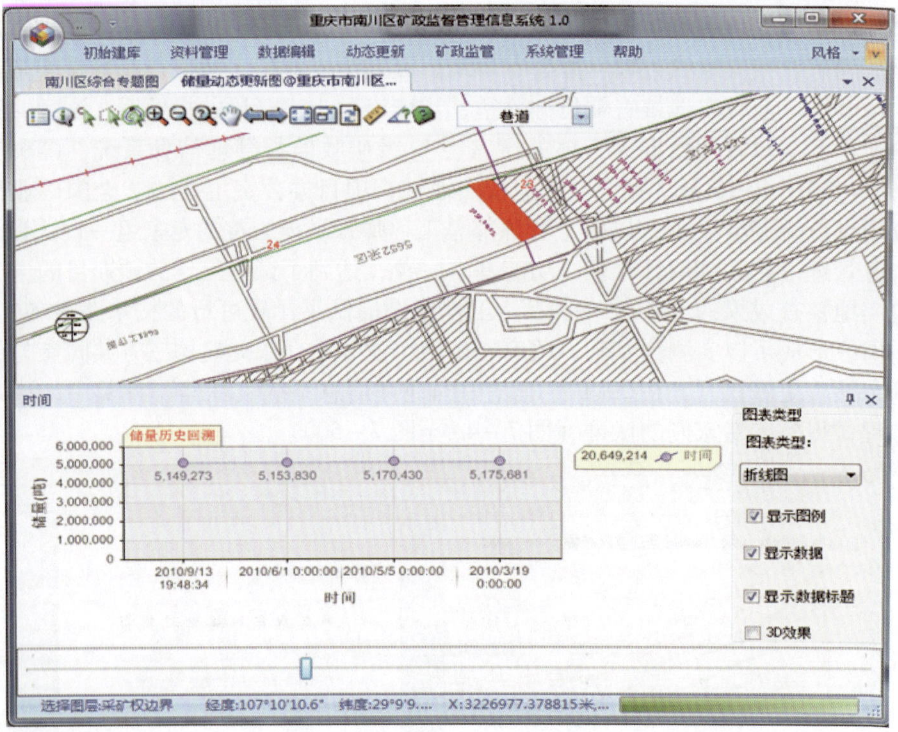

图 7 - 44　矿山储量历史回溯

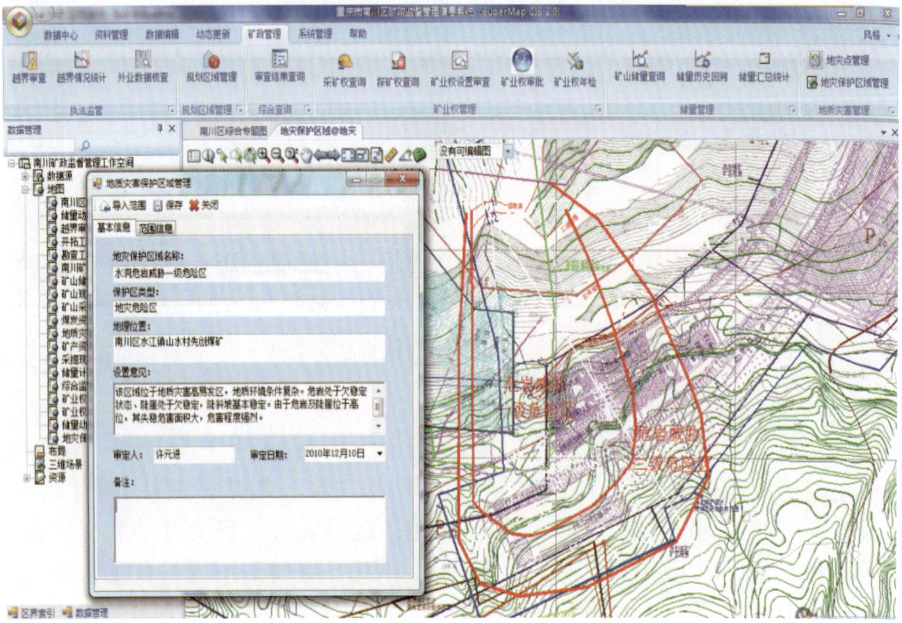

图 7 - 45　地灾保护区域管理

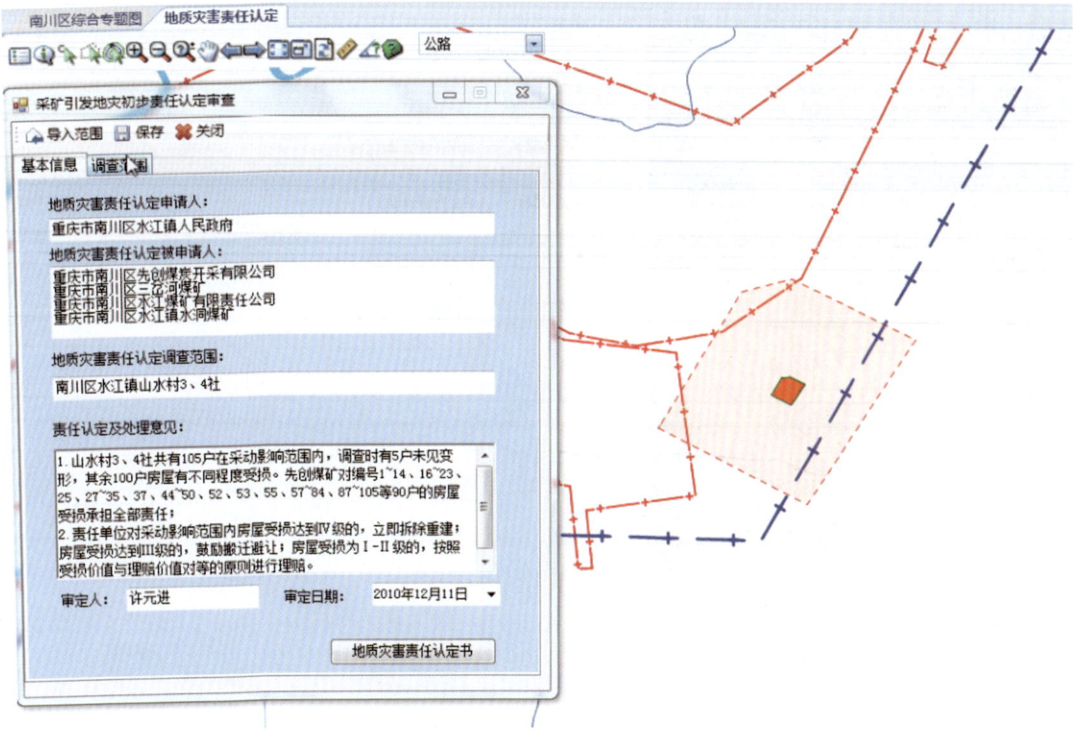

图 7-46　人为地质灾害责任认定

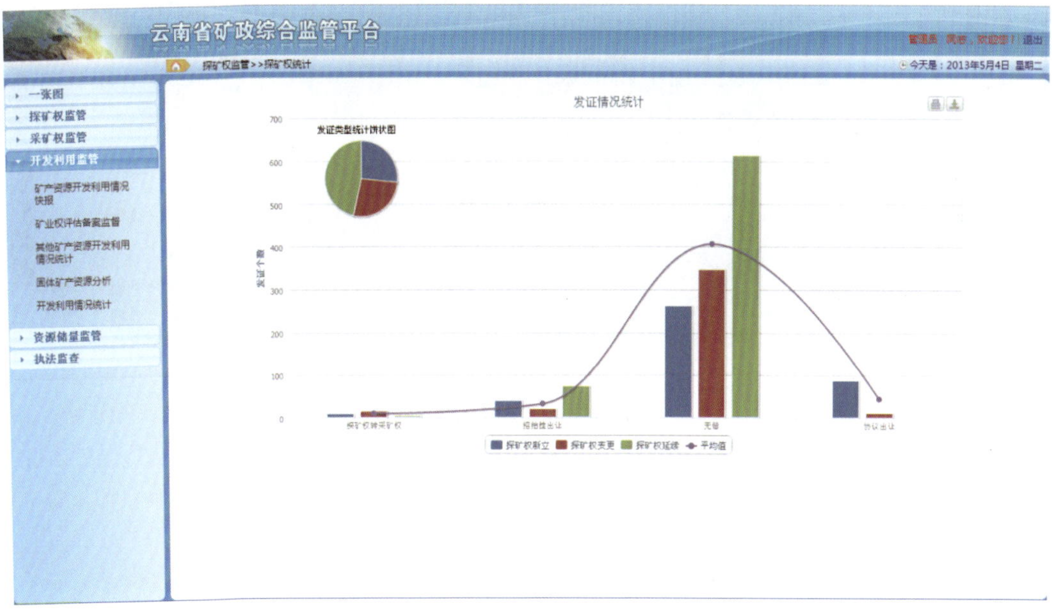

图 7-47　矿业权发证情况综合统计

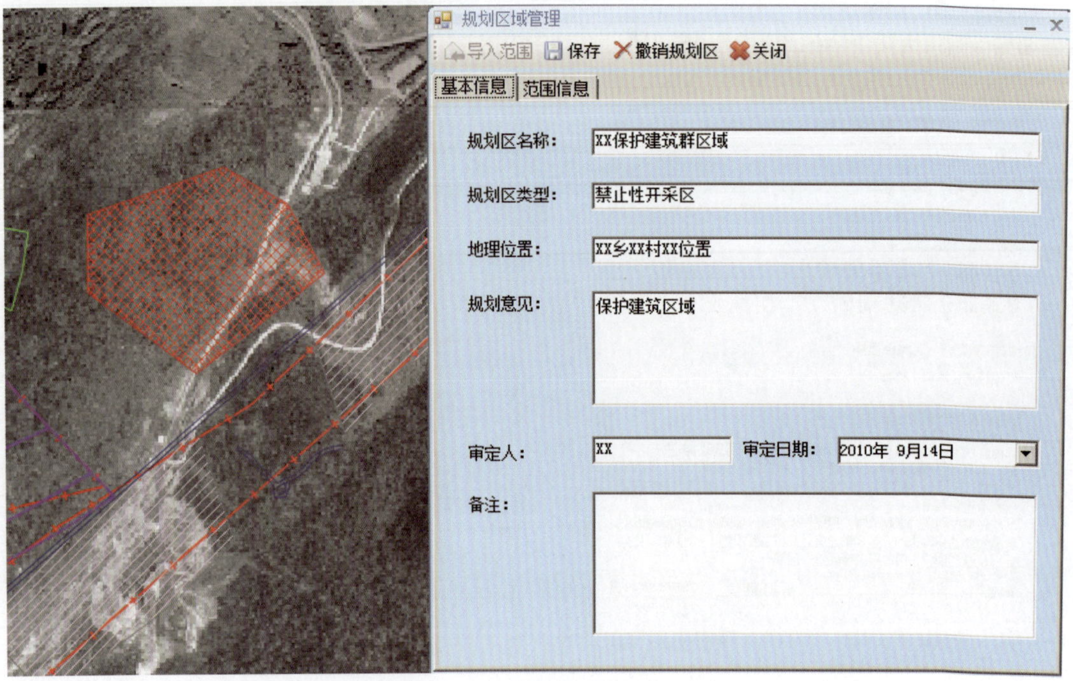

图 7－48　规划区域管理

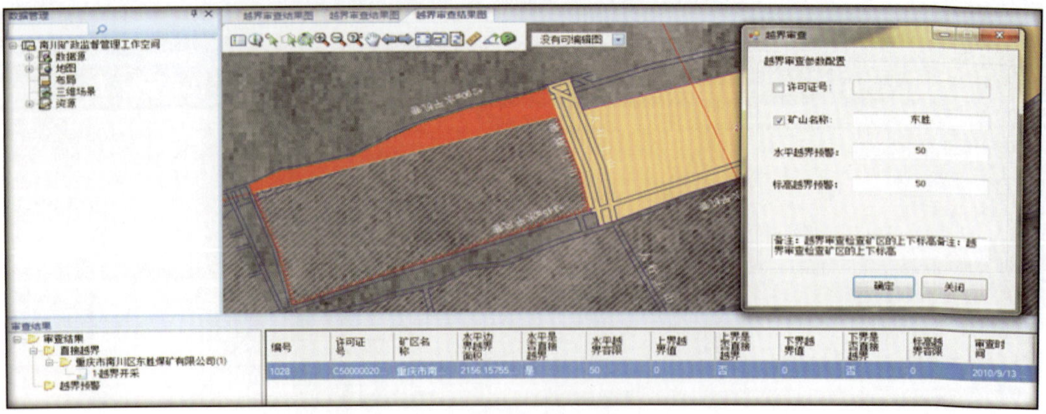

图 7－49　越界审查

图 7－50　基于 SuperMap iMobile 平台的矿山外业巡查

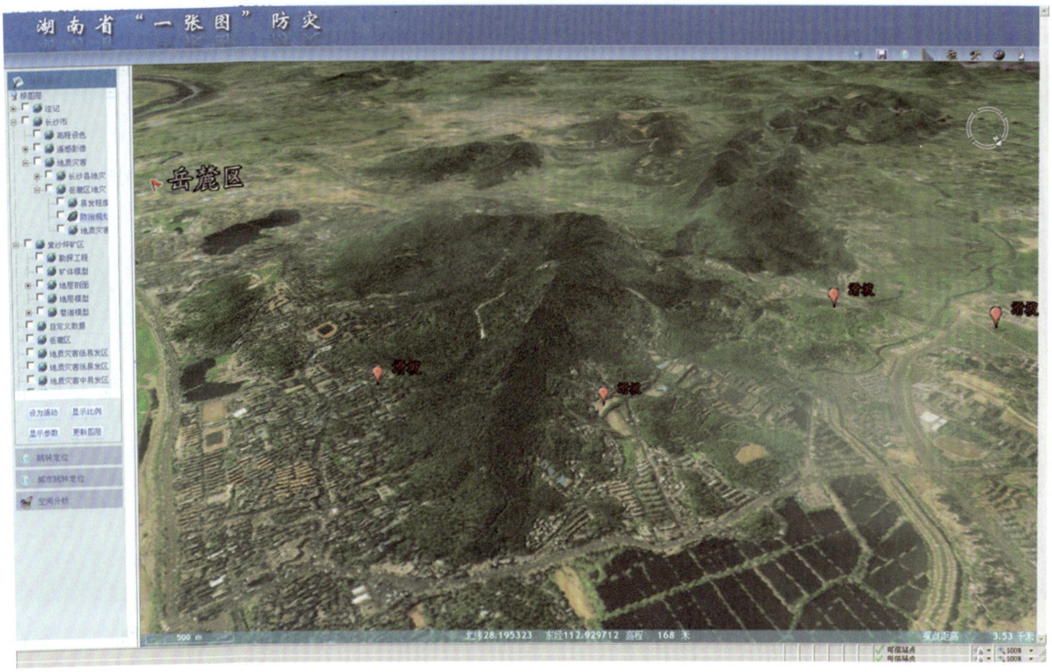

图 7－51　灾害点快速定位

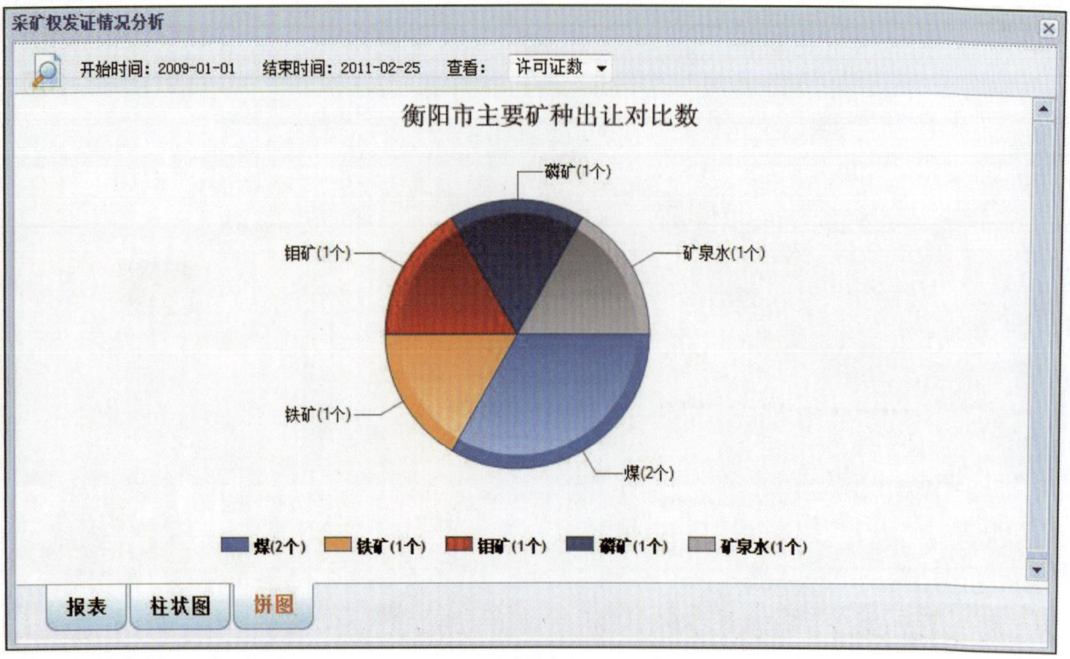

图 7－52　采矿权发证情况饼图

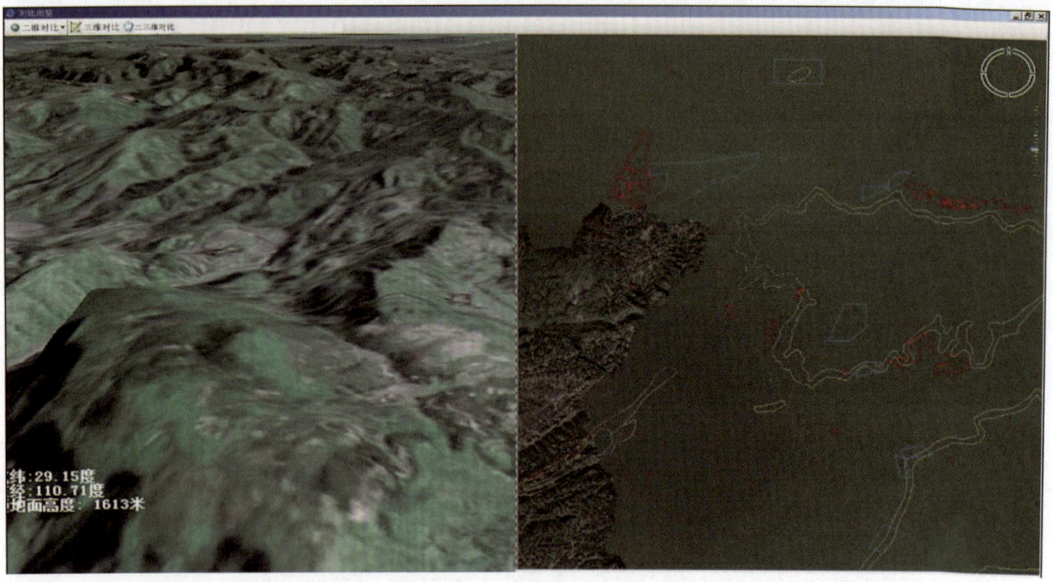

图 7－53　二、三维度对比

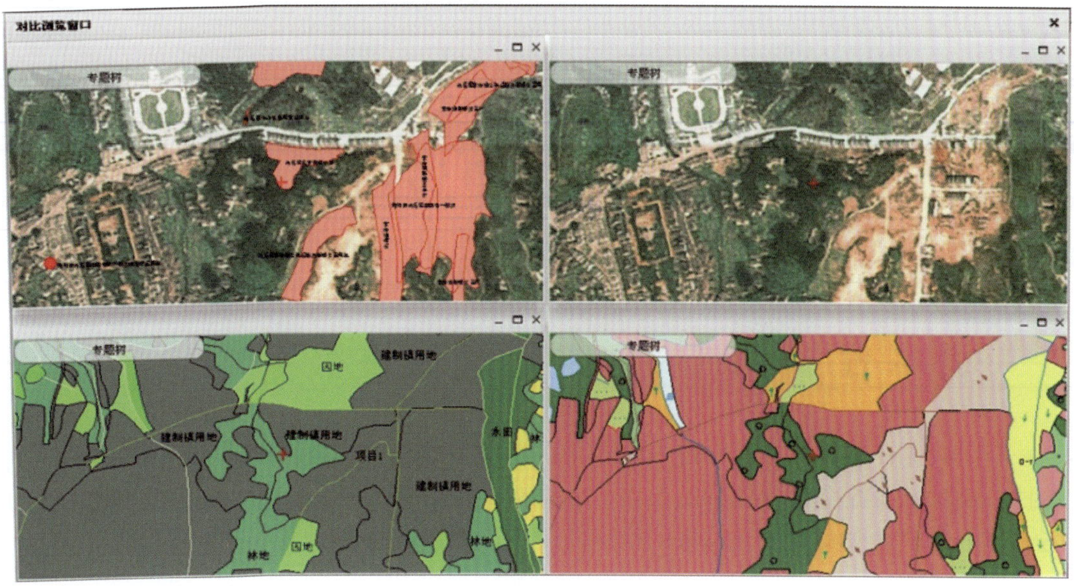

图 7－54　二维多专题对比

第八章　全国矿业权实地核查信息系统维护与应用

第一节　全国矿业权实地核查数据库维护

在全国矿业权实地核查工作建设的成果数据库基础上，对数据库进行日常管理、完善和维护，及时录入补充核查提供的数据，并针对成果数据的专题应用，对数据库进行整理完善，为全国矿业权实地核查成果的推广应用提供数据支持。

一、全国矿业权实地核查数据库日常整理维护

（一）数据库日常维护

为了保证全国矿业权实地核查成果数据库正常打开及使用，需要开展数据库备份和数据安全稳定运行等工作。

1）定期开展数据库可用性巡检、备份。

2）数据库中分省数据大小、目录个数、图层个数情况统计。

3）利用数据库管理信息系统开展文件读取性检查，保证图层、文档及表格可正常打开。

4）检查文件关联性，利用属性库批量检查单个矿业权分布图、对照表及基本单个情况说明等资料是否完整。

（二）数据库应用整理

在相关技术要求以及现有工作的基础上，充分利用全国矿业权实地核查数据库，开展矿业权区域及综合应用服务工作。遵循为政府机关、社会大众提供各种各样的电子数据服务和纸质数据服务的需要，开展一系列数据提取、数据规范化再整理、数据集成和专题图件制作等工作。

1. 基础地理要素

提取数据库中31个省级1:50万基础地理数据，格式为ArcGIS shapefile。对数据进行校正、接边处理，核对要素属性内容，对缺失要素进行补充。最终整理形成的地理要素内容主要有境界（线）、水系（面、线）、公路（线）、铁路（线）、行政区（面），其中境界（线）考虑成图需要，对公共边界，如省界与国界重叠处保留国界，省界与县界公共处保留省界；行政区（面）要素主要用于行政地名标注使用。

2. 基础地质要素

提取数据库中31个省级1:50万基础地质数据，格式为ArcGIS shapefile，该数据未进行格式转换。整理该数据的工作量主要集中于从专业角度核对各要素属性内容、提取主要地层年代，其中地层年代的提取通过编写VBA代码实现，整理实现属性内容与符号库匹配。

3. 数据集成

对整理完成的基础地理、基础地质数据建立全国数据图层，或ArcGIS Personal Geodatabase独立数据集，便于用户使用。形成的基础地理要素图层如图8－1所示；基础地质要素则以省为单位建立各省地质要素类（图8－2）。地质要素主要以点、线、面3类要素组成，其中点要素主要为标识内容，线要素为地质构造，面要素为地质各岩层内容。

图8－1　基础地理数据要素类部分内容

图8－2　基础地质数据库要素类部分内容

（三）成果规范整理

对全国矿业权实地核查工作形成的部分成果按全国地质资料馆汇交要求进行规范化整理。

1.《全国主要矿业权图集》规范化整理

该图集共计11册：典型卷、煤矿卷<华北地区一（北京、河北、内蒙古）>、煤矿卷<华北地区二（山西）>、煤矿卷<东北地区>、煤矿卷<华东地区>、煤矿卷<华中地区、华南地区>、煤矿卷<西南地区>、煤矿卷<西北地区>、铁矿卷、金矿卷、其他金属合卷（铜、铝土、钾盐、银）。按照要求对EPS格式电子成果数据进行规范化整理，共形成存档电子文件11个（PDF格式）；源电子文件的提交格式为1636个单个矿业权空间文件（EPS）以及对应说明文件（DOC），11个封面文件（CorelDRAW格式），共1618个文件夹，3154个文件（封面、单张图、文字）构成，文件夹命名为T02～T12。

2.《全国首批整装勘查区矿业权分布图集》规范化整理

该图集用于反映全国首批47片整装勘查区分布情况，主要由前言、目录、全国整装勘查区分布图1张、全国整装勘查区基本情况一览表1份、全国整装勘查区矿产资源勘查开发现状说明1份、各整装勘查区矿业权分布图47张、各整装勘查区矿产资源开发现状说明47份组成。

对该图集进行规范化整理，形成可提交的成果。其中源电子文件的提交格式为48份ArcGIS工程文件（.mxd）及相关的空间文件（.shp），文件夹命名为T02_0001～T02_0048，存档电子文件名及格式为：全国整装勘查区矿业权分布图集.pdf。

二、全国矿业权实地核查数据库更新维护

从2011年度开始，全国矿业权实地核查项目办公室开始对各省（区）陆续提交的补充核查数据按照实地核查成果数据验收及质量评价要求，组织相关技术人员对成果数据进行检查验收，及接收工作，以及全国核查成果数据库的补充更新工作。截至2013年底，共完成接收的补充核查矿业权165个，主要为湖南、山西、新疆、四川等4省（区）补充矿业权数据。

（一）补充核查数据检查、验收与接收

补充核查数据接收工作严格按照相关技术要求及“关于各省（区、市）矿业权实地核查成果最终提交接收有关程序的说明”进行操作。对各省（区）提供的纸质或电子格式内容为控制点成果、各核查单位成果、平差报告、阶段验收意见、成果数据等开展检查、验收及接收工作。

数据检查及接收组由谭永杰总工程师、屈洪刚处长负责，检查接收人员由杨建锋、林燕、孙炳旭、宋越、杨菁、胡智峰、王永志、杨迪钦等组成，其中，杨建锋、孙炳旭、胡智峰负责电子平差报告和图面精度的检查接收工作，林燕、杨菁、宋越、王永志、杨迪钦负责机检及人机交互检查的工作。检查合格的补充核查数据提交经由接收组负责确认后，经确认后全国矿业权实地核查项目办公室出具成果资料接收的收条，予以接收。检查通过的补充成果数据则提交至全国矿业权实地核查项目办公室统一入库、整理。

（二）成果数据进一步梳理与规范化再整理

基于完成检查、验收工作的4个省（区）矿业权补充核查成果数据通过进一步规范化再整理工作，将对成果数据库入库产生较大影响的不规范内容进一步梳理，发现问题，并按照相关技术要求进行规范化再整理，使数据能够达到统一入库要求。主要工作内容有：

1）根据需要对补充核查数据增加标识字段“KYQ_BC”，用来与原全国数据库进行区

分，进而实现全国矿业权实地核查成果数据库中存储多期核查数据。

2）与全国矿业权核查成果数据库矿业权进行重号及空间位置关系判断，用于分析是否为新增矿业权数据或变更、延续矿业权数据，避免重复数据入库的现象。

3）对新增矿业权成果中因缺失原登记库、许可证号不规范等导致无法纳入规范数据库的矿业权数据选择另库存放。

4）对于通过计算机程序检查不容易发现，但对成果数据质量会产生较大影响的内容进一步梳理。

5）对提交的平差报告和验收意见书等纸质文件进行扫描，用于存档。

（三）成果数据汇总入库

全国矿业权核查数据库采用数据金字塔的工作模式，以各省（区）提交的所属辖区的所有属性数据和空间数据为基础，将矿业权所属的各级行政区按统一模式、逐级并行建设。可以存储多种格式的数据集，如 DOC、PDF、DWG、DXF、ShapeFile、Excel 等。

将经过再次梳理的补充核查成果数据通过程序统一导入全国矿业权实地核查成果数据库，保证数据库内容无缺失，数据调用正常，确认数据库能够正常运行及功能实现。

三、支撑国土资源“一张图”的矿业权实地核查数据整理

国土资源信息化从 1998 年建立至今已经走过了 15 个年头，各级国土资源管理部门主要行政审批业务已经实现网上运行和网络化远程数据交换，建立了国土资源“一张图”数据库基本框架，初步构建了国土资源综合监管平台，有力促进了国土资源管理方式转变，适应了行政审批制度改革，为国土资源全程监管提供了技术支撑，为国土资源参与宏观调控提供了数据保障。

在国土资源“一张图”数据库基本框架建立方面，全国多数省级和重点城市国土资源管理部门都利用第二次土地调查成果，完成了“一张图”本底数据库建设，逐步整合和叠加各类数据。

经过多年建设，“一张图”工程的实施取得了非常大的成绩，特别是在全国土地资源的管理与开发利用方面更是成效斐然。同时“一张图”工程在矿业权管理方面存在一些问题。“一张图”工程的基础是相关专题核心数据库中的基础层及专业层的数据。尤其是专业层数据需要从各种矿业权管理数据获得。然而，在全国矿业权实地核查项目实施前，全国的矿业权管理方面存在诸多矿业权边界不清、拐点坐标系不统一、登记库数据缺失错漏、矿业权实际情况与登记数据项不符、实际生产状况缺失及缺少整合性等问题，进而影响到矿业权管理专业层数据的准确与有效获取。

在此前提下，国土资源部信息中心与全国矿业权实地核查项目办公室接洽，基于全国矿业权实地核查成果数据，进一步按照矿政管理工作服务的需要对要素类进行提取、整合与建库等工作，实现国土资源“一张图”矿政数据的补充。

（一）工作目标及内容

在全国矿业权实地核查工作所取得成果数据的基础上，通过采用多种数据加工及整理

的手段，对已经采集入库的全国矿业权实地核查所有单个矿业权成果数据（包括空间数据、属性数据）合并处理再加工，并根据需要对数据结构进行调整形成成果数据库（包括空间数据、属性数据），为国土资源“一张图”矿政数据补充提供服务。

全国矿业权实地核查成果数据为全国性、基础性的数据成果，有着数据准确度高、数据量大、数据类型复杂多样、包含信息丰富、数据存储结构复杂等特点，同时满足国土资源“一张图”中缺乏且急需的要素数据内容及要求。通过矿业权实地核查成果数据库获取包含除基础地理外，采、探工程的矿业权边界、采剥面、巷道、钻孔等地理、地质及采探工程等几十个要素内容，并通过必要的提取、整合及建库等工作，可应用于国土资源矿政管理“一张图”工作。

（二）取得成果

通过对全国矿业权实地核查成果数据库进行提取、属性与空间再次比对、投影变换、要素集成整合、补充字段及内容等工作对采矿权、探矿权共50个要素类分别进行省级和全国两级整理合并，经工具软件结合人工验证，合并后的所有采矿权或探矿权的每一个图层数据与所有单个矿业权对应图层数据加载后的效果完全一致。并将全国矿业权实地核查成果数据中文档资料（对照表、单个矿业权情况说明、图件说明）以PDF格式保存到Oracle数据库中。

1. 基础数据整理更新、入库

基础数据整理共涉及行政区代码表等5个数据库标准词表的更新入库工作。根据实际情况与数据条件，此次完成全国行政区代码表的更新入库，入库数据6711条。

2. 核查成果空间数据全国“一张图”整理合成

此次工作共进行包括探矿权、采矿权在内的146877个矿业权核查成果空间数据的一致性校验及全国“一张图”整理合并。共形成包括50个单要素图层、315个文件、数据容量4.55 GB的全国矿业权实地核查成果空间数据“一张图”整理合并成果（表8-1）。

3. 核查成果文档Oracle建库

将全国146877个矿业权实地核查成果数据中文档资料（对照表、单个矿业权情况说明、图件说明）以PDF格式保存到数据库中。分省（区）形成31个dmp格式Oracle导出文件，数据容量为109 GB（表8-1）。

4. 元数据提取

此次工作共完成约146877个矿业权实地核查成果图件属性元数据提取工作，共提取到元数据138744条，并分省整理合并为31个XML通用元数据表达格式文件。

5. 矿种符号库设计制作

根据成果数据展示以及后期数据应用的需要，此次针对成果数据中的矿种进行了全国幅面符号库设计制作，共制作不同图幅用途矿种符号310个。

表 8－1　提取整合要素成果一览表

序号	要素类	图层文件名	文件类型	要素类型	数据容量	备注
1	矿业权核查成果空间数据	其他区域注记 . shp	Shapefile	注记点	0. 09 MB	
2		勘探线 . shp	Shapefile	线	9. 56 MB	
3		勘探线注记 . shp	Shapefile	注记点	4. 72 MB	
4		填图区域 . shp	Shapefile	面	1. 86 MB	
5		填图边界线 . shp	Shapefile	线	1. 86 MB	
6		巷道线 . shp	Shapefile	线	702. 48 MB	
7		巷道线注记 . shp	Shapefile	注记点	4. 2 MB	
8		探井 . shp	Shapefile	点	1. 21 MB	
9		探槽 . shp	Shapefile	线	13. 39 MB	
10		探槽、探井、探硐注记 . shp	Shapefile	注记点	4. 65 MB	
11		探矿权拐点 . shp	Shapefile	点	4. 57 MB	
12		探矿权拐点注记 . shp	Shapefile	注记点	4. 72 MB	
13		探矿权边界 . shp	Shapefile	线	4. 05 MB	
14		探矿权面注记 . shp	Shapefile	注记点	0. 5 MB	
15		探矿权面（全部）. shp	Shapefile	面	7. 53 MB	
16		探硐 . shp	Shapefile	点	0. 37 MB	
17		晾晒场地 . shp	Shapefile	面	9. 32 MB	
18		晾晒场地边界线 . shp	Shapefile	线	8. 17 MB	
19		晾晒注记 . shp	Shapefile	注记点	1. 22 MB	
20		材料堆 . shp	Shapefile	面	13. 52 MB	
21		材料堆注记 . shp	Shapefile	注记点	0. 81 MB	
22		材料堆边界线 . shp	Shapefile	线	12. 69 MB	
23		水汽（矿泉水、地热）. shp	Shapefile	点	0. 12 MB	
24		水汽（矿泉水、地热）注记 . shp	Shapefile	注记点	0. 08 MB	
25		特殊区域 . shp	Shapefile	面	0. 18 MB	
26		特殊区域边界线 . shp	Shapefile	线	0. 99 MB	
27		砖瓦石灰窑边界线 . shp	Shapefile	线	7. 73 MB	
28		砖瓦窑、石灰窑 . shp	Shapefile	点	8. 23 MB	
29		砖瓦窑、石灰窑注记 . shp	Shapefile	注记点	0. 67 MB	
30		砖瓦窑符号 . shp	Shapefile	点	0. 75 MB	
31		自然保护区 . shp	Shapefile	面	0. 03 MB	
32		自然保护区边界线 . shp	Shapefile	线	0. 05 MB	

续表

序号	要素类	图层文件名	文件类型	要素类型	数据容量	备注
33	矿业权核查成果空间数据	采剥线 . shp	Shapefile	线	1011. 49 MB	
34		采剥面 . shp	Shapefile	面	83. 51 MB	
35		采剥面注记 . shp	Shapefile	注记点	3. 29 MB	
36		采区边界线 . shp	Shapefile	线	12. 9 MB	
37		采区面 . shp	Shapefile	面	12. 66 MB	
38		采区面注记 . shp	Shapefile	注记点	0. 95 MB	
39		采矿权井口位置 . shp	Shapefile	点	2. 92 MB	
40		采矿权井口注记 . shp	Shapefile	注记点	2. 73 MB	
41		采矿权拐点 . shp	Shapefile	点	19. 46 MB	
42		采矿权拐点注记 . shp	Shapefile	注记点	21. 54 MB	
43		采矿权注记 . shp	Shapefile	注记点	3. 06 MB	
44		采矿权边界 . shp	Shapefile	线	19. 49 MB	
45		采矿权面（全属性）. shp	Shapefile	面	19. 44 MB	
46		采空区注记 . shp	Shapefile	注记点	2. 82 MB	
47		采空区边界线 . shp	Shapefile	线	38. 49 MB	
48		采空区面 . shp	Shapefile	面	38. 26 MB	
49		钻孔位置 . shp	Shapefile	点	3. 32 MB	
50		钻孔注记 . shp	Shapefile	注记点	3. 27 MB	
51	数据库标准词表	行政区代码表	mdb		6711 条数据	
52		矿种代码词表	mdb		262 条数据	
53		图层中英文对照词表	mdb		106 条数据	
54		探矿权综合词表	mdb		183 条数据	
55		采矿权综合词表	mdb		192 条数据	
56	ArcGIS 符号库	矿种符号库	style		1 套，538 个符号	
57	成果展示工程	ArcGIS 工程	mxd		1 个	
58	矿业权核查成果属性数据分省非结构化文档整理（Oracle 数据库）	北京市	dmp	110000	245. 76 MB	
59		天津市	dmp	120000	266. 24 MB	
60		河北省	dmp	130000	3082. 24 MB	
61		山西省	dmp	140000	9472 MB	
62		内蒙古自治区	dmp	150000	5580. 8 MB	
63		辽宁省	dmp	210000	3911. 68 MB	
64		吉林省	dmp	220000	2416. 64 MB	
65		黑龙江省	dmp	230000	2519. 04 MB	
66		上海市	dmp	310000	61. 44 MB	

续表

序号	要素类	图层文件名	文件类型	要素类型	数据容量	备注
67	矿业权核查成果属性数据分省非结构化文档整理（Oracle 数据库）	江苏省	dmp	320000	1259. 52 MB	
68		浙江省	dmp	330000	1177. 6 MB	
69		安徽省	dmp	340000	4116. 48 MB	
70		福建省	dmp	350000	2723. 84 MB	
71		江西省	dmp	360000	3399. 68 MB	
72		山东省	dmp	370000	3317. 76 MB	
73		河南省	dmp	410000	3686. 4 MB	
74		湖北省	dmp	420000	3143. 68 MB	
75		湖南省	dmp	430000	5212. 16 MB	
76		广东省	dmp	440000	1720. 32 MB	
77		广西壮族自治区	dmp	450000	3614. 72 MB	
78		海南省	dmp	460000	286. 72 MB	
79		重庆市	dmp	500000	2785. 28 MB	
80		四川省	dmp	510000	6318. 08 MB	
81		贵州省	dmp	520000	6553. 6 MB	
82		云南省	dmp	530000	15872 MB	
83		西藏自治区	dmp	540000	1024 MB	
84		陕西省	dmp	610000	3573. 76 MB	
85		甘肃省	dmp	620000	1587. 2 MB	
86		青海省	dmp	630000	921. 6 MB	
87		宁夏回族自治区	dmp	640000	512 MB	
88		新疆维吾尔自治区	dmp	650000	10547. 2 MB	
89	图件元数据	北京市	XML	110000	0. 5 MB	
90		天津市	XML	120000	0. 6 MB	
91		河北省	XML	130000	5. 89 MB	
92		山西省	XML	140000	9. 98 MB	
93		内蒙古自治区	XML	150000	9. 73 MB	
94		辽宁省	XML	210000	8. 51 MB	
95		吉林省	XML	220000	4. 41 MB	
96		黑龙江省	XML	230000	5. 86 MB	
97		上海市	XML	310000	0. 13 MB	
98		江苏省	XML	320000	2. 92 MB	
99		浙江省	XML	330000	2. 41 MB	
100		安徽省	XML	340000	7. 03 MB	

续表

序号	要素类	图层文件名	文件类型	要素类型	数据容量	备注
101	图件元数据	福建省	XML	350000	3.66 MB	
102		江西省	XML	360000	7.45 MB	
103		山东省	XML	370000	7.65 MB	
104		河南省	XML	410000	6.96 MB	
105		湖北省	XML	420000	5.68 MB	
106		湖南省	XML	430000	9.6 MB	
107		广东省	XML	440000	2.79 MB	
108		广西壮族自治区	XML	450000	6.59 MB	
109		海南省	XML	460000	0.64 MB	
110		重庆市	XML	500000	4.45 MB	
111		四川省	XML	510000	10.78 MB	
112		贵州省	XML	520000	11.6 MB	
113		云南省	XML	530000	14.41 MB	
114		西藏自治区	XML	540000	0.27 MB	
115		陕西省	XML	610000	7.14 MB	
116		甘肃省	XML	620000	4.05 MB	
117		青海省	XML	630000	1.64 MB	
118		宁夏回族自治区	XML	640000	1.05 MB	
119		新疆维吾尔自治区	XML	650000	11.67 MB	
120	采空区拐点坐标字符串生成	全国所有采矿权	Mdb			
数据容量合计				121 GB		

第二节　全国矿业权实地核查信息系统完善与运行维护

开展全国矿业权实地核查信息系统完善，在已有的全国矿业权实地核查数据管理信息系统基础上，进一步突出数据按照单项和综合项进行统计分析的功能，完善分析结果的输出表达形式，进一步修改、完善全国矿业权实地核查数据库管理信息系统功能，方便进行全国任意一个矿业权核查成果的查阅与分析，并为总项目开展的“回头看”总结工作提供全方位的信息系统支持。

深入分析了全国矿业权实地核查数据管理信息系统存在的问题，进行全面的功能改造与升级，并使用该系统为各级管理部门或企事业单位提供信息服务与技术支持。

一、全国矿业权实地核查数据管理信息系统功能完善

对全国矿业权实地核查数据管理信息系统存在的问题进行分析、提炼，调整优化了属性数据查询、空间数据查询和各类属性数据导出等，丰富了统计分析结果的表达与输出形式，使得表格化、图形化输出更合理、更符合用户需求；优化部分统计分析、可视化显示功能，以及输出要素等功能，为成果数据服务和宏观战略研究提供系统功能支撑。

1. 矿业权属性数据导出

改造后的矿业权核查（采矿权、探矿权）属性数据导出功能，可以按省份、市、县的发证类别、发证机关、许可证号、矿种等多个条件的组合进行查询，将符合条件的矿业权核查属性数据一次导出，同时导出的还有矿业权核查属性数据所对应的登记属性数据。

2. 矿业权核查属性数据查询优化

对采矿权核查、探矿权核查多个数据项构成的查询条件进行优化，通过空值或无效值应不与参与计算、减少 Like 谓词的运算、选择只显示指定的部分或全部字段等优化方法，有效地加快查询速度，显著地提升查询效果。

3. 丰富统计分析结果的输出

增加了统计分析结果的输出形式，不但可以导出到 Excel 文件，还可以输出成 XML（可做数据共享的交换内容）、文本文件等格式文件。

4. 完善后的查询结果输出到 Office 文件功能

通过分段输出方法，解决了区域坐标、工作量、问题分析等数据项的值超过 255 个字符时导出到 Word 文件时的溢出问题，系统可流畅地输出有大块信息的对照表（如有 4 个区、51 对、1505 个字符的采矿权）。

5. 单个矿业权核查成果数据灵活导出

可导出某一个或多个采矿权核查或探矿权核查成果数据的部分或全部内容，即能够实现一个或多个矿业权实地核查的全部或部分成果数据［Access、AutoCAD（如果有）、ArcGIS、PDF、MapGIS（如果有）、对照表、基本情况说明、图件基本说明等］的统一导出。

6. 改造后的统计功能更为易用

将已有统计分析功能改造成既可以按单项统计（如按行政区划、矿种、发证类别、取得方式、经济类型、开采方式、勘查阶段等进行统计），也可以按以上多项交叉统计，即通过选择实现单个或多项灵活组合的统计功能，不同的统计分析结果甚至可以按照报告编写格式直接导出使用。

7. 单个矿业权核查成果科学展示

完善、优化单个矿业权核查成果数据的展示功能，在一个窗口中科学的关联、快速显示当前实地核查矿业权成果数据的属性信息、对照表、基本情况说明、图件基本说明及 ArcGIS 等内容。

8. 完善空间查询与分析功能

可完成对采矿权核查、探矿权核查图层进行空间查询，能够显示符合组合条件的空间

要素。能够根据坐标串随时生成对应的空间要素，并给出落入该要素或与该要素相交的矿业权（采矿权、探矿权）信息，以方便“回头看”工作对区域内外矿业权分布情况进行分析与展示。

9. 导出矿业权要素

可将地图中查看到的采矿权核查、探矿权核查的空间要素即时导出，也可以根据开采矿种、矿类、所属区域和许可证号等条件进行查询，将符合条件的多个要素导出采矿权面及采矿权点到系统外。

二、全国矿业权实地核查数据管理信息系统信息服务与支撑

随着全国矿业权实地核查成果数据应用的不断深入，以全国矿业权实地核查数据库为基础，使用全国矿业权实地核查数据管理信息系统作为工具，为国土资源部矿产资源开发管理司，中国地质调查局发展研究中心、找矿指导中心，中煤航西安航测遥感局，各省（区）、市等提供不同层面的信息服务和技术支持，通过系统完成全国矿业权实地核查数据的定位、查询、提取、展示和输出等操作，为数据请求者提供及时的数据支撑。

1. 为国土资源部矿产资源开发管理司提供不同层面的数据服务

通过全国矿业权实地核查数据管理信息系统，协助完成国土资源部矿产资源开发管理司提出的各类与矿业权数据有关的需求，其中具有代表性工作的主要有：

（1）矿业权登记数据的有效性验证

在某个或某些新增矿业权（采矿权或探矿权）申请数据难以确认的情况下，以全国矿业权实地核查数据为基础，通过全国矿业权实地核查数据库管理信息系统随时进行多方位、多角度的查询，核对一个或多个采矿权登记或探矿权登记数据的正确性及有效性（重点核对区域坐标、名称、许可证号、矿种等各种属性信息），最终判定数据的有效性。提供了多批次超过100个矿业权的查询与确认结果分析，为矿业权审批等相关业务提供了准确的信息支撑与保障。

（2）保证了首批整装勘查区空间范围的权威性

受国土资源部矿产资源开发管理司委托，使用全国矿业权实地核查数据库管理信息系统生成了首批47片整装勘查区的空间要素，系统自动检查功能识别出绝大多数区块跨省界或跨多个省，为矿业资源开发管理司要求各省重新论证，提交科学的整装勘查区提供了第一手修改证据，有效地保证了整装勘查区设置的科学性与权威性。

（3）有效地保障了区内矿业权数据的可信度

在对国土资源部信息中心提供的首批整装勘查区内矿业权数据进行检查、生成的过程中，及时发现了一批存在过期多年、坐标不正确、部分重要数据项缺失及坐标格式不统一等问题的数据，为及时更正新的矿业权数据提供依据，最大限度地保证了向各省下发的矿业权登记数据的正确性、有效性与可信性。

2. 为数据应用提供服务

根据中国地质调查局发展研究中心、全国矿业权实地核查项目办公室的要求，在保证全国矿业权实地核查数据库服务器正常工作前提下，还为发展研究中心的其他项目的实施、成果报告编写等提供数据服务，完成的工作主要有：

（1）快速的数据查询支持

使用全国矿业权实地核查数据管理信息系统的各种查询功能（如采矿权核查检索、探矿权登记查询等）及时查询符合条件的各种属性数据，从数据库中提取出来以表格、图形或文本等各种形式显示，为快速完成国土资源部、中国地质调查局等提出的数据要求提供支持（如定位、提取某个省份的采矿权数据，查找、提取某个矿业权数据，统计分析某类探矿权的数据，等等）。

（2）为“回头看”工作提供数据支撑

配合矿业权实地核查成果开发与应用工作开展要求，使用全国矿业权实地核查数据管理信息系统对开展矿业权实地核查“回头看”工作的13个县、市中发现问题比较多的6个省（区），即内蒙古自治区、黑龙江省、山东省、云南省、甘肃省、青海省提供信息支撑与数据帮助，可完成属性数据查询、空间数据展示、单个矿业权数据提取、单矿业权数据展示和统计分析对比等，以及对某个矿种、某个省的某些矿业权数据进行多角度、多层次的统计与分析。

（3）作为全国煤炭数据分析利器

从全国矿业权实地核查数据库中分别提取采矿权核查、探矿权核查的煤炭数据，从不同角度对这些煤炭数据进行统计分析，完成了根据省份、大区、生产规模、开采方式、勘查阶段、发证类别、经济类型和项目性质等对全国煤炭数据进行单项统计，也可以按照两个或多个参数进行交叉统计分析（如露天开采的煤炭按照省份、规模进行统计，按照省份、勘查阶段进行煤炭矿业权统计，等）。

（4）鄂尔多斯盆地矿产资源分析

对跨五省的鄂尔多斯盆地区域内的矿产资源信息进行多角度、多层次的统计分析，根据矿业权（采矿权、探矿权）属性数据、空间数据自动统计分析，能够完成每一个小区域内的矿业权数量的统计，还可分析出各种类型（发证类别、开采规模、矿种等）矿业权的数量、所占比例等，根据要求自动生成大段的统计分析文字，导出到系统外供分析人员直接使用，为完成鄂尔多斯盆地矿产资源的全面分析提供了有力的数据支撑。

（5）完成全国矿业权实地核查成果数据的“一张图”数据合并

国土资源部“一张图”工程建设组提出了全国矿业权实地核查成果数据“一张图”合并需求，对全国矿业权实地核查数据管理信息系统部分功能进行改造，完成了全国矿业权实地核查成果的空间数据合并及非结构化数据整合：①将全国近15个矿业权实地核查成果数据中Word文档形式的资料（对照表、单个矿业权情况说明、图件说明）转换成PDF格式，与PDF格式的图件一起以大对象形式保存到Oracle数据库中，并分省导出对应的数据库备份文件；②将全国近15个单个矿业权核查的ArcGIS格式数据分别进行合并，各图层均形成全国“一张图”（如采空区、采区、采剥线、探槽、探峒等），统一以Oracle Spatial形式保存到数据库中，为全国矿政管理“一张图”和国土资源“一张图”提供数据支撑。

3. 为整装勘查区矿业权设置合理性提供强有力的技术支持

在全国矿业权实地核查数据管理信息系统的技术基础上，帮助找矿指导中心研发了“整装勘查实施方案编审辅助系统”，作为全国矿业权实地核查数据管理信息系统的进一步延伸和业务应用。在整装勘查区矿业权设置方案编制、评审过程中发挥了积极作用，通过“一键式”导入地、物、化、遥等多专题数据，以“一张图”形式展示、分析矿业权设置合理性的证据，能够给出矿业权数据存在问题的量化证据，可及时开展数据修改与完善，将数据问题解决在源头处，有效地保证了成果数据的质量，提高了工作效率，极大地缩短了配号时间。

第三节　鄂尔多斯盆地矿业权分布分析

鄂尔多斯盆地是我国重要的能源和原材料基地，发挥着保障国家能源供应安全、支持全国经济建设的重要的资源枢纽作用，其矿产资源总量位居全国各盆地之首。除石油、天然气、煤炭、煤层气和铀矿等矿产资源之外，还赋存岩盐、油页岩和铝土矿等其他矿产资源。目前，该盆地能源调出量占全国能源调出量的二分之一以上，已成为我国重要的矿产资源（特别是能源资源）的生产、储备和调配基地。

同时，鄂尔多斯盆地在资源高效利用、有效转化、循环经济发展和安全生产等方面仍存在一些问题，较为突出的是盆地的东北部、南部和西北部油气与煤炭等资源赋存及矿业权范围在空间上重叠现象普遍。随着经济的快速发展，资源勘查开采的进程不断加快，生产建设相互影响，安全隐患问题日益显现，煤炭、铀矿勘查开采与油气勘探开发等生产矛盾日趋加剧，安全生产形势严峻。

基于全国实地核查成果数据库，补充2010年底国土资源部信息中心矿业权配号系统登记库数据，开展针对鄂尔多斯盆地的区域性矿产资源开发利用现状研究工作。综合分析鄂尔多斯盆地煤炭、煤层气、油气、岩盐、湖盐、矿盐、铝土矿等矿种矿业权的分布特征，以及不同矿业权之间平面和空间交叉重叠状况分析，总结矿业权设置现状，为科学设置矿业权提供数据分析支持。

一、鄂尔多斯盆地矿业权设置现状

（一）矿业权设置情况

鄂尔多斯盆地内共设置矿业权4560个，矿业权总面积约283423.47 km^2（含不同矿业权间交叉重叠部分的面积44689.64 km^2）。盆地矿业权几乎全覆盖。未设矿业权的空白区域仅分布于盆地的东源和南缘，面积约10766.88 km^2，仅占盆地面积的4.41%（图8－3）。在该盆地中，采矿权在数量上占绝对比例，是探矿权的8倍之多，但面积却不足探矿权的五分之一。

（二）主要矿种矿业权设置情况

煤炭、煤层气、石油天然气、油页岩、岩盐、湖盐、矿盐、铝土矿和铀矿9个矿种矿业权计1378个，包括探矿权442个，勘查总面积为232396.18 km^2，占盆地总面积的95.08%；采矿权936个，矿区总面积为48232.56 km^2，占盆地总面积的19.73%（探矿权、采矿权面积未剔除矿业权交叉重叠的面积）。

1. 探矿权

此次研究的9类矿种中，煤矿探矿权数量最多，为312个，占研究矿种探矿权总数的

图 8－3　鄂尔多斯盆地范围及矿业权分布图

70.59%；其次为石油天然气探矿权，共 49 个；铝土矿探矿权 26 个；盆地内未设置湖盐及矿盐探矿权。煤矿探矿权中，内蒙古自治区分布最多，为 141 个，其次是陕西省，为 114 个；石油天然气探矿权中，陕西省最多，为 18 个，其次是内蒙古自治区，为 16 个；铝土矿探矿权中，山西省最多，为 13 个，其次是陕西省，为 8 个（表 8－2）。

表 8－2　鄂尔多斯盆地主要矿种探矿权统计表

矿种	甘肃省		内蒙古自治区		宁夏回族自治区		山西省		陕西省		合计	
	数量/个	面积/km^2	数量/个	面积/km^2	数量/个	面积/km^2	数量/个	面积/km^2	数量/个	面积/km^2	数量/个	面积/km^2
湖盐	—	—	—	—	—	—	—	—	—	—	—	—
矿盐	—	—	—	—	—	—	—	—	—	—	—	—
铝土矿	4	192.03	1	4.106	—	—	13	246.74	8	559.82	26	1002.70
煤矿	6	361.50	141	25409.98	20	1140.15	31	1850.81	114	12720.09	312	41482.56
煤层气	—	—	2	2909.79	3	1575.04	10	8832.34	6	3873.04	21	17190.21
石油天然气	6	26816.57	16	62845.39	7	8290.85	2	6486.43	18	66225.08	49	170664.31
岩盐	—	—	12	1174.73	—	—	—	—	8	182.83	20	1357.57
油页岩	—	—	—	—	—	—	—	—	3	292.36	3	292.36
铀矿	1	27.25	8	261.15	—	—	—	—	2	118.10	11	406.51
总计	17	27397.36	180	92605.14	30	11006.04	56	17416.32	159	83971.32	442	232396.18

鄂尔多斯盆地设置的探矿权中，勘探探矿权最多，其次为普查、详查、预查探矿权。煤矿的勘查程度相对较高，以详查和勘探为主；其他矿种的勘查程度相对较低，仅铝土矿和岩盐有为数不多的详查探矿权。而铀矿 11 个探矿权均为普查阶段，勘查程度较低。

陕西省详查及以上探矿权 89 个（勘探 65 个，详查阶段的 24 个），占其境内探矿权总数的 55. 97%；内蒙古自治区详查及以上探矿权 86 个（勘探 62 个，详查 24 个），占其境内探矿权总数的 47. 78%；其他 3 省详查及以上探矿权均较低。

2. 采矿权

在 9 类矿种中，煤矿采矿权最多，有 875 个（表 9 – 6），占研究矿种采矿权总数的 93. 48%；此次为石油天然气共 44 个，占研究矿种采矿权总数的 4. 7%；而其他 7 类矿种仅有 17 个，所占比例较小。

表 8 – 3　鄂尔多斯盆地主要矿种采矿权统计表

矿种	甘肃省		内蒙古自治区		宁夏回族自治区		山西省		陕西省		合计	
	数量/个	面积/km²	数量/个	面积/km²	数量/个	面积/km²	数量/个	面积/km²	数量/个	面积/km²	数量/个	面积/km²
湖盐	—	—	—	—	—	—	—	—	8	33. 58	8	33. 58
矿盐	—	—	1	19. 85	—	—	—	—	—	—	1	19. 85
铝土矿	—	—	—	—	—	—	3	0. 854	—	—	3	0. 85
煤矿	28	79. 00	318	1958. 28	17	283. 18	98	954. 82	414	2765. 21	875	6040. 48
煤层气	—	—	—	—	—	—	—	—	1	4. 19	1	4. 19
石油天然气	11	4933. 61	5	9127. 00	7	380. 54			21	27664. 71	44	42105. 86
岩盐	—	—	—	—	—	—	—	—	3	14. 53	3	14. 53
油页岩	—	—	—	—	—	—	—	—	1	13. 21	1	13. 21
铀矿	—	—	—	—	—	—	—	—	—	—	—	—
总计	39	5012. 61	324	11105. 14	24	663. 72	101	955. 67	448	30495. 43	936	48232. 56

开采方式上，鄂尔多斯盆地中采矿权以地下开采方式为主，为 811 个；其次为露天开采方式，为 119 个；露天 – 地下开采方式最少，仅 6 个煤矿采矿权，且全部分布于陕西省境内。除煤矿采矿权开采方式多样外，其他矿种开采方式单一。

（三）主要矿种矿业权空间分布特征

鄂尔多斯盆地中 9 类矿种的矿业权在各省（区）皆有设置，其中，陕西省境内矿业权设置数量最多，有 607 个，其次为内蒙古自治区 504 个，山西省 157 个，甘肃省 56 个，宁夏回族自治区 54 个。

但是，主要研究矿种的矿业权在各省（区）分布极不均衡。其中，仅煤炭、石油、天然气矿业权在 5 个省（区）均有分布，且陕西省境内分布数量最多。

煤炭探矿权主要集中分布于内蒙古自治区鄂尔多斯地区及陕西省榆林地区，煤炭采矿权主要分布于鄂尔多斯盆地东缘陕西省神木—东胜一带以及山西省西部的柳林县、林县、乡宁县和蒲县。

石油、天然气除山西省境内石油天然气矿业权分布较少外，其他各省（区）境内石油天然气矿业权几乎全覆盖。

煤层气矿业权除甘肃省未设置外，其他4个省（区）均有分布。集中分布于山西省兴县—柳林县一带，陕西省府谷、韩城、耀县，内蒙古自治区准格尔旗以及宁夏回族自治区灵武、中卫一带也有少量分布。主要分布于石油、天然气矿业权外围的空白区域。

铝土矿除宁夏回族自治区外，其余4省（区）均有矿业权分布，山西省和陕西省分布相对较多。铝土矿与煤矿分布关系密切，主要集中在山西省的吕梁地区、陕西省的关中等地。

鄂尔多斯盆地中，湖盐、矿盐、岩盐、油页岩4类矿种矿业权数量不多，各矿种相对成群集中分布。油页岩仅在陕西省境内分布有4个矿业权，集中于陕西省铜川市一带；岩盐主要分布于内蒙古自治区和陕西省境内，内蒙古自治区乌审旗和陕西省北部一带；湖盐仅陕西省境内分布8个采矿权，主要分布于陕西与宁夏两省（区）交界处的陕西省定边县一带；矿盐分布，位于内蒙古自治区与宁夏回族自治区交界处的内蒙古自治区鄂尔克前旗。

二、鄂尔多斯盆地矿业权交叉重叠分析

矿业权交叉重叠主要是指矿业权边界存在平面投影交叉重叠及空间立体重叠现象，而空间立体重叠的矿业权平面投影也一定存在交叉重叠现象。矿业权设置中，探矿权边界无高程许可制约，只存在平面投影重叠情况；而采矿权由于有水平标高许可制约，采矿权与采矿权之间则存在空间立体重叠的情况。本章主要着重分析平面投影重叠的情况。

鄂尔多斯盆地中，普遍存在矿业权之间交叉重叠情况，尤其是盆地的东北部、南部和西北部，矿业权交叉重叠现象明显（图8－4）。截至2010年底，盆地内所设的4560个矿业权（探矿权503个，采矿权4057个，包括砖瓦用黏土、建筑石料类矿种矿业权）中，存在平面交叉重叠现象的矿业权多达3987个，占所有矿业权总数的87.43%，其中，采矿权之间交叉重叠有3506个，占盆地所有采矿权总数的86.42%；探矿权之间交叉重叠有481个，占盆地所有探矿权总数的95.63%。统计表明，鄂尔多斯盆地内矿业权交叉重叠区域的总面积为44689.64 km^2，占所有矿业权总面积的15.77%，占盆地总面积的18.28%。

鄂尔多斯盆地矿业权交叉重叠区域主要集中在内蒙古自治区南部的鄂托克旗和乌审旗以及陕西省北部的榆林市（图8－5）。3987个交叉重叠的矿业权中，陕西省分布最多，达1991个，其次是内蒙古自治区，为1000个（表8－4）。内蒙古自治区境内矿业权重叠面积最大，达28409.51 km^2，占盆地内矿业权重叠总面积的63.57%；其次是陕西省，矿业权重叠面积为12604.55 km^2，占盆地内矿业权重叠总面积的28.20%。

矿业权之间交叉重叠的面积大小不一，重叠面积小于1 km^2的矿业权占盆地内交叉重叠矿业权总数的79.79%；重叠面积介于1～10 km^2之间的矿业权占交叉重叠矿业权总数的12.19%；大于10 km^2的矿业权仅占交叉重叠矿业权总数的8.02%，其中少数矿业权交叉重叠面积较大，超过50 km^2，占重叠矿业权总数的3.22%。

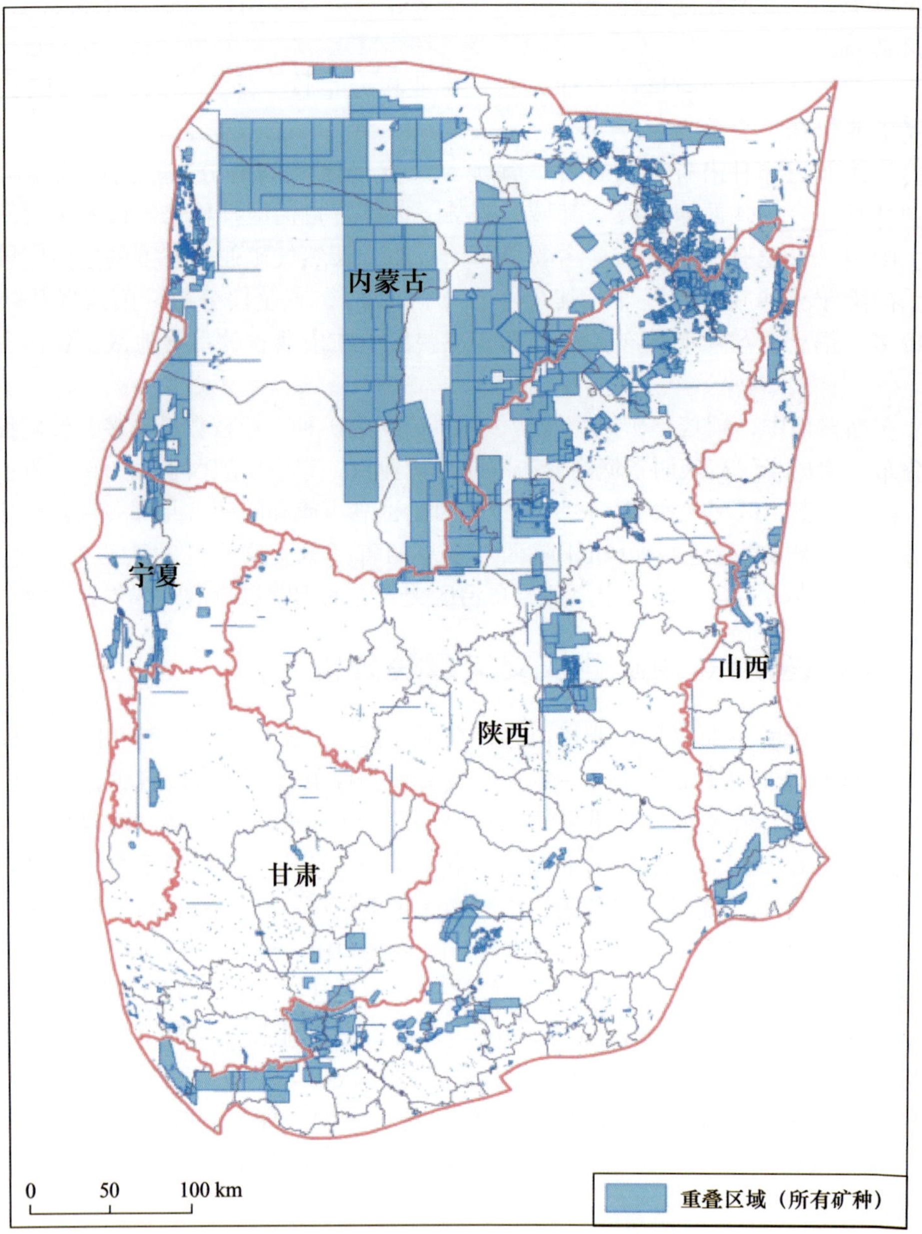

图8-4　鄂尔多斯盆地矿业权所有矿种重叠区域分布图

表8-4　鄂尔多斯盆地各省区所有矿种重叠情况统计表

省（区）	区域面积 km²	全部矿种交叉重叠面积/km²	各省区矿业权总数/个	重叠矿业权总数/个	重叠矿业权所占比例/%	占盆地重叠面积比例/%	占区域面积比例/%
陕西省	99247.91	12604.55	2373	1991	83.90	28.20	12.70
内蒙古自治区	77879.46	28409.51	1073	1000	93.20	63.57	36.48
甘肃省	33848.18	712.94	597	590	98.83	1.60	2.11

续表

省　区	区域面积 km²	全部矿种交叉重叠面积/km²	各省区矿业权总数/个	重叠矿业权总数/个	重叠矿业权所占比例/%	占盆地重叠面积比例/%	占区域面积比例/%
山西省	18062. 42	1651. 32	389	280	71. 98	3. 70	9. 14
宁夏回族自治区	15372. 51	1311. 31	128	126	98. 44	2. 93	8. 53
合计	244410. 47	44689. 64	4560	3987	87. 43	100. 00	18. 28

（一）主要研究矿种交叉重叠分布状况

鄂尔多斯盆地中，主要研究矿种煤矿、铝土矿、矿盐、湖盐、油页岩、岩盐、煤层气、铀矿、石油与天然气的矿业权交叉重叠现象十分突出。9 类矿种共 1378 个矿业权（探矿权 442 个，采矿权 936 个）中，有 1284 个矿业权存在交叉重叠情况，占 9 类矿种所有矿业权的 93. 18%，其中探矿权交叉重叠 428 个，占 9 类矿种所有探矿权的 96. 83%，采矿权交叉重叠 856 个，占 9 类矿种所有探矿权的 91. 45%。9 类矿种矿业权重叠面积达 43180. 94 km²，占 9 类矿种矿业权总面积的 15. 39%，占盆地总面积的 17. 67%。

与盆地所有矿种矿业权重叠情况相比（表 8 – 5），9 类矿种交叉重叠的矿业权数（1284 个）占盆地所有矿种交叉重叠矿业权数（3987 个）不足三分之一（32. 20%），但是，9 类矿种矿业权重叠面积占绝对比例，即占盆地所有矿种重叠面积的 96. 62%。

表 8 – 5　鄂尔多斯盆地所有矿种与主要研究矿种矿业权重叠情况对比表

类　别	矿业权数量/个	矿业权面积/km²	重叠矿业权数/个	重叠矿业权面积/km²
所有矿种	4560	284015. 86	3987	44689. 64
主要研究矿种	1378	280628. 75	1284	43180. 95
主要研究矿种占所有矿种比例	30. 22%	98. 81%	32. 20%	96. 62%

盆地内所有矿种矿业权重叠区域（左图）与主要研究矿种矿业权重叠区域（右图）相差不大（图 8 – 5）。仅左图红圈部分存在差异，主要由于砂石黏土类矿业权与相邻矿业权边界不完全重合造成的重叠，重叠面积普遍较小。

1. 区域分布特征

鄂尔多斯盆地各省（区）矿业权交叉重叠区域的分布及密度不尽相同，如内蒙古自治区境内矿业权交叉重叠的区域成片分布，重叠区域面积相对较大；内蒙古与陕西两省（区）交界处矿业权重叠较为集中，重叠区域面积也相对较小。

矿业权交叉重叠统计分析发现（表 8 – 6），陕西省矿业权交叉重叠的数量最多，达 556 个，占陕西境内矿业权总数的 91. 60%；其次为内蒙古自治区有 490 个，占其境内矿业权总数的 97. 22%。宁夏回族自治区境内 9 类矿种矿业权数量较少，仅 54 个，但重叠矿业权数达 51 个，占其矿业权总数的 94. 44%。

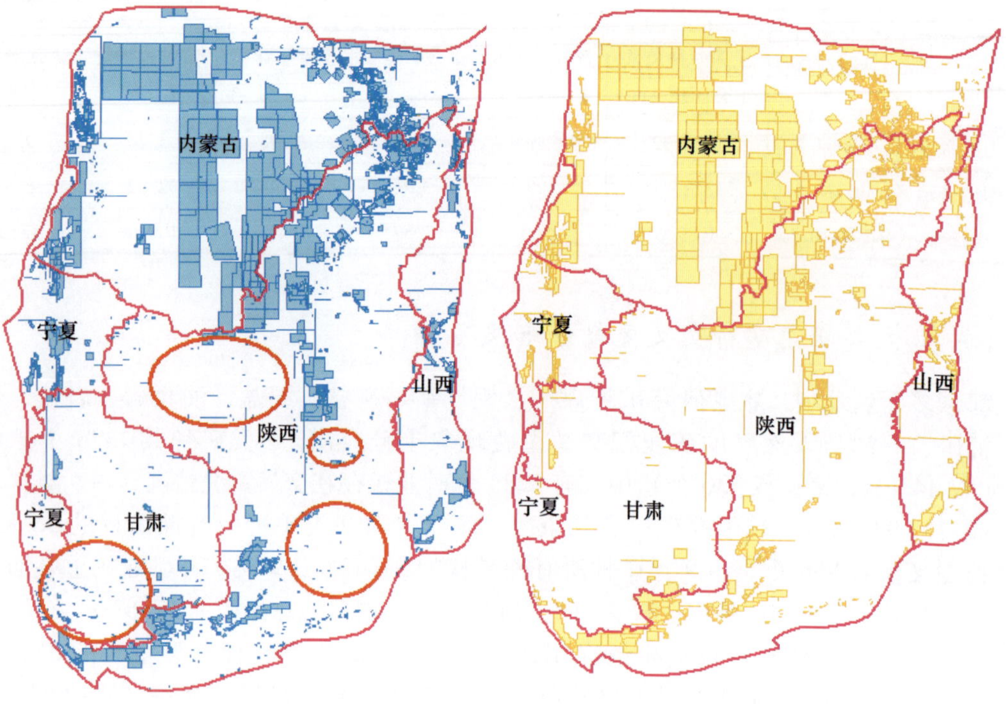

图 8－5　鄂尔多斯盆地所有矿种与主要研究矿种矿业权重叠分布对比图
（左为所有矿种矿业权重叠分布图，右为主要研究矿种矿业权重叠分布图）

表 8－6　鄂尔多斯盆地各省（区）主要研究矿种重叠数量与面积统计表

省（区）	区域面积 km^2	区内矿业权数/个	区内矿业权面积/km^2	重叠矿业权数/个	研究矿种重叠面积/km^2	占区域内矿业权个数比例/%	占研究矿种重叠总面积比例/%	占区域面积比例/%
陕　西	99247. 91	607	114466. 75	556	12461. 00	91. 60	28. 86	12. 56
内蒙古	77879. 46	504	103710. 28	490	27201. 32	97. 22	62. 99	34. 93
甘　肃	33848. 18	56	32409. 96	50	660. 97	89. 29	1. 53	1. 95
山　西	18062. 42	157	18371. 99	137	1633. 55	87. 26	3. 78	9. 04
宁　夏	15372. 51	54	11669. 76	51	1224. 10	94. 44	2. 83	7. 96
合　计	244410. 47	1378	280628. 75	1284	43180. 94	93. 18	100. 00	17. 67

盆地内各省（区）矿业权总数与交叉重叠的矿业权数量无直接关系，内蒙古自治区境内矿业权交叉重叠的比例最大，占该区 9 类矿业权数的 97. 61%；其次为宁夏回族自治区，占该区 9 类矿业权数的 96. 23%。

2. 矿种分布特征

此次研究的 9 类矿种中，煤矿矿业权重叠数量最多（表 8－7），为 1118 个，占矿业权重叠总数的 87. 07%，其次依次为石油天然气、铝土矿和岩盐，重叠矿业权个数分别为 76 个、24 个和 23 个，分别占矿业权重叠总数的 5. 92%、1. 87% 和 1. 79%。陕西省煤矿矿业权重叠数量最多，为487个，占煤矿矿业权重叠总数的43.56%；其次是内蒙古自治区和山西省，煤矿重叠矿业权分别是448个和112个，分别占煤矿矿业权重叠总数的40.07%和10.02%。

表8-7 鄂尔多斯盆地各省（区）矿业权重叠数统计表 单位：个

省（区）	湖盐	矿盐	铝土矿	煤矿	煤层气	石油天然气	岩盐	油页岩	铀矿	合计
陕西	8	—	7	487	4	33	11	4	2	556
内蒙古	—	1	—	448	2	19	12	—	8	490
甘肃	—	—	4	34	—	11	—	—	1	50
山西	—	—	13	112	10	2	—	—	—	137
宁夏	—	—	—	37	3	11	—	—	—	51
总计	8	1	24	1118	19	76	23	4	11	1284

以神木—准格尔旗一带煤矿矿业权交叉重叠为例，陕西省神木县煤矿采矿权交叉重叠较多，有102个采矿权交叉重叠，重叠面积为637.89 km^2；陕西省府谷县煤矿采矿权与探矿权交叉重叠较密集，有采矿权19个与8个探矿权交叉重叠（图8-6）。此外，内蒙古自治区准格尔旗，陕西省横山县、榆林市煤矿矿业权交叉重叠也相对较多。

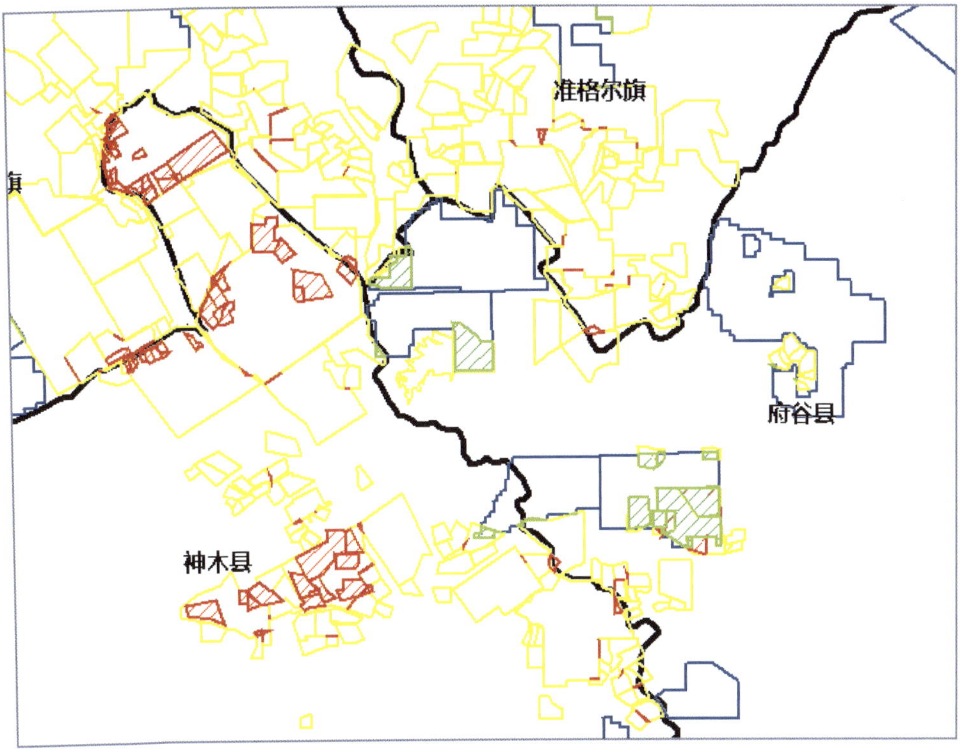

图8-6 神木—准格尔旗一带采矿权、探矿权重叠情况示意图
（红色区域为采矿权重叠区域，绿色区域为采矿权与探矿权重叠区域）

鄂尔多斯盆地中9类研究矿种矿业权交叉重叠的个数与矿业权总数相比，93.18%的矿业权发生交叉重叠，仅有6.82%的矿业权不存在交叉重叠的现象（表8－8），其中，湖盐、矿盐、岩盐、油页岩和铀矿5类矿种矿业权全部交叉重叠，其余4类矿种交叉重叠的矿业权个数所占比例也较大，均不低于80%，其中煤炭重叠的矿业权占94.19%，甘肃、宁夏两省的煤矿矿业权全部存在交叉重叠；煤层气重叠的矿业权占86.36%，除陕西省交叉重叠的个数较少外，内蒙古自治区、宁夏回族自治区、山西省的矿业权均存在交叉重叠；铝土矿重叠的矿业权占82.76%，甘肃省铝土矿矿业权全部存在交叉重叠；石油天然气重叠的矿业权占81.72%，山西省的石油天然气矿业权全部存在交叉重叠，仅甘肃省内所占比例相对较小。

表8－8　鄂尔多斯盆地各省（区）主要研究矿种矿业权重叠比例统计表

单位：%

省（区）	湖盐	矿盐	铝土矿	煤矿	煤层气	石油天然气	岩盐	油页岩	铀矿	合计
陕　西	100.00	—	87.50	92.23	57.14	84.62	100.00	100.00	100.00	91.60
内蒙古	—	100.00	—	97.60	100.00	90.48	100.00	—	100.00	97.22
甘　肃	—	—	100.00	100.00	—	64.71	—	—	100.00	89.29
山　西	—	—	81.25	86.82	100.00	100.00	—	—	—	87.26
宁　夏	—	—	—	100.00	100.00	78.57	—	—	—	94.44
总　计	100.00	100.00	82.76	94.19	86.36	81.72	100.00	100.00	100.00	93.18

（二）矿业权交叉重叠类型

鄂尔多斯盆地矿业权之间交叉重叠情况较为复杂，不同矿种、不同类型的矿业权之间皆存在交叉重叠现象，如采矿权与采矿权之间、探矿权与探矿权之间、采矿权与探矿权之间，以及各类矿种之间的交叉重叠，现分别简述如下。

1. 按矿业权类别分析

鄂尔多斯盆地各省（区）9类研究矿种的采矿权与采矿权、探矿权与探矿权、采矿权与探矿权之间交叉重叠矿业权个数和面积各有不同（表8－9；图8－7）。其中，探矿权与探矿权交叉重叠的面积最大，为30595.59 km^2，但重叠的矿业权数相对最少，为402个；而采矿权与探矿权交叉重叠的矿业权个数最多，为1005个，但重叠的面积不大，为14848.36 km^2。采矿权与采矿权交叉重叠的面积最少，为278.85 km^2，重叠的矿业权个数为532个。

表8－9　各省（区）主要研究矿种不同矿业权类别重叠情况一览表

省（区）	采矿权重叠		探矿权重叠		采矿权/探矿权重叠	
	数量/个	面积/km^2	数量/个	面积/km^2	数量/个	面积/km^2
陕　西	250	259.80	140	7066.51	450	6584.65
内蒙古	209	9.76	166	20539.46	387	7619.06
甘　肃	10	0.09	17	595.85	39	65.27

续表

省（区）	采矿权重叠		探矿权重叠		采矿权/探矿权重叠	
	数量/个	面积/km^2	数量/个	面积/km^2	数量/个	面积/km^2
山　西	57	8.47	52	1374.53	87	266.09
宁　夏	6	0.73	27	1019.23	42	313.28
合　计	532	278.85	402	30595.59	1005	14848.36

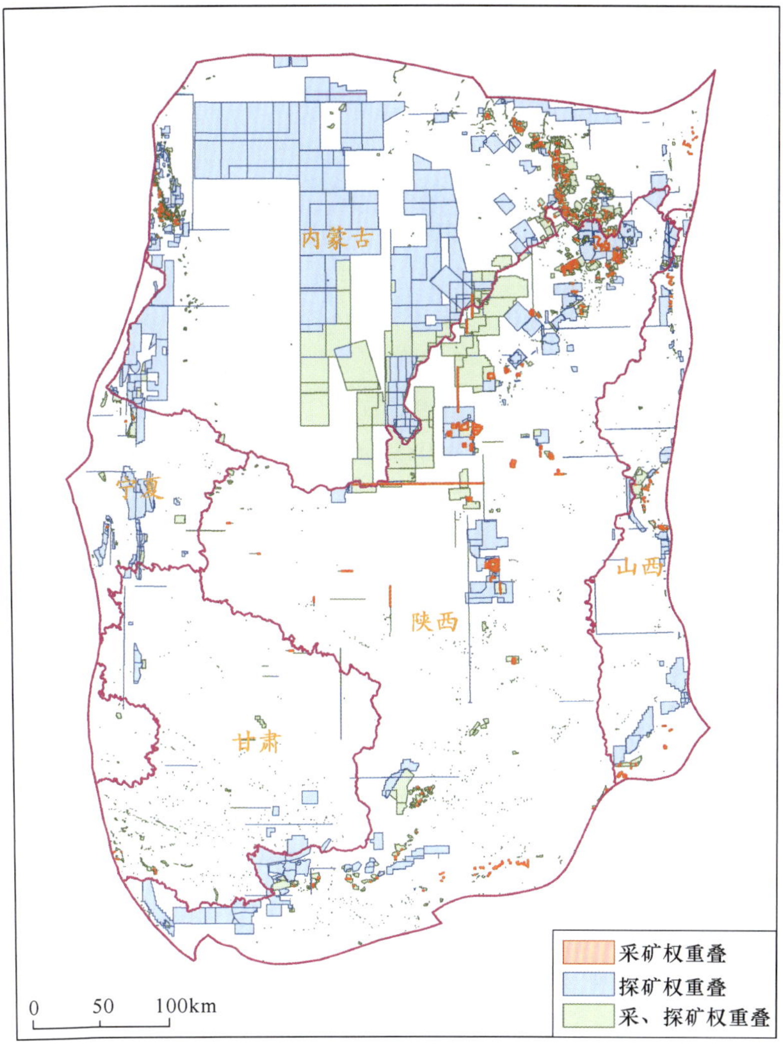

图 8-7　按矿业权类别统计重叠情况分布图

采矿权之间的重叠在鄂尔多斯盆地各省（区）分布差异较大，其中陕西境内采矿权之间重叠面积最大，达到259.80 km^2，占盆地内9类采矿权重叠总面积的93.17%，其他各省（区）重叠面积相对较小；探矿权之间的重叠在省（区）分布也不均匀，其中，内蒙古自治区境内探矿权之间重叠面积最大，为20539.46 km^2，占盆地内研究矿种的探矿权重叠总面积的67.13%；采矿权与探矿权重叠面积内蒙古自治区与陕西省两省（区）相对较大，其中，最大的是内蒙古自治区，达7619.06 km²，占盆地内研究矿种的采矿权与探矿权重叠总面积的51.31%，其次是陕西省，重叠面积为6584.65 km²，占盆地内研究矿种的采矿权与探矿权重叠总面积的44.35%。

内蒙古自治区探矿权之间重叠的个数最多，为166个，占探矿权重叠总数的41.29%，其次是陕西省，为140个，占探矿权重叠总数的34.83%。采矿权之间重叠个数陕西省为最多，为250个，占采矿权重叠总数的46.99%；其次是内蒙古自治区，209个，占采矿权重叠总数的39.29%。采矿权/探矿权重叠个数陕西省最多，达450个，占采矿权/探矿权重叠总数的44.78%；其次是内蒙古自治区，为387个，占采矿权/探矿权重叠总数的38.51%。

2. 按矿种分析

鄂尔多斯盆地中，9类研究矿种矿业权之间皆存在交叉重叠情况。其中，9类矿种中，煤矿采矿权交叉重叠的个数最多，达1526个；其次是油气探矿权，交叉重叠的个数有997个，煤矿探矿权交叉重叠个数有645个。不同矿种、不同类型的矿业权之间，交叉重叠个数最多的是煤矿采矿权与油气探矿权，有624个；其次是煤矿探矿权与油气采矿权，交叉重叠的个数有246个。

9类研究矿种交叉重叠的矿业权中，煤矿探矿权交叉重叠的面积最大，达43371.50 km²；其次为油气探矿权，为34088.66 km²。不同矿业权类型、不同矿种之间，重叠面积最大的是煤矿探矿权与油气探矿权，达27308.72 km²，其次是煤矿探矿权与油气采矿权，重叠面积为10907.32 km²。

总体上，鄂尔多斯盆地中，煤矿、油气矿业权与其他矿种发生重叠的现象较为普遍，主要是由于油气矿业权面积设置相对较大，煤矿矿业权数量多、分布密集而造成。9类研究矿种中，铝土矿（采）、矿盐（采）、湖盐（采）、油页岩（探）和岩盐（采）均未与其他矿种发生交叉重叠现象。不同矿种和同种矿种的重叠情况有如下特征：

1）煤矿与非煤矿矿业权存在重叠较为严重。

2）油气类矿业权与大部分非油气矿业权均存在交叉重叠现象。

3）同类型矿业权之间交叉重叠现象最严重的为煤矿，其次为油气。

（三）矿业权交叉重叠主要特点

根据对鄂尔多斯盆地内矿业权交叉重叠情况进行综合分析，矿业权交叉重叠存在的主要特点有：

1）油气类矿业权设置面积过大、分布广，占盆地面积的94.09%，造成了68.70%的油气类矿业权与81.15%的非油气矿业权之间存在着交叉重叠现象，并且重叠面积都较大。

2）通过对重叠面积进行分析，发现造成矿业权交叉重叠情况有近八成是由于相邻矿业权公共边不重合的原因，所形成的交叉重叠面积都较小，特别是煤矿采矿权之间较为普遍。

3）同类矿种的探矿权与采矿权重叠情况较明显，空间上主要表现为探矿权许可范围内设立多个采矿权，这类情况在煤矿矿业权之间较为突出，主要由于未将探矿权范围的采矿权区域去除而形成。

4）采矿权若考虑水平高程因素，仍然存在着大量空间立体范围内的矿业权交叉重叠情况，造成矿产安全生产隐患。

（四）矿业权交叉重叠分析及处理建议

如前所述，鄂尔多斯盆地中，矿业权之间交叉重叠情况普遍存在，尤其是盆地的东北部、南部和西北部矿业权交叉重叠现象明显。矿业权重叠区域的空间形态主要存在着公共边不吻合、范围完全一致、局部压盖重合、完全压盖、空间立体重叠及综合重叠等6种方式。其中，公共边不吻合是重叠相交的矿业权之间由于共用边少点或点位不完全一致造成；范围完全一致主要是由于部分矿业权延续、变更后未及时更新登记库的原因导致；相邻矿业权之间局部压盖情况也较多，主要存在于煤、煤层气和油气之间；造成完全压盖的情况也主要由于部分石油、天然气矿业权范围过大，未考虑其他矿业权的设置情况，造成完全压盖其范围内的许多非油气矿业权；由于采矿权许可范围在平面范围的基础上增加了上、下许可高程，因此，采矿权与采矿权交叉重叠情况又存在空间立体重叠的情况。

针对不同的重叠情况，应采取不同的处理措施。以鄂尔多斯盆地陕西省境内神木、府谷、榆林3县为例，3个县矿业权交叉重叠情况较为严重，重叠的矿种主要有煤矿、煤层气和油气等，通过详细地了解矿业权之间交叉重叠情况，分析矿业权之间交叉重叠的方式，提出有针对性的处理建议，如对于煤炭矿业权之间的重叠，建议变更拐点坐标等措施来合理避让；对于煤炭与油气矿业权之间的重叠，可将面积较小的矿业权范围挖出，或考虑矿业权人之间签订安全协议等，避免安全隐患。

三、鄂尔多斯盆地矿业权分布图件编制

基于MapGIS 6.7开展鄂尔多斯矿业权分布图的编制及整饰工作，共编制完成6幅图件，已提交使用。

1）鄂尔多斯盆地矿业权分布图。

2）鄂尔多斯盆地采矿权分布图。

3）鄂尔多斯盆地探矿权分布图。

4）鄂尔多斯盆地油气矿业权分布图。

5）鄂尔多斯盆地煤炭与煤层气矿业权分布图。

6）鄂尔多斯盆地铝土矿、盐类、油页岩、铀矿业权分布图。

图面要素主要为基础地理、鄂尔多斯盆地、三级成矿带、矿业权范围等，图8－8罗列了相关主要的要素内容及符号表达情况。

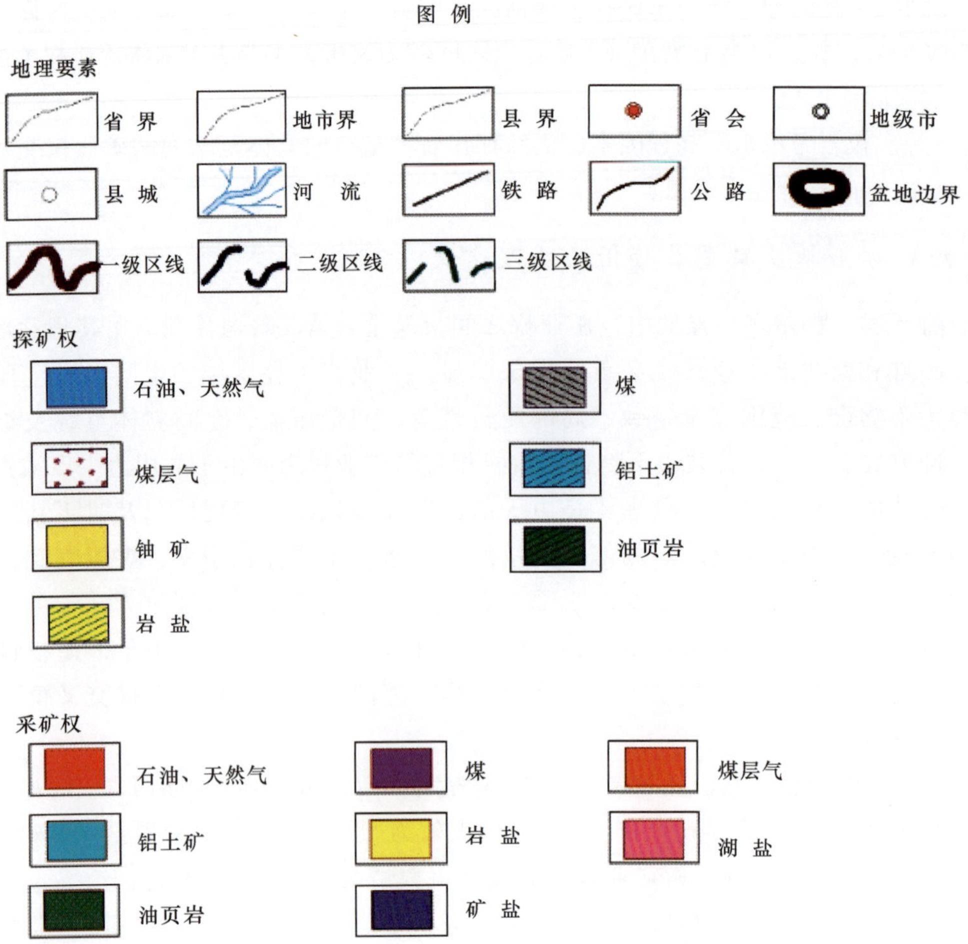

图 8－8　鄂尔多斯盆地相关图件中涉及要素及图例情况图

第四节　我国煤炭矿业权分布规律及特点

截至 2010 年底，全国有效探矿权为 3.8×10^4 个，其中有效煤炭探矿权 2100 多个，占总数的 6.7%；而煤炭探矿权面积 12 多万平方千米，占总数的 16.9%；煤炭采矿权 13900 多个，占全国有效采矿权总数的 14%，设计年生产规模为 37.9×10^8t，占全国固体矿产年设计产能的 30%。通过研究全国煤炭矿业权实地核查数据库和管理信息系统，总结得出我国煤炭矿业权分布的规律和特点。

一、煤炭探矿权分布规律

我国现阶段煤炭探矿权数量较少，共有 2791 个（图 8－9），煤炭探矿权的面积达 12 万多平方千米，主要分布于新疆、内蒙古和云南 3 个省（区），占全国煤炭探矿权的 52.74%，其他地区少量分布或者未分布。从区域上看，在现有的煤炭探矿权中，西部地区分布的探矿权所占比例最大，为69%；其次为中部地区（17%）、东部地区（8%）和东北部地区（6%）。在地域上呈现出西多东少的分布特点，详见图8－10。

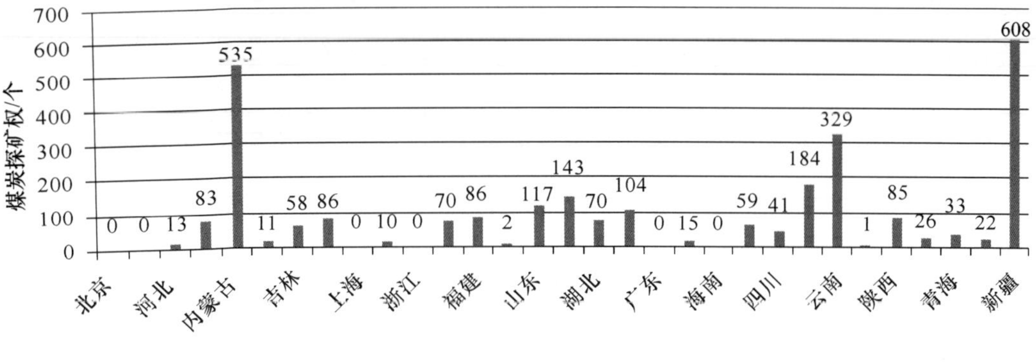

图8－9　全国煤炭探矿权分布图

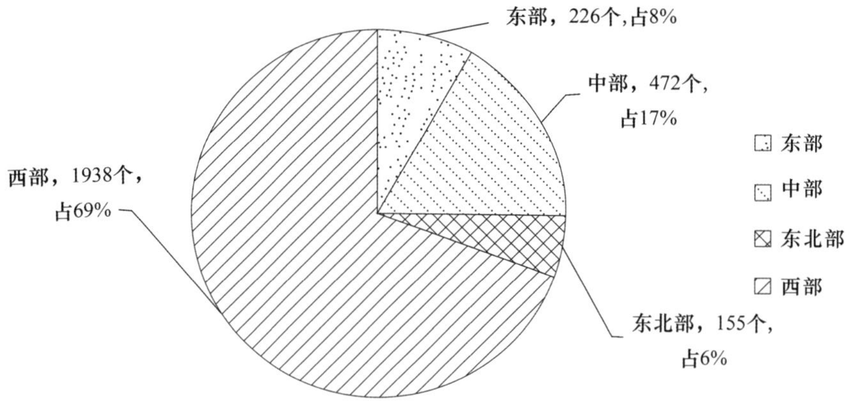

图8－10　全国煤炭探矿权区域分布图

2007年，为了保持煤炭生产基本稳定，避免因煤炭勘查投资过热出现产能过剩，国土资源部决定，除国务院批准的重点煤炭开发项目和使用中央地质勘查基金（周转金）或省级地质专项资金开展煤炭普查和必要详查的可以设置煤炭探矿权外，全国暂停受理新的煤炭探矿权申请。

二、煤炭采矿权分布规律

1. 煤炭采矿权以地下开采方式为主

截至2009年6月30日，26个省（区）、市共有煤炭采矿权15016个（图8－11），其中地下开采的采矿权为14673个，占煤炭采矿权总数的97.72%；露天/地下采矿权为32个，占煤炭采矿权总数的0.21%；露天采矿权311个，占煤炭采矿权总数的2.07%。可见我国煤炭以地下开采占绝对比例。

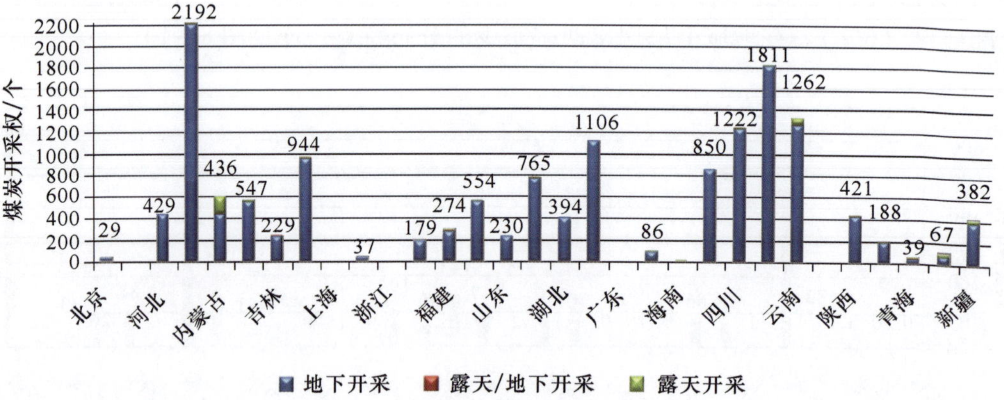

图 8－11　全国煤炭采矿权开采方式统计

2. 煤炭采矿权以中小型煤矿开采为主

我国现有的大型煤矿共 429 个，占现有大型煤矿总数的 6.54% 左右，其中山西（96 个）和内蒙古（86 个）两省（区）居首。但大型煤矿仅占煤矿总数的 2.86%，中、小型煤矿多达 14587 个，占煤矿总数达 97.14%。此外，大型煤矿中，地下开采的煤矿为 412 个，占整个大型煤矿的 96.04%，可见我国煤矿总体以中小型为主，且以地下开采为主（图 8－12，图 8－13）。

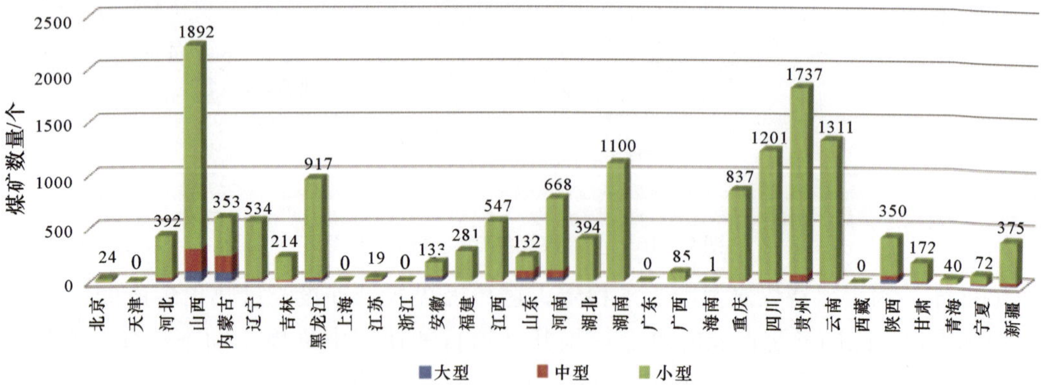

图 8－12　全国煤矿生产规模

3. 煤炭采矿权区域分布不平衡

在现有的 15016 个煤炭采矿权中，主要分布于山西、贵州、云南、四川和湖南等 5 个省，共占全国煤炭采矿权的 51.07%；天津、上海、浙江、广东、西藏 5 省（区）未分布，其他地区少量分布。从区域上看西部地区分布所占比例最大，为 47%；其次是中部地区（35%）、东北部地区（11%）和东部地区（7%），表现为中西部多、东部少的特点（图 8－14，图 8－15）。

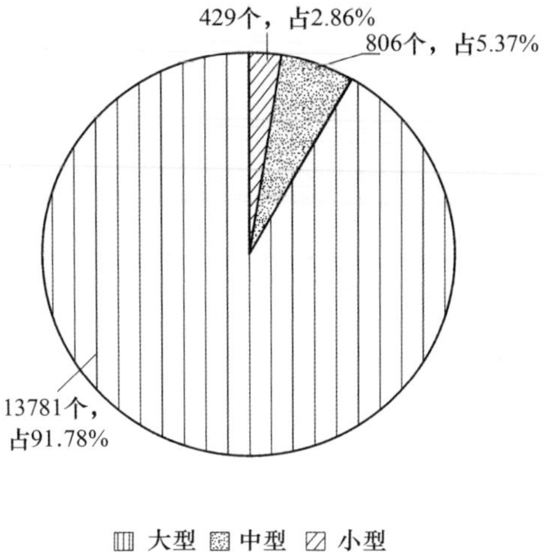

图 8－13　全国煤矿规模统计图

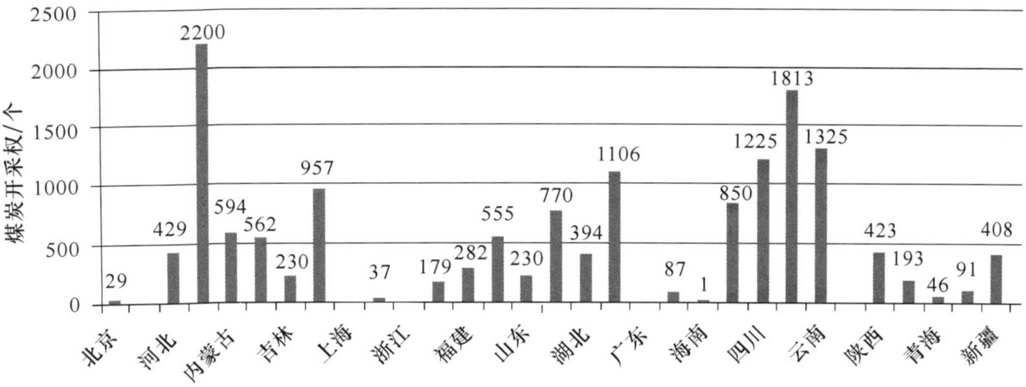

图 8－14　全国煤炭采矿权数量分布

4. 煤炭采矿权与其他矿权交叉重叠

在矿产资源赋存密集的成矿区（带），煤炭采矿权与其他矿业权部分存在平面或空间上的交叉重叠情况。①煤炭采矿权与煤炭采矿权之间发生重叠，若其开采标高并不相同，则不存在采矿权冲突问题，若其开采标高相同，则存在采矿权冲突；②煤炭采矿权与其他矿种采矿权之间发生重叠，例如井工开采的煤矿与露天开采的砂石、黏土矿发生重叠，平面重叠但开采矿体不重叠，也不存在矿权冲突的问题；③煤炭采矿权与其他矿种的采矿权发生重叠，且开采标高相同，法定范围有部分重叠的情况，无论交叉重叠部分是否有矿产资源，均存在采矿权冲突问题。

在煤炭采矿权与其他矿权交叉重叠现象中，煤炭采矿权和煤层气采矿权的交叉重叠最为突出。截至 2007 年底，98 个煤层气探矿权中有 86 个涉及矿权重叠问题，86 个煤层气探矿权与 1406 个煤炭矿业权重叠，重叠总面积约 $1.2534\times10^4\ km^2$，其中煤炭探矿权重叠 242 个，重叠面积为 9137 km^2；煤炭采矿权重叠 1164 个，重叠面积为 3397 km^2。在各煤炭大省，煤炭矿业权和煤层气矿权的重叠更加突出。以山西省为例，2010 年底，山西省

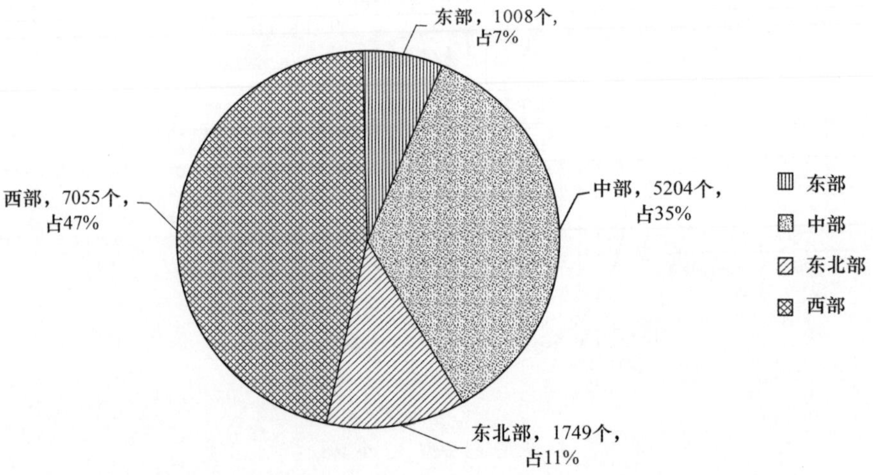

图 8－15　全国煤炭采矿权区域分布图（参照 2005 地区划分方案制作）

境内煤层气共登记矿业权 35 个，其中探矿权 30 个、采矿权 5 个，面积为25577.91 km^2。在 35 个煤层气矿业权中，有 28 个与煤炭矿业权重叠，重叠率达 80%，重叠面积为 3447.58 km^2，几乎覆盖了全省煤炭规划矿区。另外，在山西省境内还登记了油气区块探矿权 5 个，其中 3 个是以煤层气勘查为主，也与煤炭矿业权存在严重重叠，重叠面积为 833 km^2，占登记面积的 62%。

三、我国煤炭矿业权设置特点

我国现阶段共有 2791 个煤炭探矿权，其中部级发证 639 个，省级发证 2152 个；共有 15016 个煤炭采矿权，其中部级发证 395 个，省级发证 13725 个，市级发证 896 个。经济类型从构成上看私营企业、国有地质勘查单位和有限责任公司（主要为原国家大型矿山）是煤炭勘查投资的主体。我国现阶段共有 15016 个煤炭采矿权，其中部级发证 395 个，省级发证 13725 个，市级发证 896 个，煤炭采矿业权发证以省级发证为主。国有企业和外资企业多为大中型矿山，集体和私营企业以小型矿山为主。

煤炭矿业权设置主要呈现 4 个特点。

1）煤炭矿业权分布与煤炭成矿区基本吻合。煤炭采矿权的分布与已探明的资源分布保持一致，而煤炭探矿权主要分布在主要煤炭资源成矿区的范围内，即重点煤炭成矿区的边部、深部及远景成矿区上，具有成群、成带分布的特点。

2）煤炭资源地理分布不均衡。由于煤炭成矿地质条件不同，我国的煤炭矿业权呈现出区域不均衡的特征。西部多于东部，边疆多于内地。山西、贵州、云南、四川、湖南等省设置的煤炭矿业权数量最多，其中，山西省的煤炭矿业权数量达 2283 个，属全国首位。贵州、云南、四川、湖南 4 省煤炭矿业权均超过 1200 个，而青海、江苏、北京、西藏、海南等省（区）的煤炭矿业权不足 70 个，大部分省（区）的煤炭矿业权在 200～600 个之间，反映了煤炭矿业权分布不均匀的特点。

3）煤炭矿业权多包含国家投资。由于我国长期实行计划经济体制，各种地质工作的投资均来源于国家的地质勘查投入，国有地质勘查单位占有大量的国家投资形成的丰富的地质资料和成果，国家大量的煤炭探矿权实质上由国有地质勘查单位占有，国有矿山占有主要价值的采矿权。即使市场经济发展至今天，地质勘查投资主体多元化，但国有地质勘查单位和有限责任公司（主要为原国家大型矿山）仍是煤炭勘查投资的主体。

4）煤炭矿业权向省级试点下放。我国现有的煤炭矿业权中，以部级发证的探矿权居多。省级以上发证的煤炭采矿权达全国矿业权总数的51%以上。但2010年底，国土资源部将煤炭矿业权的审批权下放给了试点省厅（黑龙江、贵州、陕西等省）。

第五节　我国首批整装勘查区探矿权设置现状分析

2011年，国务院正式批准了由国土资源部、国家发展与改革委员会、科学技术部和财政部共同制定的《找矿突破战略行动纲要（2011～2020）》，力争用8～10年时间新建一批矿产勘查开发基地，重塑矿产勘查开发格局。同年，国土资源部制定了《找矿突破战略行动实施方案》，并在全国设立了首批47片找矿突破战略行动整装勘查区。本节通过统计近两年来首批整装勘查区的矿产勘查投入以及矿业权设置与投放情况，对我国首批整装勘查区矿业权分布与设置现状进行综合分析并提出相应优化建议。

一、首批整装勘查区概况

全国首批整装勘查区（扣除3片铀矿整装勘查区）面积共计$34.69\times10^4\ km^2$，分布于西藏自治区、内蒙古自治区、河南省、云南省等22个省（区）、市，涉及铀、铁、铜、铝、铅、锌、金等七大主攻矿种，兼顾锰、镍、钨、银、钪、铂、钯、锡、钼、钴、铬、锑等其他金属矿种。除阿勒泰成矿带与祁连成矿带外，其余17个全国重要成矿区（带）内均有整装勘查区分布。其中，西南三江成矿带、冈底斯成矿带和豫西成矿带内分布整装勘查区内均有4个整装勘查区分布。

以全国矿业权实地核查成果和2012年9月份首批整装勘查区矿业权设置方案电子报盘数据为依据，全国首批整装勘查区已设探矿权3106个，总面积为$6.81\times10^4\ km^2$，约占整装勘查区总面积的19.64%；已设采矿权3135个，总面积为$0.84\times10^4\ km^2$，约占整装勘查区总面积的2.43%。其中首批整装勘查区详查及以上勘查阶段的探矿权有1000个，占已设探矿权总数的32.2%，面积为$14621.64\times10^4\ km^2$，占已设探矿权总面积的21.46%（图8－16）。全国首批整装勘查区拟设探矿权3973个，其中空白区新设的探矿权1306个，占拟设探矿权总数的32.87%；探矿权保留的探矿权2372个，占拟设探矿权总数的59.7%；其他调整、整合的探矿权295个，占拟设探矿权总数的7.43%（图8－17）。

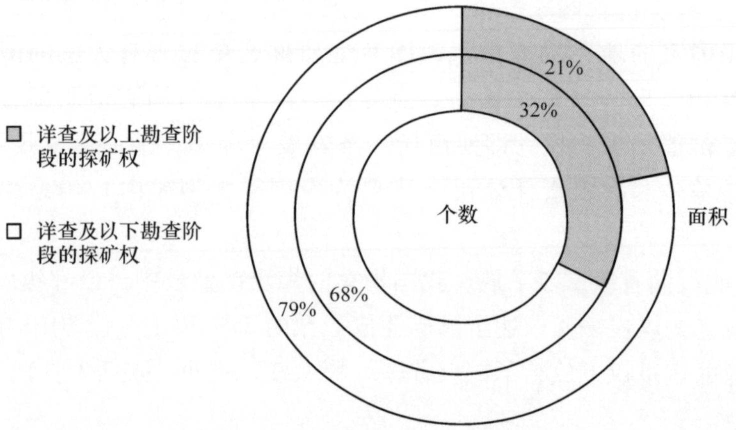

图 8－16　已设探矿权勘查程度对比

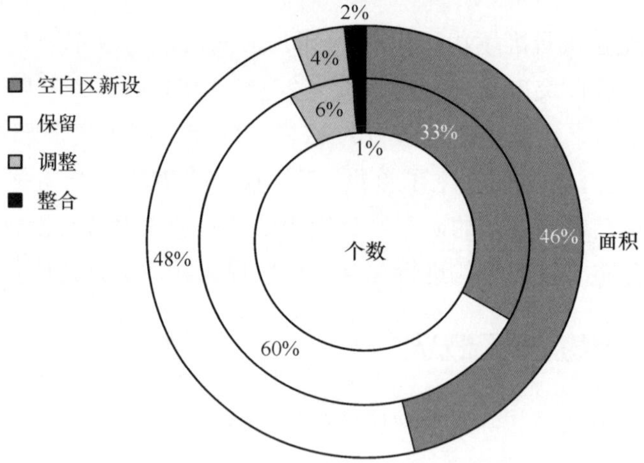

图 8－17　拟设探矿权设置类型个数、面积对比

二、首批整装勘查区矿业权设置存在问题及优化建议

（一）部分整装勘查区勘查程度较低、勘查投入不足，建议进一步优化空白区新设探矿权设置方案，引到勘查资金向重点勘查区块集中

矿产勘查活动是一项高风险的资金密集型产业，根据找矿突破战略行动任务目标，要想在3～5年内在整装勘查区实现快速突破，势必需要在资源潜力较大、勘查程度较高的已设矿业权范围内集中投入，才能取得预期成效。结合首批整装勘查区内现有探矿权勘查程度来看，我国金、铁、铜、铅、锌等重要矿种探矿权是以详查以下勘查阶段为主，详查以下勘查阶段探矿权面积占探矿权总面积的79.08%。部分整装勘查区金、铁、铜、铅、锌等重要矿种探矿权勘查阶段明显偏低，青海沱沱河地区铅锌矿整装勘查区、新疆祁漫塔格地区铁铜多金属矿产整装勘查区等16个整装勘查区详查以下探矿权面积已超过该区内探矿权总面积的90%。

而上述整装勘查区往往基础地质、前期勘查工作程度相对偏低，科技攻关项目成果较少，地质资料积累与共享程度也相对不足，不能满足商业性地质找矿工作的需要，对商业性矿产勘查投资的拉动力较弱。表8－10所示，青海沱沱河地区铅锌矿整装勘查区等8片整装勘查区探矿权单位面积勘查投入和探矿权单位面积社会资金投入均明显低于全国平均水平（10.68万元/km^2，6.75万元/km^2），且2012年年度空白区新立探矿权投放率均低于10%。尤其是青海沱沱河地区铅锌矿整装勘查区、新疆祁漫塔格地区铁铜多金属矿产整装勘查区和西藏工布江达县金达地区铅锌矿整装勘查区拟设置空白区新立探矿权面积均超过了2000 km^2，在现有勘查程度较低、勘查投入不足的情况，再盲目上马空白区新立探矿权只能将有限的勘查投资进一步稀释，延缓找矿突破的节奏和步伐。建议上述勘查程度较低、勘查投入不足的整装勘查区，进一步优化空白区新设探矿权设置方案，将勘查资金向重点勘查区块集中。

表8－10　部分整装勘查区勘查投资和探矿权投放统计

整装勘查区	探矿权单位面积勘查投资 万元·km^{-2}		空白区新立探矿权设置及投放情况 2012年度		
	勘查总投资	社会投资	探矿权面积 km^2	投放数	投放率/%
青海沱沱河地区铅锌矿整装勘查区	5.3	0.53	3205	0	0
广西扶绥－龙州地区铝土矿整装勘查区	0.27	0.11	877	0	0
新疆祁漫塔格地区铁铜多金属矿产整装勘查区	2.2	1.79	5560	5	4.85
西藏工布江达县金达地区铅锌矿整装勘查区	2.51	2.37	2638	0	0
黑龙江多宝山－大新屯地区铜金矿整装勘查区	6.91	4.68	1182	0	0
江西东乡－德兴地区铜金矿整装勘查区	6.38	4.47	595	1	2.70
黑龙江东安－汤旺河地区金矿整装勘查区	7.38	4.82	635	2	15.38
西藏多龙地区铜多金属矿整装勘查区	6.16	2.37	603.98	0	0

（二）部分整装勘查区矿产勘查集中程度低且保留设置矿业权比例较大，建议进一步优化现有矿业权布局，强化矿业权调整和整合力度

根据全国19个重要成矿区（带）和首批整装勘查区内现有探矿权平均面积统计结果，金、铁、铜、铅、锌等重要矿种探矿权平均面积分别为18.36 km^2和20.67 km^2，二者基本接近，但是东、西部整装勘查区之间探矿权平均面积差异较大。部分东、中

部地区整装勘查区内探矿权平均面积则普遍偏小，例如辽宁鞍山－本溪地区铁矿（鞍山）整装勘查区（探矿权平均面积为4.64 km^2），河南渑池礼庄寨－平顶山地区铝土矿（陕县—渑池—新安）整装勘查区（5.52 km^2）等25个整装勘查区探矿权平均面积低于全国平均水平。尤其是福建龙岩马坑－大田汤泉地区铁矿整装勘查区、河南栾川地区铅锌矿整装勘查区和河南渑池礼庄寨－平顶山地区铝土矿（偃师—禹州）整装勘查区区内主攻矿种探矿权均超过了100个，而探矿权平均面积不足10 km^2，现有矿业权布局急需进一步调整优化。

在首批整装勘查区中，大多数矿业权设置方案对已设探矿权基本采用“探矿权保留”这一设置类型，调整和整合比例小。通过综合比较整装勘查区主攻矿种探矿权平均面积和拟设探矿权中保留探矿权面积比这两个项参数，发现江西赣中地区铁矿整装勘查区等6个整装勘查区内主攻矿种探矿权平均面积远小于全国平均值（20.67 km^2）且保留探矿权面积比例偏大（表8－11）。考虑到矿床或矿体在地下赋存状态的未知性和多样性，设置大量小面积探矿权明显不利于完整圈闭成矿有利地段，甚至会人为地分割矿体，对于开展整装勘查工作极为不利，建议上述整装勘查区进一步优化现有矿业权布局，强化矿业权调整和整合力度。

表8－11　部分整装勘查区探矿权平均面积和保留探矿权比例统计

整装勘查区	主攻矿种探矿权平均面积 km^2	保留探矿权占探矿权总面积比/%
江西赣中地区铁矿整装勘查区	9.84	64.86
辽宁鞍山－本溪地区铁矿整装勘查区	8.54	51.33
河南栾川地区铅锌矿整装勘查区	8	52.40
江西九瑞地区铜多金属矿整装勘查区	7.53	53.97
河南渑池礼庄寨－平顶山地区铝土矿整装勘查区	6.58	49.46
福建龙岩马坑－大田汤泉地区铁矿整装勘查区	6.39	55.77

第六节　主体功能区矿业权布局分析

“十八大”提出将优化国土空间开发格局作为生态文明建设的首要任务，“加快实施主体功能区战略，推进各地区严格按照主体功能定位发展，构建科学合理的城市化格局、农业发展格局、生态安全格局”。矿产资源开发是经济社会与地质环境相互作用最强烈的活动之一。《全国主体功能区规划》要求，矿产资源开发既要服从于国家与省级主体功能区规划确定的所在区域的主体功能定位，符合该主体功能区的发展方向和开发原则，又要服务于主体功能区建设，为区域社会经济发展提供能源和资源支撑。摸清各类主体功能区矿产资源开发现状与前景，对于合理布局探矿权和采矿权、防治矿产资源开发地质环境问题具有重要的意义。

一、主体功能区采矿权分布特征

据全国矿业权实地核查统计，全国共有采矿权 11.0 × 10^4个，其中，砂石黏土矿、石灰岩矿等非金属采矿权 8.3 × 10^4个，占 75.4%；铁矿、铜矿等金属采矿权近 1.0 × 10^4个，占 8.8%；煤炭采矿权 1.5 × 10^4个，占 13.6%。全国采矿权分布极不均匀，有的区域矿山密集，有的区域矿山空白。从全国金属采矿权分布图可以看出，金属矿山最多的 10 个省（区）依次是云南、河北、辽宁、湖南、内蒙古、河南、山西、江西、广西和贵州，金属矿山数量占全国总数的 68.3%；金属矿山分布以河北、辽宁、山西、河南和湖南等省最为密集。铁矿主要分布在河北、山西、辽宁和内蒙古等省（区）；铜矿主要分布在云南、安徽等省；铝土矿主要分布在贵州、河南、山西等省；金、银矿主要分布在河北、山东、辽宁、内蒙古等省（区）；稀土矿主要分布在江西、福建、广东等省。大中型以上规模金属矿山主要分布在山东、内蒙古、河北、云南和河南等省（区），占全国大中型以上规模金属矿山总数的 42.1%。金属矿山以井工开采方式为主，地下开采金属矿山占全国总数的 72.8%。从全国煤炭采矿权分布图可以看出，煤炭矿山最多的 10 个省依次是山西、贵州、四川、云南、湖南、黑龙江、河南和重庆市，煤炭矿山数量占全国的 76.0%；煤炭矿山分布以山西、贵州、重庆、湖南、河南等省最为密集。大中型以上规模煤炭矿山主要分布在山西、内蒙古、河南、山东和贵州等省（区），占全国大中型以上规模煤炭矿山总数的 66.6%，说明这些地区是煤炭资源集中分布的区域。煤炭矿山以井工开采方式为主，地下开采煤炭矿山占全国总数的 97.7%。

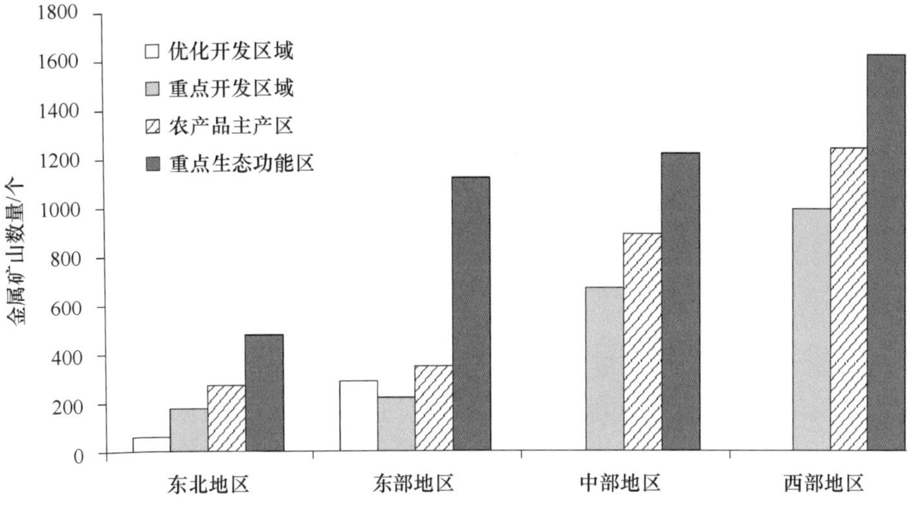

图 8－18　各经济板块不同主体功能区金属采矿权数量对比

采矿权在各类主体功能区的分布差异也很显著。就金属采矿权而言，重点生态功能区数量最多，占金属采矿权总数的 46.5%；其次是农产品主产区，占 28.5%；重点开发区域，占 21.4%。按照经济板块统计，西部地区金属采矿权数量最多，占全国总数的 41.3%；其次是中部地区，占 28.4%。无论哪个经济板块，在重点生态功能区分布的金属采矿权数量都是最多的（图8－18），因此，重点生态功能区建设需要高度重视金属矿产资源开发活动，如果金属矿山开采严重破坏和污染生态环境，将严重影响该区的主体功能正常发挥。就煤炭采矿权而言，重点开发区域数量最多，占煤炭采矿权总数的45.1%；其次是农产品主产区，占27.6%；重点生态功能区，占26.5%。按照经济板块统计，西部地区煤炭采矿权数量最多，占全国总数的47.0%；其次是中部地区，占34.7%。全国煤炭矿山主要分布在中部、西部的重点开发区域和农产品主产区（图8－19）。中部、西部的重点开发区域是人口、经济集中分布的区域，煤炭资源开发易于对城乡居民生活环境产生破坏和污染。总的看来，采矿权分布在主体功能区有两个特点需要重视：①金属矿产资源开发与重点生态功能区在空间分布上的重叠性，对重点生态功能区保护形成威胁；②煤炭资源开发与重点开发区域在空间分布上的重叠性，对城镇地区生态与环境保护形成威胁。

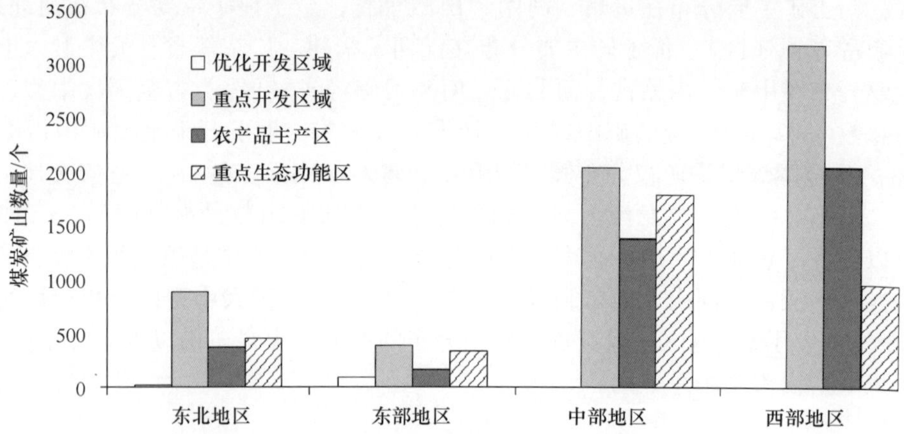

图8－19　各经济板块不同主体功能区煤炭采矿权数量对比

二、主体功能区矿产资源开发前景

决定一个地区矿产资源开发前景的基础是该区是否发现有矿产资源，可用新发现矿产地数量来衡量。根据全国地质勘查成果通报，2008～2012年全国重要矿种新发现的矿产地中，新发现金属矿产地主要分布在云南、河南、广西、内蒙古、贵州、山东、湖南、新疆等省（区）；新发现煤炭矿产地主要分布在鄂尔多斯盆地、吐－哈盆地、鲁豫皖接壤区和贵州西部等地区。

按照经济板块划分，西部地区新发现矿产地最多，新发现矿产地占全国总数的57.7%；其次是中部地区，新发现矿产地占全国总数的22.9%；东部地区新发现矿产地占14.4%；最少的是东北地区，仅占5.0%（图8－20）。近年来新发现的大型－超大型金属矿床，如西藏多不杂和波龙超大型铜金矿、新疆阿吾拉勒铁铜矿和甘肃大桥金矿等，多数位于西部地区。西部地区有望形成一批大型铁矿基地、千万吨级铜矿和铅锌矿基地、千吨级金矿基地、亿吨级铝土矿基地，我国重要矿产资源西移的分布格局初步形成，西部地区已成为我国重要的矿产资源富集区。值得注意的是，西部地区同时也是我国生态服务供给的主阵地，拥有全国75%以上的生态功能区，西部地区亦是决定国家生态安全的战略区。因此，矿产资源富集区和生态功能区在空间分布上的重叠性将会成为西部地区生态文明建设必须要认真面对的问题。

按照主体功能区划分，新发现金属矿产地以重点生态功能区最多，占全国新发现金属

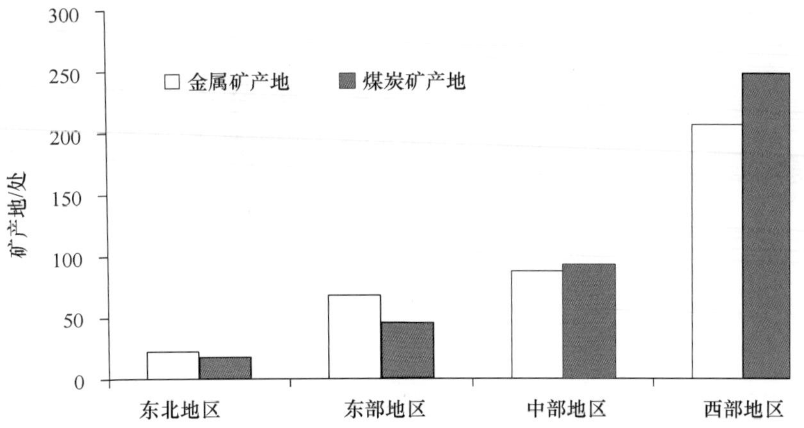

图 8－20　2008～2012 年我国不同地区新发现金属和煤炭矿产地数量分布

矿产地的 48.1%；其次是农产品主产区，占全国的 26.2%；重点开发区域，占全国的 19.7%（图 8－21）。这说明新发现的金属矿产地主要分布在重点生态功能区，重点生态功能区提供生态产品的功能与提供金属矿产品的功能在一定程度上是有冲突的，这就需要对重点生态功能区新发现矿产地的环境与生态价值、矿产资源价值进行科学评估，在不影响生态功能的条件下开发矿产资源。新发现煤炭矿产地以农产品主产区最多，占全国新发现煤炭矿产地的 39.3%；其次是重点开发区域，占全国的 31.7%；重点生态功能区，占全国的 27.7%（图 8－22）。这说明新发现煤炭矿产地主要分布在农产品主产区，农产品主产区提供农产品的功能与提供煤炭矿产品的功能在一定程度上是有冲突的，这就需要对农产品主产区新发现煤炭矿产地的农业生产价值、矿产资源价值和环境生态价值进行科学评估，在不影响农业生产的条件下开发煤炭资源。《全国主体功能区规划》提出，矿产资源开发布局要服从和服务于所在区域的主体功能定位，符合该主体功能区的发展方向和开发原则。对于不同主体功能区的矿产资源勘查开发，应根据该区的主体功能定位，开展环境和生态影响评价。无论在哪个主体功能区开发矿产资源，都需要加强环境与生态保护，降低矿产资源开发的环境成本。特别对于重点生态功能区的矿产资源勘查开发，国家要求开展主体功能适应性评价，不损害生态系统的稳定性和完整性。

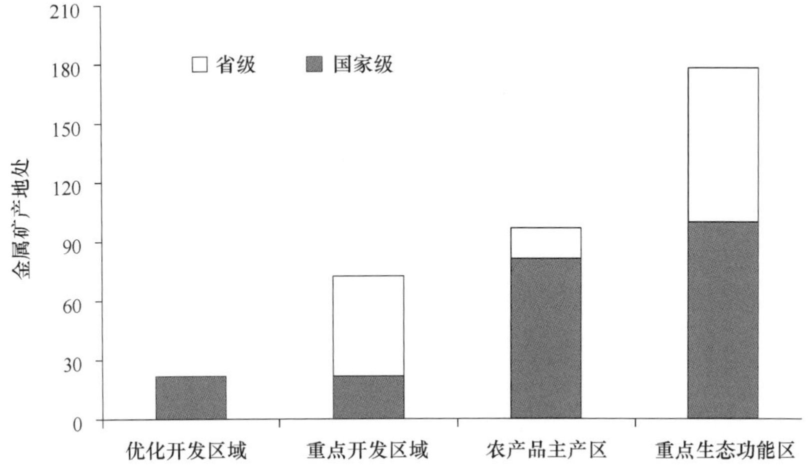

图 8－21　2008～2012 年不同主体功能区新发现金属矿产地数量分布

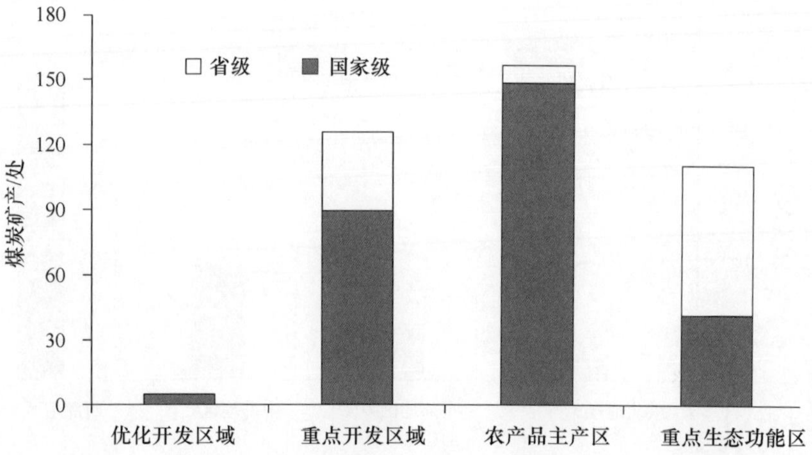

图 8-22　2008～2012 年不同主体功能区新发现煤炭矿产地数量分布

三、主体功能区矿业权优化建议

1）金属采矿权与重点生态功能区在空间分布上具有重叠性，对重点生态功能区保护形成威胁；煤炭采矿权与重点开发区域在空间分布上的重叠性，对城镇地区生态与环境保护形成威胁。建议对重点生态功能区金属采矿权和重点开发区域煤炭采矿权进行整合，有效地减少采矿权数量，由环保实力雄厚、社会评价良好的矿山企业掌控采矿权，降低矿产资源开发对环境与生态的负面影响与破坏。

2）加强重点生态功能区矿产资源开发主体功能适应性评价与矿产地储备可行性研究。重点生态功能区是我国生态服务供给的主阵地，对于保障国家和地方生态安全具有重要的意义。威胁重点生态功能区主体功能保障的地质环境问题主要是地质灾害和矿产资源开发。建议加强重点生态功能区能源资源及其开发利用的主体功能适应性评价，对于环境效应明显的矿产地由国家作为矿产地储备起来，暂不向社会供给探矿权与采矿权。

第七节　整装勘查区矿业权设置方案图集编制研究

在 2011 年初，国土资源部制定了《找矿突破战略行动总体方案》，还下发了《关于设立首批找矿突破战略行动整装勘查区的公告》（2011 年第 10 号），在全国设立首批 47 片找矿突破战略行动整装勘查区。并提出了阶段目标，即 3 年实现地质找矿重大进展，5 年实现找矿重大突破，8～10 年重塑矿产勘查开发格局。

充分运用已建立的矿业权实地核查数据库和管理信息系统，在已经编制的《全国首批整装勘查区矿业权分布图集》基础上，利用经国土资源部批准的首批整装勘查区矿业权设置方案数据，编制印刷《全国首批整装勘查区矿业权设置方案图集》；同时利用全国矿业权实地核查数据库和管理信息系统，为地质找矿战略行动提供支撑。

梳理实地核查成果，整理各省提交的1:50万基础地理，统一规范化处理，合并、拼接各省数据，建立全国行政界线、行政名称、公路、铁路和水系等基础地理空间数据库；整理各省提交的1:50万基础地质数据，形成岩性（面状）和构造（线状）两类要素，为省及单位建立基础空间数据库。

对拟设探矿权、拟设采矿权、已设探矿权和已设采矿权要素在各整装勘查区个数、面积及占比例进行空间分析，为全面了解各整装勘查区矿业权设置方案布局，以及不同设置类型在首批整装勘查区内分布比重提供数据统计分析支持。

在国土资源部开发管理司、中国地质调查局发展中心相关领导及专家直接指导及参与下，全国矿业权实地核查项目办公室与中煤航测遥感局具体编制，共同研究形成《全国首批整装勘查区矿业权设置方案图集》。该图集直观地反映了国土资源部2011年设立的全国首批整装勘查区矿业权设置现状，为进一步摸清首批整装勘查区矿产资源勘查开发现状，作好整装勘查区矿业权管理提供基础服务。

一、整装勘查区矿业权设置方案情况

全国首批47片整装勘查区（除3片铀矿整装勘查区外），其中44片整装勘查区面积共计34.69×10^4 km^2，分布于全国西藏、内蒙古、河南、云南、青海等22个省（区）、市。其中西藏自治区分布最多，有5片之多；其次是内蒙古、河南、云南、青海4个省（区）各均为4片；江西、甘肃、新疆3省（区）各均为3片（首批整装勘查区矿业权设置方案电子报盘数据）。

47片整装勘查区共有57个子区块，辽宁鞍山－本溪铁矿整装勘查区包括鞍山、本溪两个子区块；云南广南－丘北－砚山地区铝土矿整装勘查区包括大铁、富宁县谷桃、广南甲坝、天生桥－阿猛、西畴县木者－铁厂5个子区块；山西霍西－河东地区铝土矿整装勘查区包括保德－兴县、临县－柳林、孝义－霍州3个子区块。大部分整装勘查区未跨省，除了山东单县－河南商丘铁矿整装勘查区横跨河南、山东两省；小秦岭金矿田深部及外围金矿整装勘查区横跨河南、陕西两省，但这两个区块也由各行政区的子区块组成。

47片整装勘查区共涉及铀矿（3片）、铁矿（14片）、铜矿（10片）、铝土矿（6片）、铅锌矿（7片）和金矿（7片），计6个主要勘查矿种，兼顾锰、镍、钨、银、钪、铂、钯、锡、钼、钴、铬、锑等其他金属矿种以及煤、石墨等其他非金属矿种（图8－23）。

全国首批整装勘查区内已设矿业权6241个，面积达7.66×10^4 km^2，其中已设探矿权3106个，占已设矿业权总数的49.77%，面积为6.81×10^4 km^2，占已设矿业权总面积的88.98%；已设采矿权3135个，占已设矿业权总数的50.23%。面积为0.84×10^4 km^2，占已设矿业权总面积的11.02%。可以看出已设探、采个数比例相当，但已设探矿权面积却占近90%（以下统计均不包括铀矿整装勘查区）。

全国首批整装勘查区内拟设矿业权6875个，面积达12.3×10^4 km^2，其中拟设探矿权3973个，占拟设矿业权总数的57.79%，面积为11.4×10^4 km^2，占拟设矿业权总面积的

92.7%；拟设采矿权2902个，占拟设矿业权总数的42.21%。面积为$0.9\times10^4\ km^2$，占拟设矿业权总面积的7.3%。

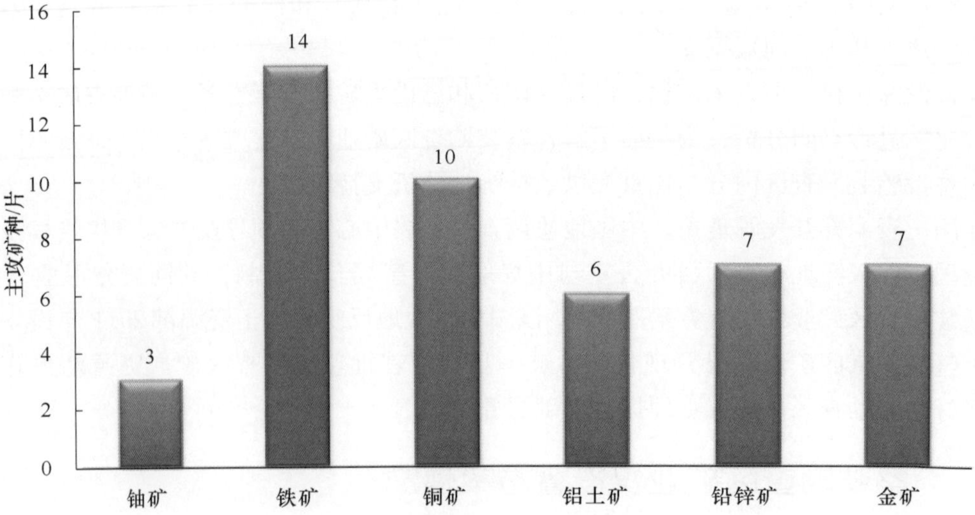

图8－23　首批整装勘查区涉及主攻矿种片数

二、整装勘查区矿业权设置方案数据整理及建库

以全国首批整装勘查区矿业权设置方案电子报盘数据和1:50万全国基础地质数据为基础，开展整理、建库及数据分析工作。

1）对收集到的全国首批44个整装勘查区13116个矿业权报盘数据进行规范化加工整理，形成专题空间数据库。

2）对来源于全国矿业权实地核查成果的1:50万基础地质数据进行提炼和再整理，形成基础地质空间数据库。

3）统计分析矿业权设置方案数据属性和空间分布情况，通过分析全国首批整装勘查区区内13116个矿业权不同矿种的矿业权设置类型、个数、面积以及各区矿业权设置趋势分布情况，为矿业权宏观战略研究和相关应用工作提供数据支持服务。

收集全国各省1:50万基础地质数据层为基础，对现有的ArcGIS shapefile格式的31个省（区）、市空间数据提取，进一步规范化整理，形成Personal Geodatabase（图8－24）。并根据需要对图面要素属性分解，按照地质年代（世、段、层、组）、成因类型建立属性字段，为图集编制时通过属性字段自动标注提供数据基础。

整理从国土资源部信息中心收集到的44片全国首批整装勘查区矿业权设置方案报盘数据，对原有Access格式数据展点构面形成空间数据，统一为“西安1980坐标系”；建立Personal Geodatabase（图8－25），并在矿业权设置方案数据库中按照所属范畴建立数据集：拟设探矿权数据集、拟设采矿权数据集、已设探矿权数据集、已设采矿权数据集，其中数据表用于描述空间分析时建立的编码。

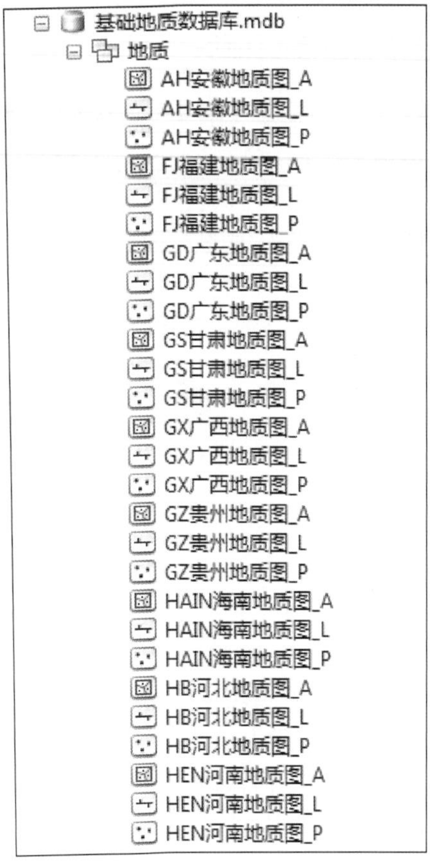

图 8－24　1:50 万基础地质库

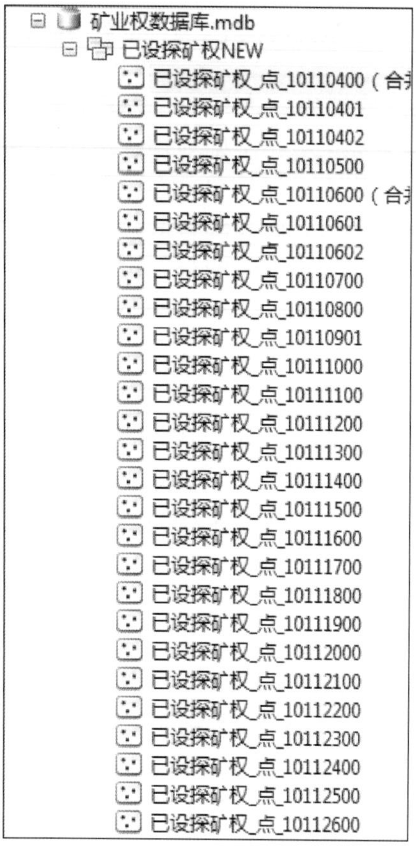

图 8－25　矿业权设置方案数据库

为完成图集的编制工作，共整理形成空间数据库 3 个，即基础地理、基础地质和设置方案报盘数据（表 8－12），其中设置方案报盘数据按照已设矿业权、拟设矿业权存储为 4 个数据集，各数据集内存储所有该类型的设置方案数据，并以勘查区为后缀名区分矿业权设置方案归属关系。

表 8－12　《全国首批整装勘查区设置方案图集》相关成果清单表

工作内容		工作量	备注
研究编制并印刷《全国首批整装勘查区矿业权设置方案图集》	1:50 万基础地理空间数据库	水系、道路、行政区等	
	1:50 万基础地质空间数据库	31 个省（直辖市），1 个数据集	
	矿业权设置方案空间数据库	44 片整装勘查区，5 个数据集	
	*. style 系统符号库	2 个	根据不同成图比例
	图集工程文件 A3 幅	45 个	44 片整装勘查区及全国分布图
	图集工程文件 780×540mm（便携）	45 个	
	图集印刷	A3 幅图集：200 本 便携式：40 套	

三、整装勘查区矿业权设置方案图集编制印刷

《全国首批整装勘查区矿业权设置方案图集》（以下简称《图集》）内容以全国矿业权实地核查成果数据基础地理、地质为基础，开展编制全国整装勘查区矿业权设置方案分布系列图及附表，以设置方案空间、属性内容进行统计分析，形成各整装勘查区设置方案基本说明。通过各整装勘查区矿业权分布图和矿业权基本情况说明等内容，反映整装勘查区内矿业权设置方案空间分布情况。

《图集》编制印刷首先需要研究图集编制方案，阐述现有数据资料状况，需要进一步核实的内容，细化工作流程，从《图集》的基本布局，主要幅面的内容、设计风格，色彩及印刷规格等方面进行详细设计，成为《图集》内容编制、美工、印刷等工作依据。

其次，按照《图集》编制方案的要求编制各图件，形成样册，并按照专家意见完善方案，指导《图集》正式稿编制及印刷。

开展的编制及印刷工作。主要有以下几方面内容：

（一）图集编制方案

根据以往图集编制工作经验，分析用户需求，设计图集基本布局，以及各幅面的内容、风格、色彩和印刷规格等方面。是《图集》编制、美工及印刷等工作的依据。

以47片全国整装勘查区分布图、整装勘查区矿业权设置方案为基础编制《全国首批整装勘查区矿业权设置方案分布图集》，反映全国首批整装勘查区矿业权设置方案分布情况，供矿政管理部门和矿产资源勘查开发有关单位参考。幅面为A3及较大幅面。主要明确了5个方面内容。

1. 图面主要内容

1）专题内容：由47片整装勘查区、已设采矿权、已设探矿权、拟设采矿权和拟设探矿权数据构成。

2）地理要素：以全国1:250万与1:50万基础地理为底图，有境界、地名、公路、铁路和水系等。

3）地质要素：以全国1:50万基础地质要素为底图，有地层、岩性和构造等。

4）其他：图名、比例尺、经纬网、图例、图框及矿业权一览表等。

2. 坐标系及投影

为了方案数据统一成图，各要素均选定为“1980西安经纬度坐标”。全国整装区块分布图采用兰伯特等角割圆锥投影（中央经线：110°，上下标准纬线为47°，25°）；各整装区块矿业权分布图采用高斯投影，中央经线由各整装勘查区所处位置确定。

3. 编图方法

（1）资料收集及整理

收集整装勘查区矿业权设置方案报盘数据，数据格式均为mdb，需要进一步规范化整理，使用矿业权设置方案报盘软件完成属性向空间数据转换，并核对数据一致性和准确性。根据《图集》编制需要建立各矿业权属性表及Person Geodatabase数据库，对各数据属性内容补充完整。

在 ArcGIS 的 Layout 窗口默认纸张边沿以外，右键打开图面设置快捷菜单，单击 Page Setup 命令，打开 Page Setup 对话框。在 Name 下拉列表中选择打印机的名字。Paper 选项组中选择输出纸张的类型。在 Size 下拉列表中选择用户自定义纸张尺寸，去掉 Use Printer Paper Setting 选项前面的勾，在 Width 和 Height 中输入需要的尺寸以及单位，本项目选择 A3 及 H：160 cm，W：190 cm 两种幅面。Orientation 可选 Landscape（横向）。

（2）图框设置

打开 Data Frame Properties 对话框，单击 Frame 标签进入 Frame 选项卡，进而调整图框的形式，选择所需要的图框类型，并使用 Properties 按钮改变图框的颜色和双线间距。

（3）图集布局

图集按照封面、扉页、前言、目录、全国首批整装勘查区图及整体基本情况、各区块矿业权设置方案分布图件及文字说明顺序排列组成。

A3 幅面各区块内容按照左图右文字格局，对矿业权个数较少的整装勘查区，在不遮挡图中要素的情况下，矿业权一览表可放于图中（图 8－26），若图中矿业权数据个数过多，一览表则需要另起页附于图后，文字说明前。

便携式图集幅面正面图、反面文字及表格方式，保证一页纸为一整装勘查区相关内容。

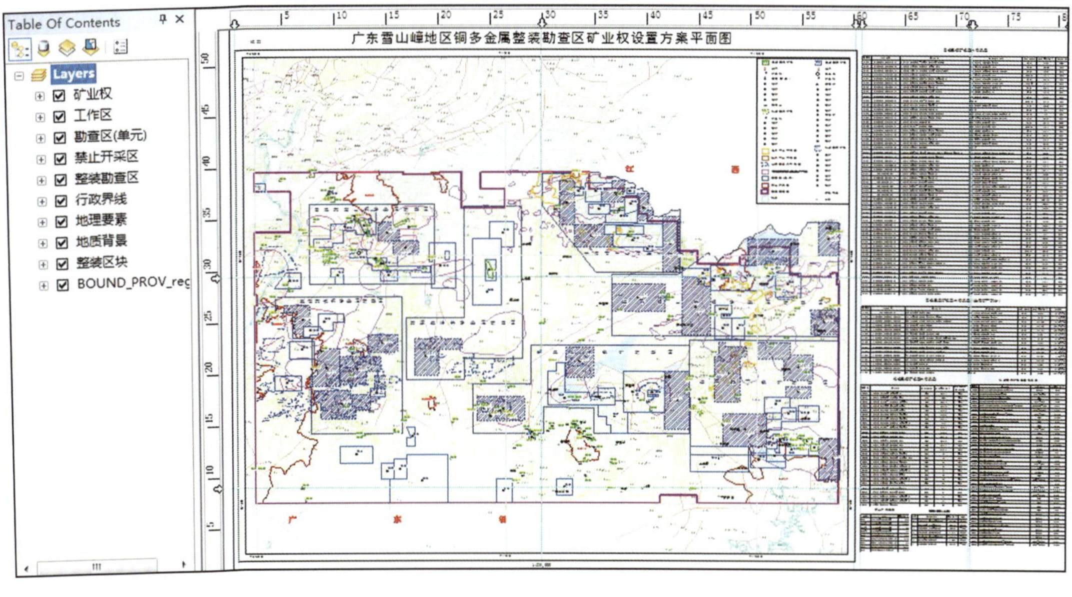

图 8－26　整装勘查区设置方案分布图试验（A3 幅）

为了适应 A3 幅面的需要，图集中对各整装区块矿业权分布图选择适当的比例尺。

（4）编制全国地理、地质底图

全国整装区块分布图选择 1：250 万基础地理底图，其中境界选取国界及省界；居民地选取首都、省名、省会城市；水系选取海、洋、河、湖；公路选取国道、省道；铁路选取主干铁路。各整装区块矿业权设置方案图则选择 1:50 万全国基础地理底图。

全国幅面不叠加基础地质底图，各整装勘查区块图件则选择 1:50 万基础地质底图，整体淡化处理。

（5）编制专题要素

全国整装勘查区分布图中只需将汇总整理的整装勘查区边界转换成经纬度展点上图，标识相应编号即可；各整装区块矿业权分布图将汇总整理整装勘查区边界、所有除矿业权设置方案转换为经纬度展点上图。图中需要突出显示整装勘查区边界，拟设探矿权（空白区新设、保留、调整、整合）、拟设采矿权（空白区新设、探转采、保留、调整、整合）在边界颜色上均要予以区别。有部分整装区内矿业权个数多，而且分布密集，除边界外，还需要用中心点及相应的矿种符号表示更为清晰，更能体现不同矿种的分布状况。

（6）拟设内容

根据拟设探矿权（空白区新设、保留、调整、整合）、拟设采矿权（空白区新设、探转采、保留、调整、整合）、已设探矿权、已设采矿权11类分别统一分类编号，编制矿业权基本信息一览表（特别针对个别整装勘查区跨省的区块），在11类的基础上增加以省为单位的分类统计表。

（7）地图标注

使用ArcGIS文字标记形式，使用Lable Manager实现对标注的分类，编写VBScript控制表达式显示内容，设置标注规则，使标注动态显示。标注形式则可由Labeling的use maplex label engine设定，如图8－27为实现图面号的显示方式；或使用Annotation静态标注方式，将Lable转换为Annotation，实现标注的静态显示，避免动态刷新，实现对标注的移动和修改，在本项目中，主要对部分勘查区内矿点过多的图件，或部分地理要素无法回避其他要素时使用。

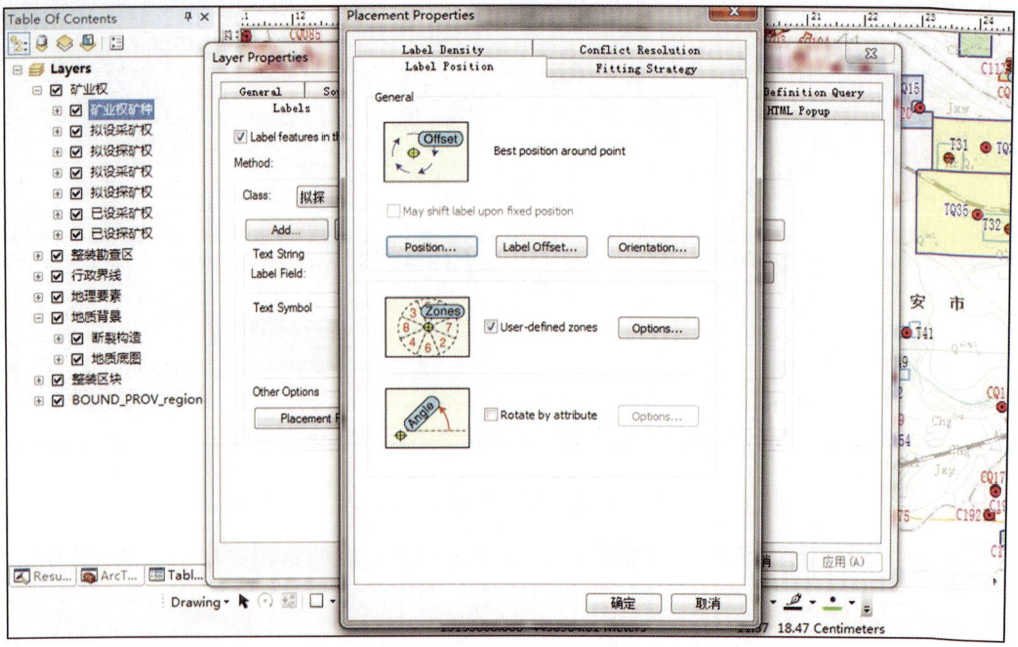

图8－27　label标注形式

（8）图面整饰

调整图面内容，使图面整洁清晰，可读性强。利用ArcGIS自动成图功能，对比例尺、经纬网、图例及图框等要素自动生成，修改相关出图样式（图 8－28，根据属性库修改各整装勘查区图名。

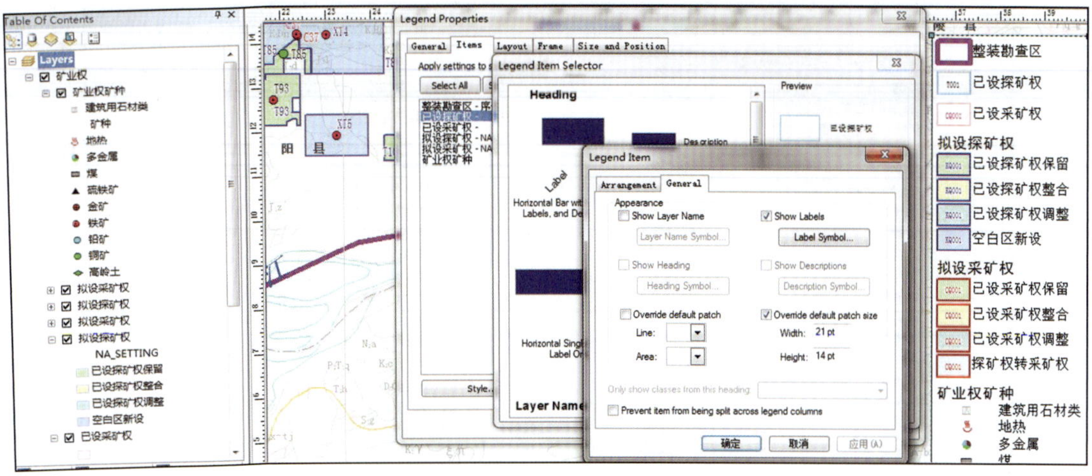

图 8－28　自动形成图例

使用 insert 中 Legend 工具实现图例的放置与修改。

4. 地图转换输出

对编制完成的图件转换输出为通用格式，为打印和印刷服务。ArcMap 提供了多种输出文件格式，诸如 EMP、BMP、EPS、PDF、JPG、TIF 格式，根据印刷环境要求采用 PDF 格式，该格式为矢量格式，便于进一步编辑，还可以实现较好的直接打印效果。

在 ArcMap 窗口标准工具条中单击 File 下的 Export Map 命令，打开 Export 对话框。确定输出文件目录、文件类型和文件名称，单击 Options 按钮，打开 Options 对话框。在 Resolution 微调框设置输出图形分辨率。单击 BackGround Color 按钮，确定输出图形背景颜色。按下左键拖动滑动条，调整输出图形质量。

5. 印刷

将编辑完成的图件用 InDesign 软件对各类要素进行排版，套版后生成 PDF 格式文件，用 CTP 方式（Computer－to－paper/print）直接制版印刷。《图集》为适应管理部门实地调查研究工作的需要，除精装册外，增加盒装单页图集，方便对单个整装勘查区的使用；盒装图集的纸张为撕不烂纸，满足野外使用需求。

（二）试验

以《图集》编制方案设计为基础，编制某片整装勘查区矿业权设置方案图进行试验，实践方案的可行性。

（三）《图集》编制

根据试验，全面开展数据整理工作，完成数据格式转换、坐标换带转换、地层年代提取和空间分析等工作；

根据图面要素内容，依据相关图面符号标准，编制不同幅面 ArcGIS 符号库，满足专业与业务使用的需求（图8－29，图8－30）；批量编制《图集》，完成《图集》审查并根据审查结果对《图集》进行修编。

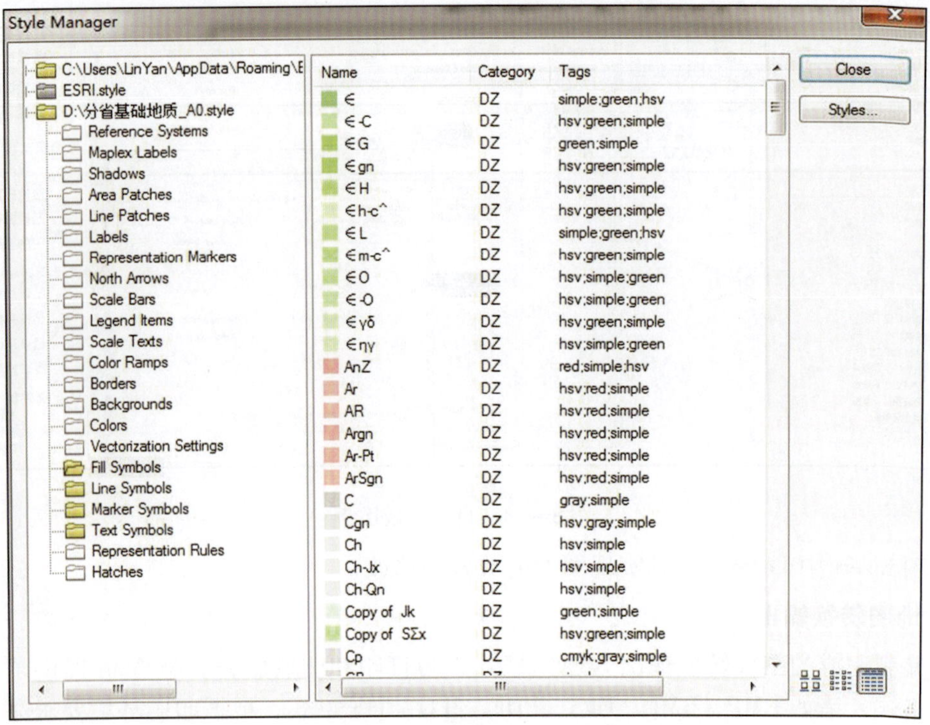

图8－29　相关面状符号库

图8－30　地质符号库及成图样式

（四）制版印刷

利用全国矿业权实地核查成果数据（基础地理、地质数据），以及经国土资源部批准上报入库的首批整装勘查区矿业权设置方案电子报盘数据，为了反映全国首批整装勘查区矿业权设置及分布状况，在全国矿业权实地核查项目办公室具体指导下，中煤航测遥感局编制印刷完成《全国首批整装勘查区矿业权设置方案图集》A3横版和便携式两类图集（图8－31）。

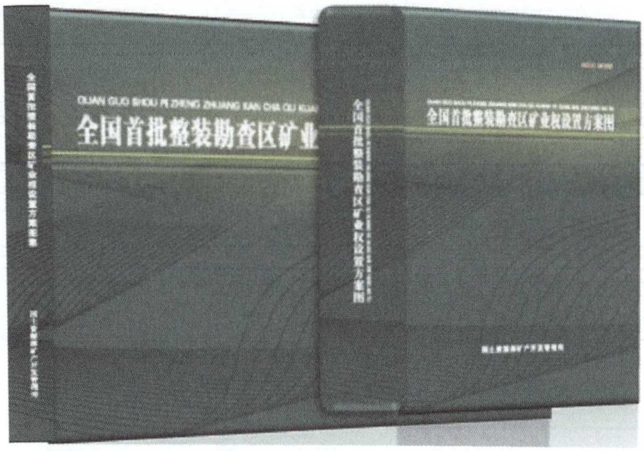

图 8－31　首批整装勘查区矿业权设置方案图集

《全国首批整装勘查区矿业权设置方案图集》以全国首批整装勘查区（不含铀矿整装勘查区）为单元，每片整装勘查区包括矿业权设置分布图、整装勘查区矿业权设置方案基本情况和整装勘查区矿业权一览表等 3 方面内容，全面直观地反映了各整装勘查区矿业权的设置情况。A3 幅面主要格局为左图右文字，便携式图集主要为正面图件、背面文字及表格（图 8－32，图 8－33）。

该《图集》印刷采用 CTP 方式（Computer－to－paper/print）直接制版印刷。A3 幅面为普通精装，内页采用 128g 亚粉纸，彩色制版印刷。便携式采用撕不烂合成纸张，盒装，无装订。

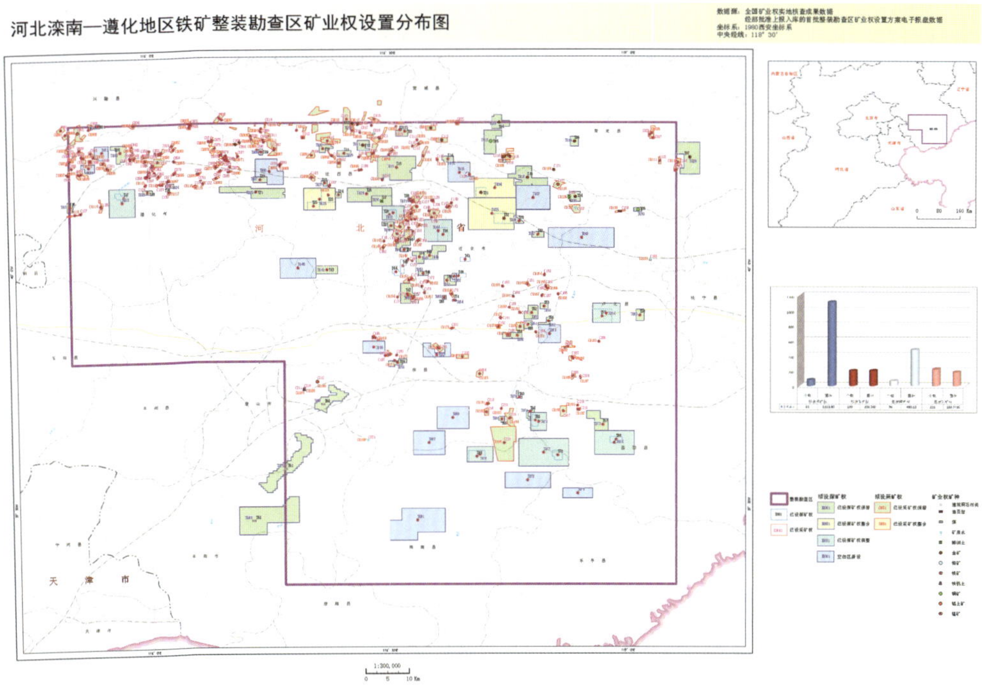

图 8－32　首批整装勘查区矿业权设置方案图集内容（便携式图面）

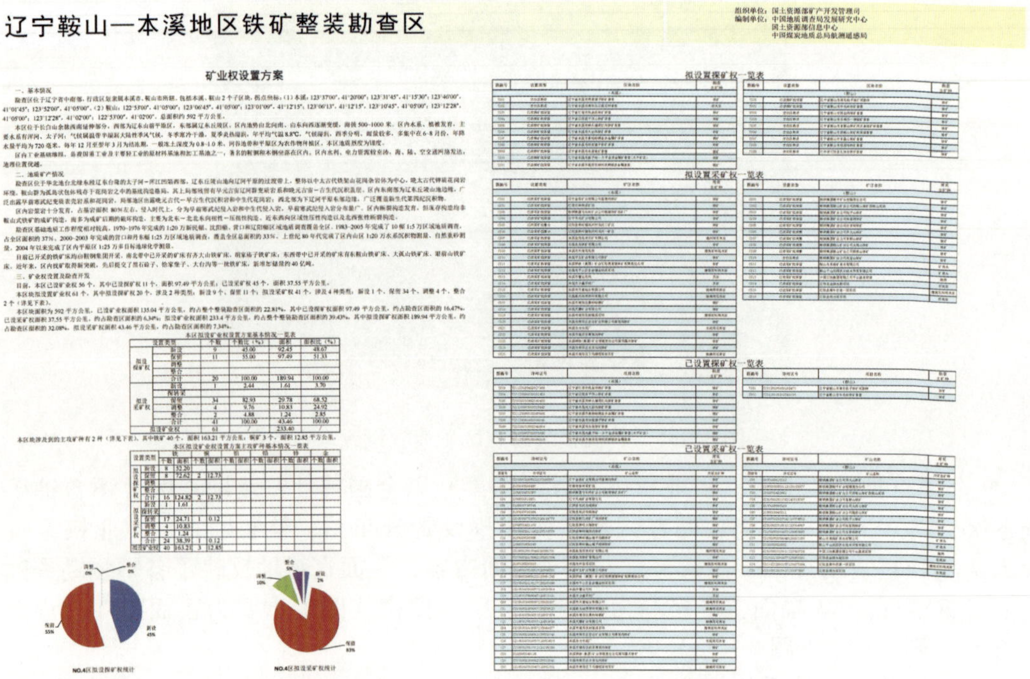

图 8－33　首批整装勘查区矿业权设置方案图集内容（便携式文字）

（五）成效

通过该《图集》的编制，形成的主要成果有：A3 横版图集 200 套；便携式图集根据国土资源部开发管理司要求印刷了 40 套；＊. style 系统符号库 2 个；A3 幅图集工程文件 45 个；便携式图集工程文件 45 个。

该《图集》及时提供给国土资源部开发管理司以及相关司局、省国土资源厅及相关单位使用，得到了良好评价，为找矿战略行动及矿产资源勘查合理投放提供数据支持。

系统整理形成的基础地理、地质数据库有效地完善了全国矿业权实地核查成果库；形成的基础地质符号库、矿业权设置方案符号库补充了实地核查成果，并应用于国土资源部信息中心关于开展"一张图"服务工作，实现为国土资源部机关和社会大众提供方便、快捷的电子或纸质数据信息服务。

四、整装勘查区矿业权设置情况分析

基于全国矿业权实地核查信息系统，利用 ArcGIS 空间分析模块，为研究矿业权设置规律，深入分析矿产资源勘查开发管理以及矿业权科学管理需要提供数据支持。

研究分析了全国首批整装勘查区矿业权设置方案空间分布状况，研究各整装勘查区拟设、已设矿业权设置规律；统计主要矿种、主攻矿种（铁、铜、铝、铅、锌、金）的矿业权设置情况，形成了 45 份矿业权设置方案基本情况说明。

（一）拟设探矿权统计分析

全国首批整装勘查区拟设探矿权3973个，其中空白区新设的探矿权1306个，占拟设探矿权总数的32.87%；探矿权保留的探矿权2372个，占拟设探矿权总数的59.7%；其他调整和整合的探矿权共295个，占拟设探矿权总数的7.43%（图8-34）。

拟设探矿权总面积为11.4×10^4 km^2，约占整装勘查区总面积的32.86%。其中，空白区新设的探矿权面积为5.28×10^4 km^2，占拟设探矿权总面积的46.3%；探矿权保留的探矿权面积为5.51×10^4 km^2，约占拟设探矿权总面积的48.37%；其他调整和整合的探矿权面积共0.61×10^4 km^2，占拟设探矿权总面积的5.33%。

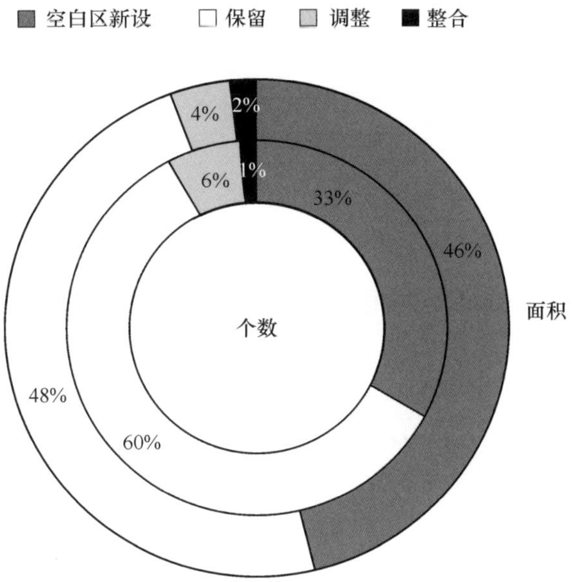

图8-34　拟设探矿权设置类型个数、面积对比

1. 按主攻和非主攻统计

拟设主攻矿种探矿权3302个，占拟设探矿权总数的83.11%；非主攻矿种671个，占拟设探矿权总数的16.89%。

拟设主攻矿种探矿权面积为9.37×10^4 km^2，占拟设探矿权总面积的82.15%；非主攻矿种探矿权面积为2.04×10^4 km^2，占拟设探矿权总面积的17.85%。在个数与面积比上，主攻与非主攻各自所占比很接近。

主攻矿种拟设探矿权面积总体全部大于主攻矿种已设探矿权面积，仅甘肃岷县寨上－马坞地区金矿（NO.34）与山西霍西－河东地区铝土矿（NO.46）两片整装勘查区拟设探矿权面积下降28%。

总体来看，拟设主攻矿种探矿权与拟设非主攻矿种探矿权相比，无论在数量上还是面积上，主攻矿种探矿权均占居优势，设置总体看比较合理。

2. 按设置类型统计

主攻矿种不同设置类型所占比例与所有矿种的设置类型比接近，主攻矿种的探矿权保留比值有所下降，新设比例有所加强，调整与整合比例变化不大（图 8－35）。

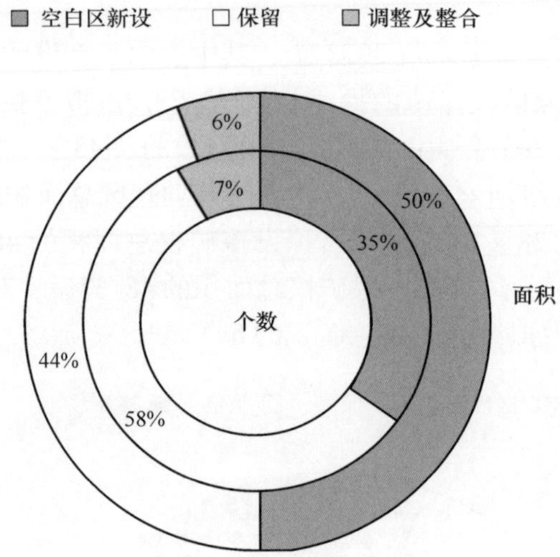

图 8－35　主攻矿种设置类型个数、面积对比

3. 按整装勘查区统计

主攻矿种探矿权设置类型在除铀矿外的 44 片整装勘查区内分布情况有所不同，主要有 3 种情况。

1）以新设矿业权为主，调整或整合的项目偏少。此种情况整装勘查区内新立的矿业权是否影响已有矿业权勘查开采活动，新设的探矿权是否能够及时投放则需要深入研究分析（图 8－36）。

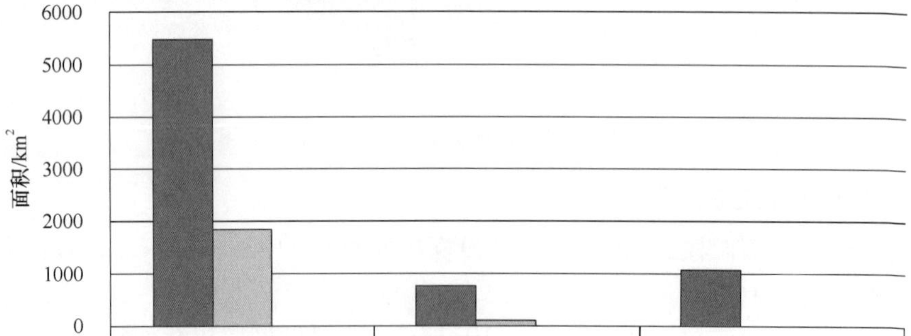

	青海祁漫塔格地区铁铜矿	湖南花垣-凤凰地区铅锌矿	青海杂多县然者涌-莫海拉亨地区铅锌矿
■空白区新设/个	5508.64	763.03	1056.03
■探矿权保留/个	1851.43	97.54	—
□调整、整合/个	—	—	—

图 8－36　调整或整合项目偏少的整装勘查区

2）大部分整装勘查区拟设探矿权类型以保留为主，其他类型（特别是调整、整合）所占比例不足 2%（图 8－37）。此种情况是否有必要加强区内勘查开发投入，提高工作程度，需要结合实际情况加以深入分析。

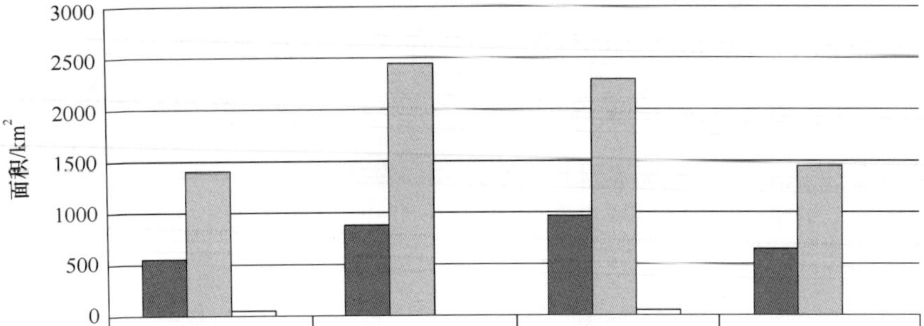

	江西东乡-德兴地区铜金矿	广西扶绥-龙州地区铝土矿	新疆西天闪阿吾拉勒铁矿矿集区	黑龙江东安-汤旺河地区金矿
■空白区新设/个	553.244	877.06	965.436	634.539
▨探矿权保留/个	1402.96	2433.29	2281.63	1433.81
□调整、整合/个	31.94	—	33.67	—

图 8－37 拟设探矿权以保留为主

3）个别整装勘查区在适当新立、保留的基础上，加强了已有探矿权调整和整合项目，此种情况相对比较合理（图 8－38）

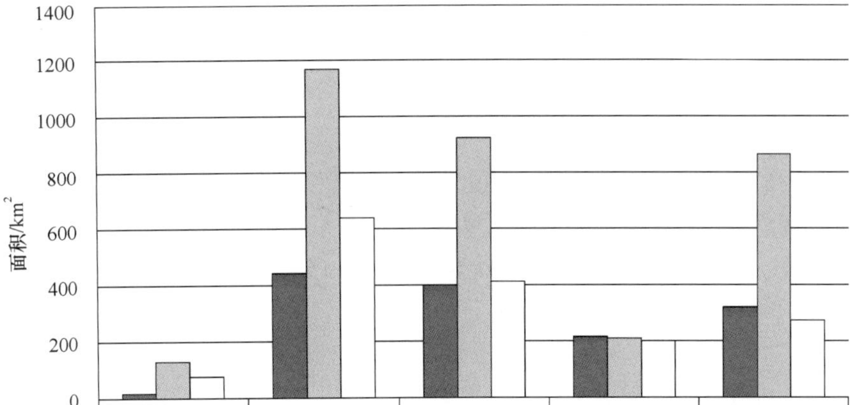

	内蒙古哈达门沟地区金矿	安徽庐枞地区铁铜矿	河南栾川地区铅锌矿	四川攀西地区钒钛磁铁矿	云南香格里拉格咱地区铜多金属矿
■空白区新设/个	10.856	447.67	401.2	210.676	321.6
▨探矿权保留/个	126.544	1165.09	918.96	202.82	864.78
□调整、整合/个	69.275	634.43	411	195.117	270.08

图 8－38 拟设探矿权加强调整、整合

（二）拟设采矿权统计分析

全国首批整装勘查区拟设采矿权 2902 个，其中空白区新设的采矿权 128 个，占拟设采矿权总数的 4.41%；探矿权转采矿权 243 个，占拟设采矿权总数的 8.37%；采矿权保留的 2247 个，占拟设采矿权总数的 77.43%；其他调整或整合的采矿权共 284 个，占拟设采矿权总数的 9.79%。

拟设采矿权总面积为 $0.9\times10^4\ km^2$，约占整装勘查区总面积的2.59%。其中，空白区新设的采矿权面积为 $0.02\times10^4\ km^2$，占拟设采矿权总面积的2.57%；探转采面积为 $0.24\times10^4\ km^2$，约占拟设采矿权总面积的26.28%；采矿权保留的面积为 $0.52\times10^4\ km^2$，约占拟设采矿权总面积的57.72%；其他调整或整合的采矿权的面积共 $0.12\times10^4\ km^2$，占拟设采矿权总面积的13.43%（图8－39）。

可以看出，拟设采矿权仍然以保留为主，其次为探矿权转采矿权，其中空白区新设项目所占比例最少。

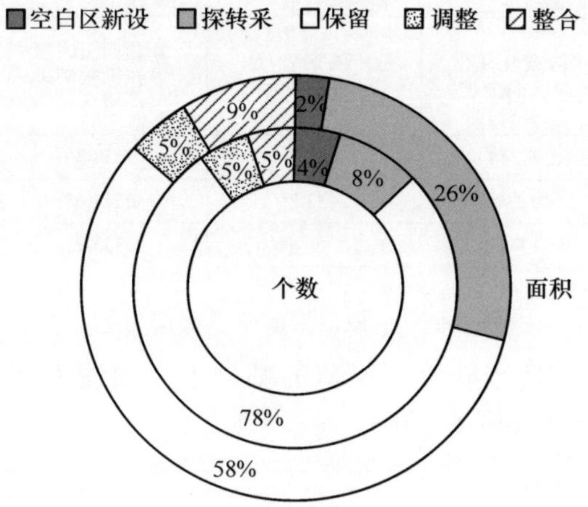

图8－39　拟设采矿权设置类型个数、面积对比

1. 按主攻和非主攻统计

拟设主攻矿种采矿权1297个，占拟设采矿权总数的44.69%；非主攻矿种1605个，占拟设采矿权总数的55.31%（图8－40）。

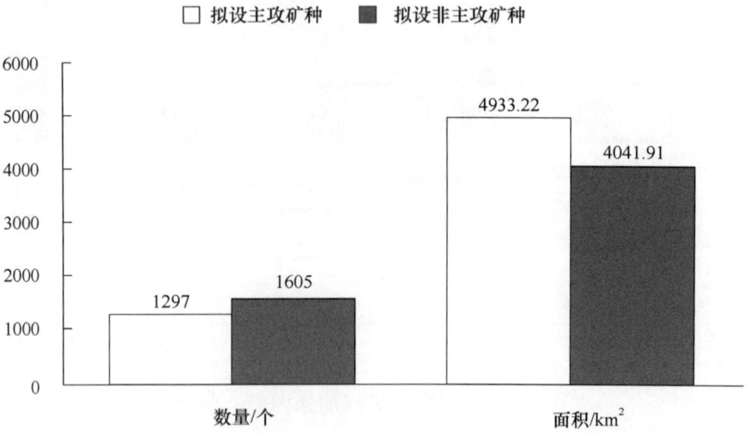

图8－40　主攻与非主攻矿种拟设采矿权个数、面积对比

2. 按设置类型统计

拟设主攻矿种采矿权不同设置类型与所有矿种的相关比例比较接近，采矿权保留的类型所占比值最大，其次为探转采，最低为空白区新设（图8－41）。

拟设主攻矿种采矿权1297个，其中空白区新设的主攻矿种采矿权27个，占拟设主攻

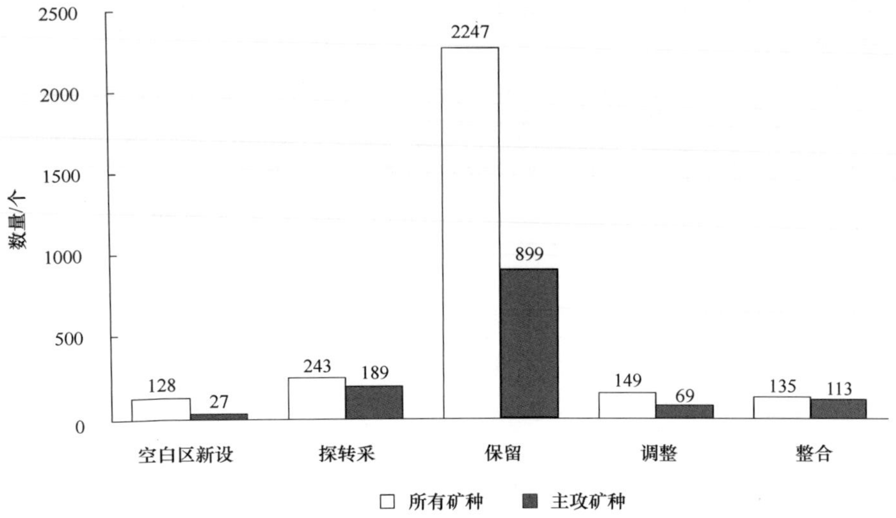

图 8－41　主攻与所有矿种不同设置类型个数对比图

矿种采矿权总数 2.08%；探矿权转采矿权的 189 个，占拟设主攻矿种采矿权总数的 14.57%；采矿权保留的 899 个，占拟设主攻矿种探矿权总数的 69.31%；其他调整或整合的共 182 个，占拟设主攻矿种采矿权总数的 14.03%。

拟设主攻矿种采矿权总面积为 $0.49 \times 10^4\ km^2$，约占整装勘查区总面积的 1.42%。其中，空白区新设的主攻矿种采矿权面积为 $0.01 \times 10^4\ km^2$，占拟设主攻矿种采矿权总面积的 1.21%；探转采的面积为 $0.18 \times 10^4\ km^2$，约占拟设主攻矿种采矿权总面积的 36.43%；采矿权保留的面积为 $0.22 \times 10^4\ km^2$，约占拟设主攻矿种采矿权总面积的 43.98%；其他调整或整合的面积，共 $0.09 \times 10^4\ km^2$，占拟设主攻矿种采矿权总面积的 18.38%（图 8－42）。

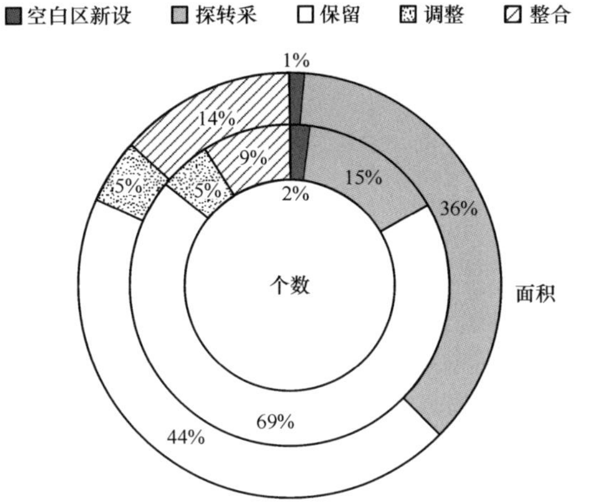

图 8－42　拟设主攻矿种采矿权不同设置类型个数、面积对比

3. 按整装勘查区统计

主攻矿种拟设采矿权在首批整装勘查区设置情况各不相同，除去青海沱沱河地区铅锌

矿整装勘查区同已设采矿权一样，无拟设主攻采矿权项目外，其他各整装勘查区或多或少有拟设主攻采矿权。

首批整装勘查区空白区新设、探转采、保留、调整及整合类型分布情况各不相同，其中有37片整装勘查区没有空白区新设类型项目，有12片整装勘查区没有探矿权转采矿权类型项目，7片没有保留类型项目，19片没有调整及整合类型项目（图8-43）。从各整装勘查区未设立的类型来看，各整装勘查区仍然以保留已设采矿权的情况居多。

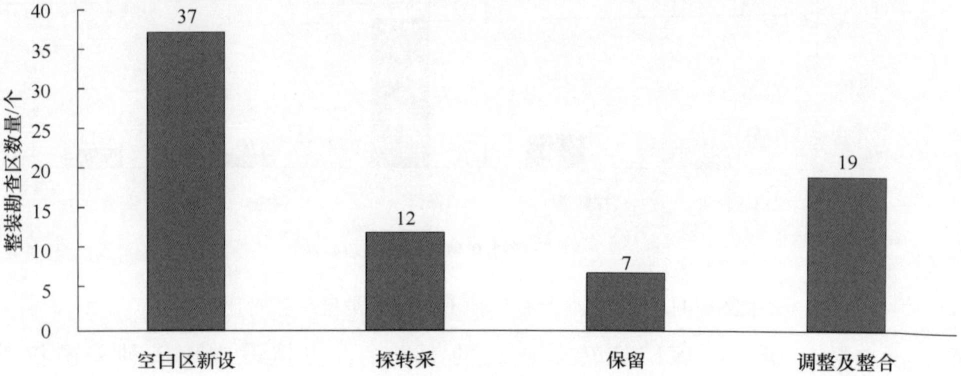

图8-43　设置类型为空的整装勘查区情况

44片整装勘查区中主攻矿种拟设采矿权共有1297个，设置类型所占比例也各不相同。其中保留类型在31片整装勘查区个数最多；探矿权转采矿权在10片整装勘查区中个数最多；调整及整合在3片整装勘查区中个数最多；空白区新设的类型个数总共只有27个，在各整装勘查区中均不占最多（图8-44）。

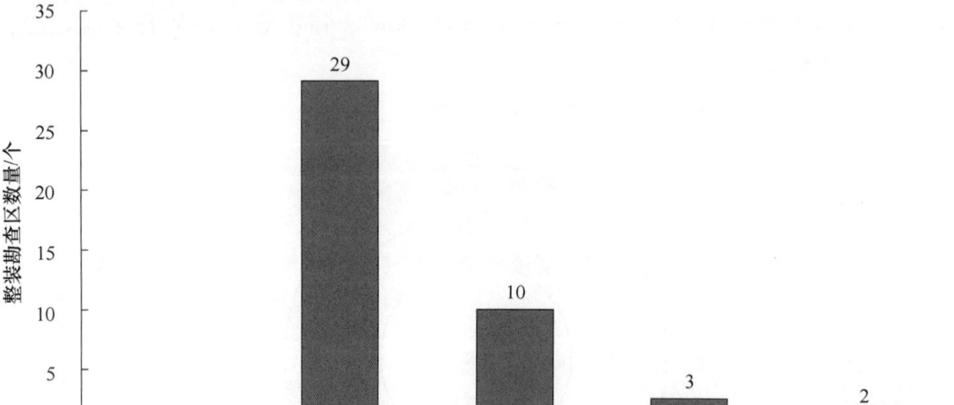

图8-44　设置类型占最多的整装勘查区情况

第九章　矿业权核查发现矿界问题分析与政策措施研究

第一节　国外矿业权管理的经验借鉴

国外矿业权管理涉及很多内容，既包括矿业权的出让、转让、变更、注销以及监督管理，也包括矿业权管理体制机制、税费管理等内容。

一、矿业权出让管理

从形式上看，国外矿业权的流转主要包括4个部分：探矿权（勘探许可证）的取得、探矿权的转让（交易）、采矿权（采矿租约）的取得和采矿权的转让（交易）。尽管各国矿业权流转具体制度规定有所不同，但总体趋势是大致相同的（图9－1）。

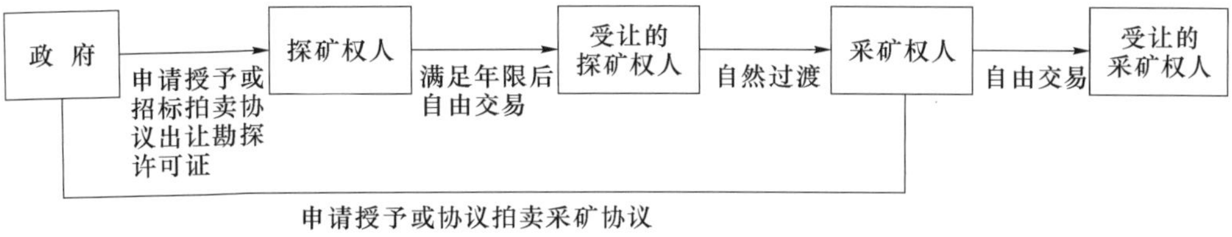

图9－1　国外矿业权流转的总体趋势

在国外，矿产资源所有权具有3种形式：①随土地所有权，即矿产资源所有权随其所赋存土地的所有权；②一律归国家所有；③混合形式，既存在个人所有，也存在国家所有。目前世界上绝大多数国家的矿产资源都归国家所有。

国外的矿业权是按探矿权、采矿权以及矿山企业经营等相关权利的申请和如何授予来划分的，在各国有着不同的划分方案：①一分法，指只通过一次申请就获得了勘查、开发和采矿等活动的权利，而不需要再经过任何重新申请，如土耳其；②二分法，矿业权分为探矿权和采矿权，分别申请和分别授予，世界上大多数国家采用这种方式，如加拿大、印度尼西亚、巴西等；③三分法，是将矿业权分为探矿权、采矿权和评价权，如澳大利亚。探矿权的取得主要是通过向政府直接申请授予而取得勘探许可证。但在许多国家由于土地地表的所有人对地表以下直至地球中心的一切物质拥有所有权，因而可以不需向政府申请，而直接拥有探矿权。采矿权的取得多数国家以租让为主，如美国、澳大利亚、加拿大等国，有一些以招标、拍卖的方式为主，如泰国、马来西亚、俄罗斯和吉尔吉斯斯坦等。俄罗斯的采矿权一级市场出让基本上全部采用招标和拍卖两种形式。瑞典采矿权授予的形式为直接申请授予，其授予的依据是：探矿权人优先，提交勘查报告，成功的勘查工作等。但是在由瑞典国家矿业资产委员会工作过的地区，采矿权的出让多采用招标和拍卖方式进行。有的国家还采用特许权、国家委托等制度，如法国、美国。

我国矿业权分类出让制度及出让方式基本适应我国国情和矿产资源勘查开发管理实际，但存在问题仍比较突出。因此，既要借鉴国外的矿业权出让经验，又不能不顾国情机械模仿国外的矿业权出让方式。一是要根据不同情况和条件选择不同的出让方式，多种方式相结合。各国的出让方式，一般受到时间、资源价值和行政权力等因素影响，出让方式的选择需要考虑多种影响因素和授予的条件，这是值得我国借鉴的。其次，适当加大以竞争性方式出让矿业权的力度。采用招标、拍卖等竞争性的方式授予矿业权，是多数矿业大国的做法。竞争因素是矿产资源勘查开发主体的投资期望，以竞争性方式出让矿业权，符合市场经济中由市场供求关系和资源稀缺程度形成价格的要求，能够最大限度地实现矿产资源所有者的利益。招标、拍卖授予方式与申请授予方式相比，有明显的优点，即透明、阻止投机、选择出让给合适的权利人、可为国家产生附加收入等，但也存在着出让成本高、主观性强、自由裁量性和贪腐等缺点。当然，市场投资本身具有盲目性的特点，单纯以竞争因素来选择矿业权出让方式，无法避免炒作矿业权的经济泡沫现象，不利于矿产勘查开发行业的稳定。因此，在矿业权出让中要适当引入竞争，既要发挥市场的作用，也要有国家的宏观调控。

二、矿业权转让管理

对于矿业权的转让，虽然各国不尽相同，但作为市场经济，国家一般都允许转让，特别是在采矿权转让方面政府一般都采取了较为宽松的政策。

就探矿权而言，许多国家规定勘探许可证持有者不得在获得探矿权的两年内进行交易。而在满足转让条件后，探矿权可以通过招标、拍卖、协议等方式进行转让。在大多数国家，采矿权对于其持有者来说就像其个人财产一样，因此持有者有权在法律范围内对其利益进行安排、收费、抵押或者交易。

在澳大利亚，矿业权作为一种财产权，是可以流转的，国家和州政府都可以出让矿业权，矿业权人在获得矿业权后也可以转让。在当事人之间协商矿业权转让议定时，政府一般不进行干预，转让有以下 3 种情况：①矿业权人可以将矿业权转让给出价最高的人；②勘查许可证持有人可以寻找合资伙伴来分担勘探风险，通过建立联合股份公司，将权利转让给该公司；③投资人可以矿山企业的资产及其产品作为担保进行筹资，但其基本条件是，他应有权抵押以致最终转让矿业权的权益。在巴西，矿业权的转让主要通过谈判确定，具体形式有一次买断，可以分期付款；组成合资公司，将矿业权作价；向矿业权人支付矿业权使用费。矿业权可以用于出租、抵押、继承。矿业权转让收入应交转让税。矿业权转让由双方谈判协商，但需到矿业能源部矿业生产局办理批准、登记手续。在智利，矿业权人取得矿业权后即可转让，转让由双方协议商定，政府不干预，且中介组织一般不介入矿业权的流转。

相对而言，我国在矿业权流转方面限制较多。大致经历了 3 个阶段：第一阶段自 1986 ~ 1996 年，根据《矿产资源法》规定，矿业权出让无偿授予，但禁止转让，否则会受到法律严厉制裁。第二阶段自 1996 ~ 2000 年，根据修订的《矿产资源法》，矿业权出让有偿授予，且规定可有条件的转让。特别是1998年2月，国务院同时颁布了《矿产资源勘察区块登记管理办法》、《矿产资源开采登记管理办法》、《探矿权采矿权转让管理办法》等配套行政法规，不仅确立了沿用至今的以矿业权价款为基础的矿业权有偿取得制度，而且对矿业权的取得、流转、处分与保护等作了较为详细的规定，允许探矿权人在完成规定的最低勘查投入后可以转让，准许采矿权人在企业合并、分立，与他人合资、合作经营，企业资产出售，其他变更企业资产产权等情形时，可依法转让。同时，仍然明确禁止将探矿权、采矿权倒卖牟利。第三阶段自2000年至今，国土资源部于2000年10月31日发布了《矿业权出让转让管理暂行规定》，首次明确了矿业权的概念和范围，规定矿业权可以买卖、出租和抵押，进一步扩大了矿业权转让的内涵和外延，拓宽了矿业权流转的渠道，突破了我国现行矿产资源法律法规的框架。然而，目前我国矿业权流转制度存在两个方面的主要问题：一是《矿业权出让转让管理暂行规定》突破了法律法规对矿业权交易的一些限制性规定，满足了矿业市场发展建设的紧迫需求，但其作为部门规章，不仅与现有法律相冲突，而且其法律效力及如何适用在司法实践中也存在问题。二是现行的行政许可制度，把从事矿产资源勘查、开采的资格与授予特定主体的物权仍捆绑在一起进行出让。对此，不仅普通公民认识模糊，而且矿业行政管理人员、法律实务界和理论界也存在较大认识差异。

三、矿业权监督管理

国外矿业权监督管理比较严格，以澳大利亚为例进行说明。澳大利亚作为典型的矿业发达的市场经济国家，其矿业开发的监督管理是通过法律、经济和必要的行政手段来实现的。对于矿产开发，澳大利亚实行两级监督管理：即联邦政府管宏观，州政府管微观。

联邦政府通过3个方面对矿业开发实施有效监控：①通过减征矿业公司的所得税，体现对矿产开发产业的鼓励和支持；②通过对石油、天然气、放射性矿产等战略性矿产和3海里以外200海里以内海域矿产矿业权的授予进行宏观控制；③通过对矿产品出口许可证的签发，来控制矿产的合理开发和有计划组织出口。仅此3项工作，就把澳大利亚的矿业活动控制住了，抑制了矿业企业和地方政府在矿业开发上只注重短期经济利益的倾向。

州矿产能源部的监督管理工作主要包括：矿山资源合理开发利用的监督，矿山开采过程生态环境的监督和矿山生产人员、设备安全及职工健康的监督。监督管理工作依据联邦和州政府制定的矿业法及其他有关法律。

在矿山资源合理开发利用监督方面，主要由州政府矿产能源部下设的采矿监督处来管理。通常设有矿山总督察长、矿产督察员，对矿山生产进行巡回监督检查；对于重点矿区还设有督察办公室，负责日常监督检查。监督主要包括3个方面：①严格审查采矿权人开采矿产资源的技术能力；②严格审查采矿计划；③监督采矿过程的环境保护和安全生产。

在矿山开采过程生态环境的监督方面，要求按照环境规定执行。各矿业公司在开矿前，需要提交环境影响说明书。环境说明书的内容主要包括环境的物理特征、生态特征、社会特征，土地利用情况、对复垦问题的说明，如何保护环境、防止引起其他环境问题和环境法规执行情况等。

在矿山生产人员、设备安全及职工健康监督方面，主要是监督各开采工艺环节安全措施运行情况，保证人员和设备安全。严格按照《职业健康安全与福利法》、《噪音控制法》

和《净化空气法》保护职工健康。

通过以上各方面的监督管理，使澳大利亚矿产资源得到了充分合理的利用，矿山环境得到了有效保护，矿山安全得到了有效保证，实现了资源效益、环境效益和企业经济效益的有机统一。

四、矿业税费管理

市场经济国家矿产资源的税费制度主要包括了权力金、资源租、红利、矿业权出让金和耗竭补贴等，构成了一个以权力金为核心的矿业税费制度体系。近年来，各国陆续对现有矿产资源税费制度进行修订，开始了新一轮矿产资源税费政策调整。这些政策调整的主要方向是：扩大权利金在整个矿产资源税费中的比例，加大政府对矿产资源的控制力度；降低矿产资源企业的总体税费负担，改善矿业投资环境，以求吸引更多投资；加大环境保护力度。

美国的矿产资源费主要包括权利金、红利和租金。权利金按月征收，红利一次性支付，租金按年度收缴。权利金体现为矿产资源所有权权益，美国的权利金费率相当高。2005 年颁布的《联邦矿产品发展和土地保护法案》，将硬岩矿产品（Hard rock Minrals）全部纳入权利金体系，同时规定原本不支付权利金的冶金矿产业支付 8% 的权利金，能源矿产业（如煤炭、石油、天然气等），其权利金费率为 8% ~12%。对于利润较高的石油矿产，经过数次法令修改，最终固定在外海石油权利金费率为 16.7%，内陆石油权利金费率为 12.5%。美国还有土地上矿产的勘查开发执行分类管理制度，其中可租让矿产采取的出让方式是招标组让。在竞争招标中，对那些赋有已知矿床或成矿前景较明朗地区的矿产地，矿业权的出让方式是现金红利招标制度。所谓红利，是通过招标拍卖方式出让矿业权，在矿业权招标出让过程中，中标人向所有人一次性支付现金超出法律规定的权利金的那部分标金。红利收入在美国目前每年在 5 ~10 亿美元。租金是指矿业权人为获得矿地的使用权而每年按面积支付的费用。一般前 5 年内每年支付 2.5 美元/英亩的租金，在第 6 ~25 年每年支付 5 美元/英亩的租金，当然不同矿种间略有差异。租金在美国矿产资源税费收入中所占比例相对较小。

美国的矿产资源税主要包括资源税和暴利税。①资源税，有的州也称采掘税或矿产税，是由州政府对开采煤炭、石油、天然气和其他矿产资源的行为开征的一种税，目前有二分之一以上的州开征资源税，各州开征的资源税的征税对象和具体名称也不相同，阿拉斯加州征收石油和天然气税，路易斯安那州征收天然气税，俄克拉荷马州征收石油和天然气税，得克萨斯州征收原油和天然气税，田纳西州征收天然气税，犹他州征收石油和天然气税，怀俄明州征收矿产税；②暴利税，美国自 1979 年 6 月 1 日起放宽价格管制，针对石油公司所获得的超额利润，于 1980 年 2 月 2 日对国内生产原油征收联邦货物税，1991 年底取消，近期美国国会又在考虑征收暴利税。

澳大利亚是一个联邦制国家，实行分税制，即联邦政府和州政府都属于主权政府，均可自主决定税制。联邦税务局征收煤矿项目的大多数税收。主要税种有所得税（包括资本收益税）、一定的出口关税和福利补贴税。州政府也有征税权。对采掘业主要征收资源使用税。

澳大利亚十分重视对石油矿业税的征收，在 20 世纪他们对石油的征税主要是矿区使用税和石油货物税。澳大利亚对开采本土矿产资源活动征收矿区使用税，分别由联邦政府和州政府征收。各州政府对陆上石油规定的矿区使用税多为石油生产毛收入的10%，联邦政府规定海上石油的矿区使用税为原油井口净价值的10% ~12.5%。联邦政府还授权各州政府代为管理征收海上石油的矿区使用税，根据油田情况确定税率，一般在10% ~12.5%之间。

中国与西方国家矿业税费比较情况见表9－1。

表9－1　中国与西方市场经济国家资源税费比较

中国	征收目的	西方国家	征收目的
资源补偿费	普遍征收，反映资源的绝对矿租及体现国家对矿产资源的所有权，平均税率1.18%	权利金	普遍征收，反映资源的绝对矿租及体现国家对矿产资源的所有权，是矿业税的核心，税率2% ~12%
资源税	普遍征收，级差调节，有绝对矿租和级差矿租双重作用，是我国矿业税的核心	资源租金税（超额利润税）	只有约15%的国家单独采用该税种，大多数国家常将其包含在权利金以内。该税种反映资源级差矿租部分，即仅对超额利润征税
采（探）矿权使用费	1998年后开始普遍征收	矿业权租金	普遍征收
采（探）矿权价款	政府评估后出让，或招、拍、挂，是采矿权有偿取得制度的核心。1998年后开始逐步实施	红利	招标或竞拍，获得矿权者向所有权人支付
		资源耗竭补贴	负权利金，税收减免，专项用于企业寻找新矿体

资料来源：高珊珊，孙超.2009.我国矿业税费制度研究［J］.中外能源，(3)：10~15.

由此可见，中国和西方矿业税费存在较大差异。首先，西方市场经济国家资源税费的主体是普遍征收的权利金，体现的是资源开采者向资源所有者支付的因开采不可再生资源的赔偿。而在我国资源税费的主体是资源税。西方市场经济国家资源权利金的税率体系随市场、资源赋存情况的变化而变化。经过数次法令修改才固定到目前的外海石油权利金费率为16.7%，内陆石油权利金费率为12.5%，露采煤矿权利金费率为12.5%，坑采煤矿权利金费率为8%。

其次，西方市场经济国家一般都有资源耗竭补偿，如美国、澳大利亚、加拿大、智利、印度尼西亚、马来西亚及南非等。美国1997年权利金总收入约70亿美元（含红利、资源租金税），而用于耗竭补贴的支出约6.7亿美元，约占总收入的十分之一。我国目前还没有真正意义上的资源耗竭补偿机制。

最后，西方市场经济国家的资源税已成为日益完善的环境税收体系的一个重要环节。资源开采的一个显著特点是对环境和生态造成了严重的破坏，在市场经济国家资源税收制度的制定和完善过程中，都比较好地考虑到了环境问题。具体来说有两个方面，一个是对于资源开采者所发生的任何环境保护或恢复支出在计税时给予相当有利的扣减；另一个是政府通过环境税及矿地恢复保证金制度等对矿业活动征税，治理矿业对环境的破坏，而我国在这方面也还没有相应的举措。

五、国外矿政管理体制

（一）总体概述

世界各国的矿政管理体制大致分为3种模式：①矿业能源部门管理模式；②自然资源部门管理模式；③产业经济部门管理模式。据不完全统计，世界上大约有40%～50%的国家采用矿业能源部门管理模式。这类国家，大多数是发展中国家，资源相对丰富，经济迅速发展，需要消耗大量资源，或者需要靠出口矿物原材料拉动经济发展。此外，发达国家中的一些联邦制国家，尽管在联邦一级的矿政管理采取的是其他模式，但在一些资源较丰富的州或省也实行了矿业能源部门管理模式（如美国的内政部和加拿大的自然资源部）。世界上大约有30%的国家由产业经济部门管理矿产资源勘查开发，也是一种常见的模式，如德国、日本等。总体上看，这类国家主要是一些经济较发达、资源不甚丰富并且国土面积不太大的国家，但也有一些资源相对丰富的发展中国家采取了这种模式，如蒙古。采用自然资源部门管理模式的国家大约有20%。采用自然资源部模式管理矿业的国家可分为两类。一类是国土面积相当大、各类资源均较丰富并且总体上看经济较发达的国家，如美国、加拿大、澳大利亚、俄罗斯等。另一类是国土面积较小、自然资源总体上也不甚丰富的欠发达国家。前者是需要加强自然资源的综合、集中、统一管理，后者则是没有必要实行部门管理。

一个国家的矿政管理体制选择，取决于许多因素，其驱动力也是多种多样的。但是，首先也是最重要的，是其资源禀赋，以及资源在国民经济建设中的地位和作用。其次，取决于其经济发展目标与矿业发展目标，以及这两个目标之间的匹配性。此外，还取决于一个国家的发展战略和管理基础以及许多其他因素。国际上的矿政管理体制也正在变革中。随着人类社会对资源的认识，从“狭义的资源观”到“资源的产业观”、“资源的生态观”和“资源的全球观”的演化，各国政府对资源的管理也经历了一个从数量管理到质量管理到顺序开发再到生态管护的发展趋势。总的看，国际上的资源管理正在横向上逐步拓宽，走一条适度综合的道路，资源综合管理是当前国际自然资源管理体制的发展趋势之一。如，近年来，澳大利亚几个州的矿业能源部就相应调整为资源部或自然资源部，在20世纪80～90年代联邦的矿业能源部已经调整为自然资源部。越南最近也成立了自然资源部，综合管理包括矿产资源在内的各类自然资源。同时，国际上的资源管理还在纵向上适当延伸，资源管理与产业管理融合，资源管理与生态管护结合。

（二）典型国家的矿政管理体制

1. 美国

美国是一个矿业大国，美国联邦政府的矿产管理体制涉及多个政府部门，有内政部、能源部、美国贸易开发署、美国进出口银行、商务部、农业部、环境保护部、国家科学基金会和国防部等。其中，最主要的是内政部和能源部。内政部负责资源管理、矿业权管理以及权利金征收管理；能源部则主要负责能源政策、能源产业、石油储备等。能源矿产的勘查、开采以及权利金的征收，则由内政部负责。

联邦政府主要负责制定矿产战略、确立竞争规则和维护资源的可持续开发，为本国矿产产业提供经济、技术和制度上的框架。同时，负责联邦所有土地内矿产资源的勘查、开发。而州政府则负责州所有土地和私人所有土地内矿产资源的勘查和开发。私营企业通过参加政府公开招标租售程序获得矿产开发和生产权，政府不直接干预私营企业的生产和经营。

2. 澳大利亚

澳大利亚的矿业由联邦政府和州（领地）政府两级管理。其共同职责是：创造一个有利于矿业发展的宏观经济环境，降低或消除不利于公平竞争的因素，以合理的投入获得并传播地球科学信息，加强勘查、开发项目审批，安全和环境评价等方面的监督等。澳大利亚政府部门不参与矿产资源的商业勘探和开发活动。

联邦和州（领地）政府的职责分工明确，联邦政府负责制定国家政策，包括财政、金融和税收政策；外国投资导向、国际贸易和关税政策；实施与《公司法》和《原住民土地权法》有关的矿产资源事务管理；负责有关国际协议的签署和执行；海岸线3海里外矿产资源的勘查和开发许可证的审批；行驶由宪法赋予的出口权管理；开展国际贸易合作和对外事务管理；以及负责采矿对环境的影响评价审批等。州（领地）政府则负责对州内（包括距海岸线3海里以内海域）矿产资源的勘查、开发和环境保护的日常管理，以及与勘查、开发有关的基础设施建设和环境影响评价等的审批和监督。

3. 加拿大

加拿大是一个由10个省份和两个地区组成的联邦国家，其矿业管理部门分为两级，即联邦和省，两级间是分工、协作关系，除环境和矿山复垦等涉及社会公众利益或省间协调的问题外，分别按各自的立法管理权限履行职责。作为联邦制国家，加拿大的12个省（区）在管理自然资源方面享有很大的权利。按加拿大现行宪法，联邦政府在一定范围内享有对矿产的直接控制权，如铀矿的勘探、开发管理；西北地区和领海的矿产资源管理。对于全国的矿产资源，联邦政府主要是从科技、劳动和环境保护上管理，通过制定政策和法律，维护经济的可持续发展，控制矿业活动对环境的影响，从宏观上控制加拿大矿业。采矿业一般由省级政府管理。但加拿大的3个少数民族地区的矿业活动由联邦政府通过派驻观察员或直接管理的方式行使管理权。

加拿大自然资源部，是联邦政府管理能源、矿产和森林资源的主管部门，下设4个局，分别是地球科学局、矿物与金属局、能源总局和森林服务局，共有雇员约4500人。能源总局下设7个分局，包括能源资源分局、能源政策分局、能源技术分局、能源技术未来分局、能源效率办公室、能源研究与开发分局和管理服务分局。自然资源部的职责是促进加拿大的矿产、能源和森林资源的可持续发展和可靠利用，以开发加拿大土地上的未开发资源。能源总局是管理加拿大能源工业的独立联邦管理机构，直属加拿大自然资源部领导，它在能源方面的职责是：制定国家总体能源战略和政策目标，确保资源的有效合理开发利用和国内能源供应。国家能源委员会是加拿大国家能源监管机构，隶属于国家自然资源部，但独立行使职能，其主要职责是在石油、天然气和电力领域实施监管，以保护公众利益。具体包括：一是监管天然气进出口和石油、电力出口；二是在经济技术、财务、环保、安全健康等方面审批跨国和跨省输油管道及输电线路的建设，并监管运行；三是确定公正合理的管输价格，保证管输收费和服务的非歧视性；四是监管边远地区和海上油气勘探、开发活动，加强有关环保、安全资源评价和保护、应急处置；五是研究国家能源状况，向自然资源部提出合理有效利用能源的建议；六是向联邦政府“北部管道局”提供技术支持。

加拿大各省也均设有矿业管理专门机构，他们在各自管辖范围内独立行使矿产资源管理职能。负责管理本省（区）范围内矿产资源的勘探、开发、开采以及矿山的建设、管理、清理改选和关闭，同时确保规划决策不与矿山开发相冲突，以保证矿产的后续利用；确保市政府不对符合采矿法的生产矿山过分地限制，从而保护地区经济；帮助维护与矿产有关的投资利益；保护人民生命财产不受危害。以安大略省为例，北方发展及矿山部的职责是：地球科学的研究和报告；矿山复垦和废弃矿山危害的管理；管理安大略省的矿产权。联邦政府对省（区）只有评论权，通过设立一个由各省（区）矿业界代表和自然资源部代表组成的全国性矿业协调委员会，每月召开一次会议，协调联邦政府与省（区）的矿业活动，跟踪了解各省（区）的矿业情况，了解矿业在国际上的地位。

六、国外矿业权管理经验的启示

综上所述，我们对国外矿业权的出让管理、转让管理、监督管理、税费管理以及矿业权管理体制机制进行了大致梳理和分析。总体上看，发达矿业国家在长期的市场经济发展和矿业开发过程中，积累了丰富的管理经验；但由于各国经济、政治、文化各不相同，因而在矿业权管理体制机制、过程管理以及税制等方面存在一定的差异。国外矿业权管理的实践经验，对改革完善我国矿业权管理制度有以下启示：

1）世界上发达矿业国家在矿业权管理的制度设计和管理模式上取得了丰富的经验，这些经验需要我们不断学习和借鉴。但是由于我国的政治体制、经济、文化等诸多方面同国外存在较大差异，因而在矿业权管理法律制度和政策设计上，不能照搬只能借鉴。

2）在矿业权出让方面，国外矿业权的出让方式一般由法律或政策规定，行政管理部门没有太多的自由裁量权。探矿权一般采用市场化出让方式，即主要采取“早申请优先”的原则出让矿权，而对于油气、地热等特殊矿产的探矿权，以及多数采矿权主要采用市场化出让方式，即主要采用招标拍卖方式。对于沙石黏土矿，一般不设探矿权，而是直接进行拍卖出售。我国在矿业权出让方面，总体与国外做法一致，但行政干预偏多，特别是对于沙石黏土矿的出让管理应该简化程序。

3）在矿业权转让方面，国外总体比较宽松，允许大多数探矿权在完成探矿阶段后自然过渡为采矿权。而采矿权的转让，则基本都是采用市场化机制，政府很少干预。除矿业权作为一个整体转让以外，国外普遍允许矿业权部分转让或股权转让。

4）在矿业权之上可设置丰富的权利。比如加拿大马尼托巴省矿业法第218条规定，“登记员可以在矿业权登记簿上登记将会影响矿业权权利状况的财产转让证书、售据、期权、信托、契约、抵押、债券、收费、留置权、中止诉讼手续的申请或其他文件”。矿业权抵押、出租转租是矿业权交易普遍存在的形态。在这一点上，我国在新的矿法修订中需要借鉴，一方面要充分体现矿业权作为物权的性质，另一方面可进一步活跃矿业权市场，促进矿业更好地发展。

5）在矿业权监督管理方面，西方发达国家均比较严格。在监督手段上，综合利用法律、经济、行政手段；在监督责任上，中央政府（联邦政府）和地方政府（州政府）划分明确，各负其责；在监督内容上，主要包括对矿产开发利用的监督，对开发过程中生态环境保护的监督，对矿山开发安全、人员健康的监督；在监督措施上，主要包括对矿业权人资质和技术能力的监督，对矿山开采方案的监督以及对开发过程中环境保护措施的监督。所有这些做法，都值得我国借鉴。

6）在矿业税费方面，西方矿业发达国家大多形成以权利金为核心的矿业权税费制度，能够充分体现矿业权所有者的利益，而我们国家则主要征收资源税，未能充分体现国家作为所有权人的利益；西方发达国家普遍征收资源耗竭补偿费，而我国却没有严格意义上的资源耗竭补偿制度；西方发达国家在矿业税费上充分体现了对矿业开发中生态环境的保护，而我们国家在矿山环境恢复治理税费方面却并不完善。

7）在矿业权管理体制机制上，各矿业国家虽然也各不相同，但在管理体制上总体比较合理、比较顺畅。在管理模式上，多数国家倾向于向综合管理发展；在权责划分上，中央政府（联邦政府）管宏观，地方政府（州政府）管微观，职责权限划分清晰；在管理机制上，主要强调依法行政，并建立必要的协调机制。在我国矿业权管理体制机制上，虽然也在逐渐向上述方向发展，但目前还不够完善，甚至有些混乱。

第二节　矿业权实地核查发现矿界问题处理跟踪研究

实地核查工作结束两年多来，经过各级国土资源管理部门、矿业权实地核查承担单位和矿业权人的共同努力，目前绝大多数问题已经得到了变更处理或纠正，并及时完成了数据库的更新。剩余问题特别是矿界问题形成原因复杂，涉及因素众多，处理存在一定难度。

2011 年国土资源部组织开展了矿产资源卫星照片执法检查工作，利用影像活动图斑监测矿产资源开发状况等情况，以此判断矿业权合法性和动态变化规律。通过卫星照片执法调查发现井口不在矿界内的违法图斑 132 个；矿界位移点 122 个。全国矿业权实地核查项目办公室组织协助矿政管理部门开展矿业权实地核查“回头看”工作，评价总结实地核查成果，对发现问题的整改情况进行跟踪研究，对矿业权漂移、井口位于矿界外等问题进行变更处理或纠正，进一步夯实矿业权管理的权属数据基础。

2011 年卫星照片执法成果发现全国井口不在矿界违法图斑共涉及 13 个省，其中 81.06% 分布于甘肃省、山东省、内蒙古自治区、云南省 4 省；矿业权边界位移的违法图斑共涉及 16 个省，内蒙古自治区、青海省、黑龙江省、云南省 4 省矿界位移图斑最多，共 99 处，占全国总数的 81.15%。

按照全国矿业权实地核查项目办公室总体工作部署安排，2012 年以内蒙古、黑龙江、山东、云南、甘肃、青海等 6 省（区）为主，其他省（市）为辅的方式开展实地核查发现问题处理情况的跟踪研究。各项目承担单位一方面以省（市）或试点地区开展核查发现问题整改情况跟踪调查，另一方面以卫星照片执法工作发现的违法图斑成果开展矿业权边界问题处理情况调查工作。

一、工作方法

（一）资料收集

收集相关实地核查资料、最新登记库信息、相关许可证、遥感影像和卫星照片执法成果等资料，并加以对照分析。经分析选择重点地区开展核查时发现存在矿界问题的矿业权问题处理跟踪，另外借助卫星照片执法成果有针对性地跟踪调查矿业权边界问题。

整理各类资料，形成图件及各类资料，为进一步验证核查工作质量，以及跟踪矿业权边界问题处理情况提供准确信息。

（二）室内核查

基于全国矿业权实地核查成果数据库，对库中发现问题及处理建议字段进行关键字搜索，并筛选，提取库中存在矿界位移、超层越界问题并未处理的矿业权，与矿山卫星照片执法相关数据进行空间和属性内容比对。由于卫星照片执法采用遥感影像数据圈定地表疑似图斑，结合矿业权许可信息判断是否存在矿业权违法开采勘查情况，这种工作方式与核查工作判断开采、勘查活动范围与矿界对比的工作方式存在共性与不同。跟踪核查发现问题的处理情况，另一方面通过卫星照片执法数据对露天开采方式的开采面，或地下开采方式的井口是否仍然不在矿界内的情况进行对比分析，逐个评估实地核查发现问题的处理情况，为未处理问题的处理和纠正提供技术支持。

根据国家下发的2011年度卫星照片执法检查问题图斑坐标，对问题矿业权的实地核查资料及登记库资料进行完整性检查、补充。利用已有图件对问题图斑进行内业分析，①检查疑问图斑中心点坐标是否与开拓工程平面图一一对应，有无错漏；②初步确定其越界的类型；③对其周围已有的E级GPS测量控制点进行收集整理，制定下一步野外核查方案；④对违法矿业权矿界处理情况进行跟踪，分析问题处理效果。

收集最新矿业权登记库数据，对照矿业权两年度信息变更情况，关键整理矿业权空间范围变更情况。

（三）控制测量

充分利用各省矿业权实地核查基础控制测量成果（平面坐标为“1980西安坐标系”，高程系统为“1985年国家高程基准”）进行各问题矿业权的测量，对于控制点点位遭到破坏或没有控制点的矿业权，采用CORS基准站，数据采用RTK施测手段布设测量基础控制点，并与一定数量高等级的国家三角点进行联测，求取国家“2000坐标系”与“1980西安坐标系”的转换关系。

（四）野外调查

开展核查发现问题野外调查，跟踪矿业权处理结果，一方面对核查后仍未处理的问题查明原因，另一方面对已经处理的问题进行跟踪，分析处理效果及存在问题；利用“卫片执法”问题图斑，野外验证图斑与矿业权相关性，并对存在边界问题的矿业权查明原因，以及问题处理进展，以此验证实地核查工作质量及效果。

对2009年参加全国实地核查工作的矿业权，针对矿界问题：越界开采、矿界位移、井口不在矿界、相邻矿业权交叉重叠等问题开采野外资料问讯和测量。越界工程的准确坐标并与上次的测量成果进行比对，检核上次测量数据的正确性；实际开采工程与矿业权核查和2012 年法定边界范围、基本信息进行对照，分析边界和其他数据不一致的实际处理情况。

（五）问题调查

走访相关矿政管理人员，问询发现问题处理情况。通过现场调查了解、走访当地群众、召开座谈会等形式，详细记录问题矿业权边界和基本信息是否存在问题，以及原因，并要求矿业权人和当地国土资源局签署意见，盖章确认。野外跟踪调查结束后，项目承担单位对所有问题矿业权进行综合分析归类，针对不同问题分别提出解决建议，提交国土资源管理部门参考，为下一步变更处理提供依据（图 9 –2）。

图 9 –2　矿业权问题实地调查

二、问题梳理

通过室内矿业权实地核查成果数据、卫星照片执法成果数据和 2012 年最新有效矿业权许可证等相关资料进行空间、属性分析，并开展野外实地调查测量工作，以此为基础归纳总结矿业权问题的处理情况，以及卫星照片执法图斑与矿业权的相关性，从而梳理各类问题实际处理情况。

（一）核查发现问题处理情况

经全国矿业权核查，各省（市）、地区均发现了大量问题，核查承担单位根据野外实地核实成果进行整理分析，将野外实测的勘查工程或开拓工程分布范围投影到平面图上，与勘查许可证和采矿许可证上标定的范围进行套合，分析矿业权人实际活动范围，并在专门调查的基础上，对问题进行分析、整理，并分类造册，提出解决建议，统一提交给委托任务的国土资源主管部门。国土资源主管部门在核查承担单位的协助和矿业权人的配合下，根据实际情况分析产生问题的原因，及时酌情分类处理。通过跟踪存在问题的矿业权，处理情况可以分为以下 3 类。

1）已处理：对于因管理等客观原因造成的矿业权实际位置与法定许可位置不一致、库证不一致、矿种与许可证不一致等问题的给予了变更处理；对于存在矿业权人有意越界开采、以探矿代采矿、勘查投入不足、许可证过期、勘查开采矿种不一致等违法行为，按照法律规定给予了纠正和处罚。对经过依法变更的矿业权内容，及时更新了探矿权和采矿权登记数据库。

2）未处理：对于矿业权人之间存在争议且一时难以协调处理的，通过全国实地核查数据已经客观地记录到了探矿权和采矿权核查数据库中，并对出现问题的原因，提出了处理意见，并确保政策的统一。

3）处理不到位：对存在的问题已经依法进行了纠正和变更，但仍然未完全解决越界开采以及井口在矿界外的实际情况，矿界变更未充分考虑生产计划等造成跟踪时该矿业权仍然存在问题。

（二）卫星照片执法发现问题处理情况

通过表 9－2 所示，通过 31 个省（市）卫星照片执法发现问题实地调查，除去黑龙江省两个违法图斑点标注为吉林，两省重复跟踪调查工作外，其他图斑点位置均落于相关省份。从表中可以看出，卫星照片执法发现的问题图斑有 126 个为伪图斑，占所有问题图斑的 49.21%；其余 50.78% 的真图斑全部为实地核查工作已经发现的问题，并且已经有 64.75% 完成处理，有 35.25% 未处理，未处理的主要为历史问题、处理难度大和到期不再延续的矿山。

表 9－2　利用卫星照片执法成果跟踪矿业权问题处理情况一览表　　单位：个

省（区）	矿界位移	井口不在矿界内	伪图斑		真图斑		处理情况	
			矿界位移	井口不在矿界内	矿界位移	井口不在矿界内	未处理	处理
内蒙古	46	27	—	—	46	27	2	71
黑龙江	19	8	19	6		2	2	—
青　海	24	—	10	—	14	—	—	6
山　东	—	29	—	28	—	1	1	—
云　南	10	18	10	12	—	6	4	2
甘　肃	—	33	—	8	—	25	25	—
其他省	25	17	20	13	5	4	9	—
总　计	124	132	59	67	65	65	43	79

1. 伪图斑情况

造成表中伪图斑的情况主要有以下几方面：卫星照片执法工作中图像判断错误；卫星照片执法充分考虑图像要素，对测量精度要求不足，或图件坐标转换方式有误造成图斑位置不准确，判断为违法图斑；已经关停的矿山判断为违法开采图斑；矿业权相关资料未及时更新，经过实地核查工作，存在的问题已经处理，并已经完成变更的矿山仍然有部分被判断为问题图斑。

1）卫星照片执法数据精确度不足：卫星照片执法使用的基础遥感影像数据精度高，但受用途以及校正数据精度的限制，与矿业权所要求的精度存在差别。通过此次实地核查数据与卫星照片执法成果对照可以发现，井口位置数据的位置准确程度相对较低。如图 9－2 所示，该地区卫星照片执法 3 处违法井口图斑成果，所对应的采矿权通过实地核查已经显示 2009 年有 3 个井口位于矿界外，但井口位置及方向均相差过远。经过现场核实，该井口为 2100000520365 采矿权废弃老井口，已经填埋处理。

2）影像判断有误：主要通过影像标识进行判断开采活动的方式容易受影像数据中干扰信息影响，卫星照片执法工作中将附近工程建设项目遗留材料堆等信息识别为井口。

3）矿业权相关资料未更新：全国矿业权实地核查发现问题及时得到有效处理，并且已经换发新证的矿业权，目前井口位置已经在法定范围内，如图9－3，图9－4所示，11号与13号违法图斑点均为探矿权历史遗留的民采井，勘查项目区内6号井，经过实地核查工作后，2011年已经对违法行为依法进行了立案查处。目前，两处违法采井已经获得采矿证。

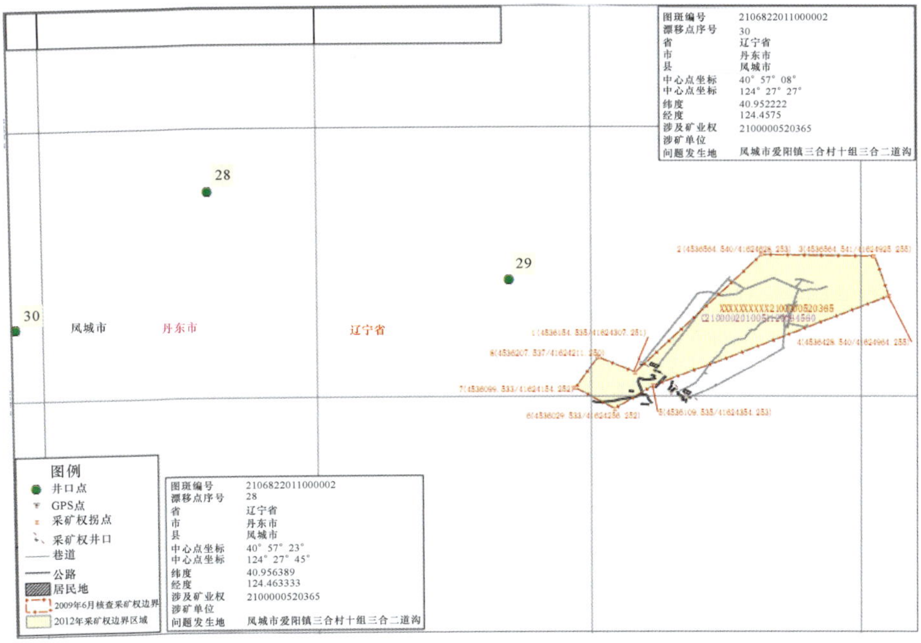

图9－3　某违法图斑（井口不在矿界）情况图

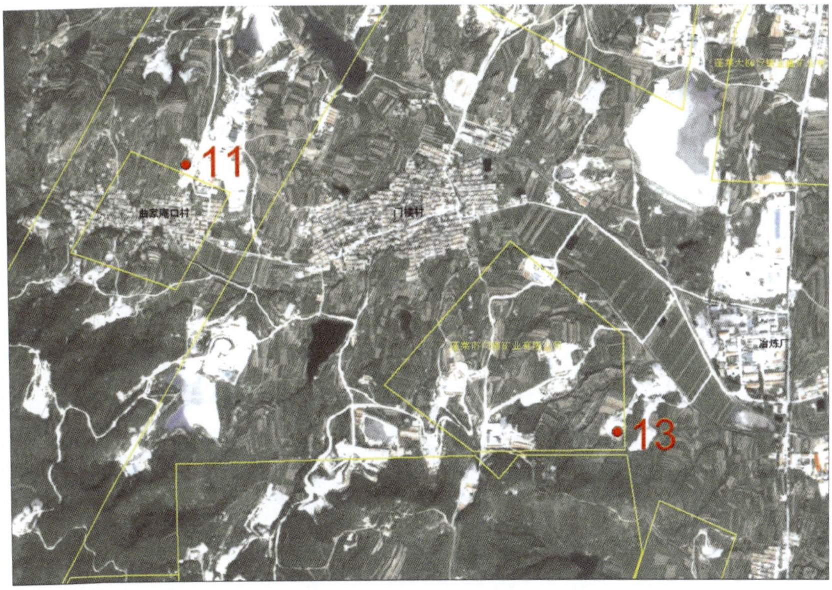

图9－4　11号与13号图斑卫星照片与现场照片示意图

4）关停矿山或废弃井

在实地跟踪调查时部分矿山为无人开采的矿山，或违法图斑点为废弃井口的情况，无开采痕迹。如图9－5所示均为废弃老井，但为今后勘查或开采有可能继续利用，井口一直保留。由于井口的存在易发生非法采矿行为，且存在安全隐患。国土资源管理部门已要求探矿权人采取拉倒井架、封填井口、撤离地表附属设施等措施，并通知相关政府加强对该区域的监管。

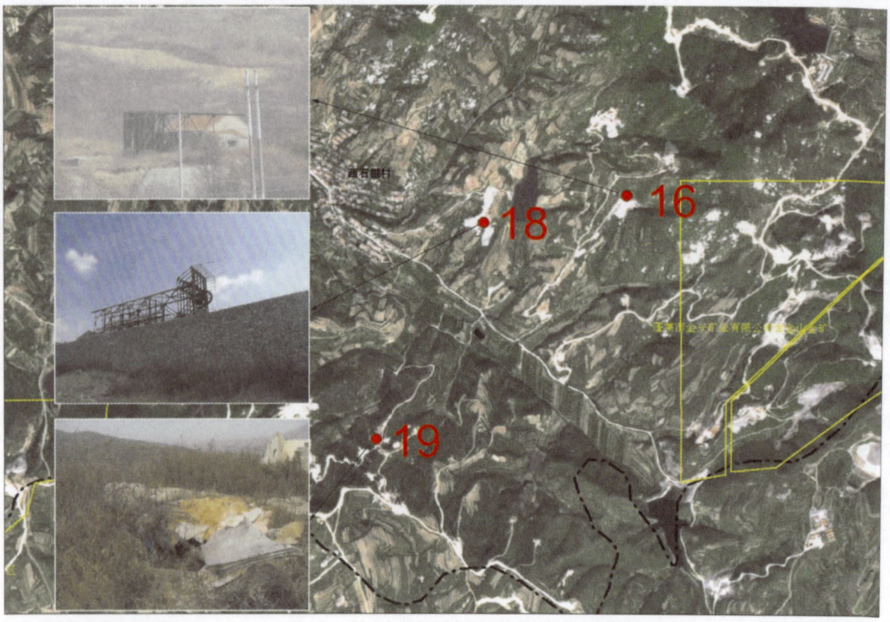

图9－5　图斑点位置与现场照片示意图

2. 真图斑情况

利用卫星照片执法中发现的矿界问题，实地跟踪调查该问题图斑，发现除2011年新设矿业权外，其他问题均在全国矿业权实地核查工作已经发现，并反映于图件或者核查对照表。2012年矿业权违法的实际情况为：核查发现的问题在卫星照片执法工作结束后，已经得到有效处理；核查工作后已经处理，但仍然存在违法开采行为；违法行为确实存在，相关变更申请正在处理；历史问题，无法处理；存在井口在界外，但已经与相邻矿业权达成协议。

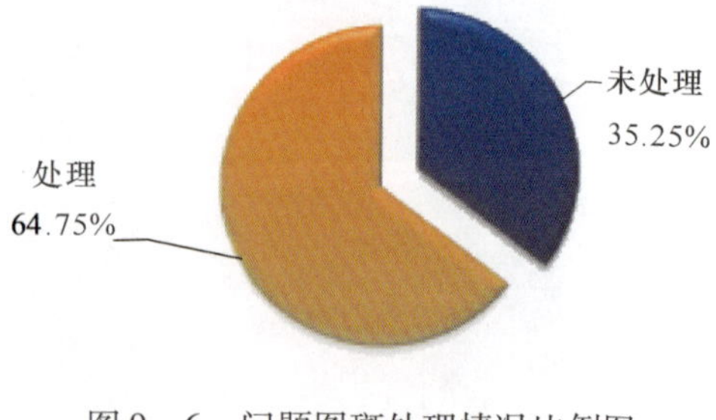

图9－6　问题图斑处理情况比例图

1）问题已经处理：如图9－6所示，2012年经过实地调查工作，卫星照片执法发现的矿业权边界问题65%已经有效处理，并没有存在越界开采等违法行为。各地区针对井口在界外采矿权部分已经扩大矿界（图9－7）。

部分暂时无法扩大矿界的则已拉倒井架，封闭井口或停工整顿，切断电源等方式处理（图9－8），实际矿权人在处理后也没有进行开采活动。需要延续开采的矿业权则正在办理采矿权手续，待手续齐全后开工建设。

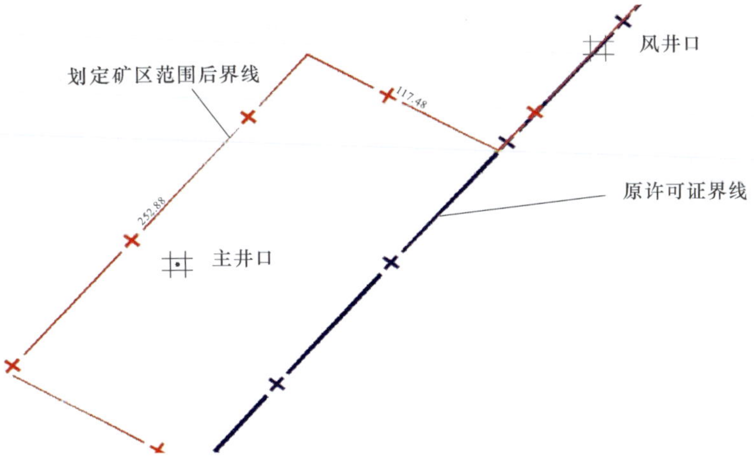

图 9－7　井口在界外的问题处理情况图

图 9－8　井口不在矿界内的处理情况

砂石黏土类矿业权存在越界开采的情况比较多，该类矿产开采灵活，矿证年限较短，技术手段落后，无边界控制，容易造成违法开采行为。实地核查工作结束后，大部分此类矿山矿界位移的情况得到了变更，如图 9－9 所示，2012 年已经变更矿界，能够满足矿业权人在界内开采行为。

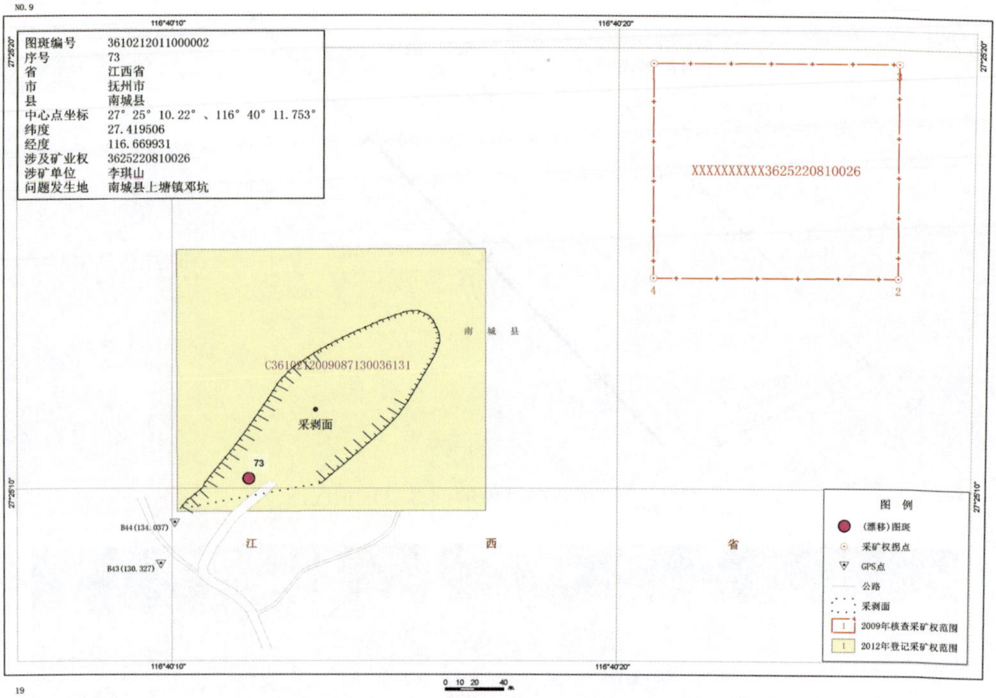

图 9－9　矿界位移的处理情况

2）正在处理：由于是历史遗留问题，目前正在处理，并且尚未处理完成的问题矿业权较多。如图 9－10 所示，经测量该矿主井口超越矿界 82.31 m，副井口超越矿界 49.16 m，风井口超越矿界 1.38 m，同时南部有部分巷道越界。由于该矿业权周边没有相邻矿权，已经按相关文件要求申请变更矿区范围，目前相关矿区范围变更申请正在上报、审核中。

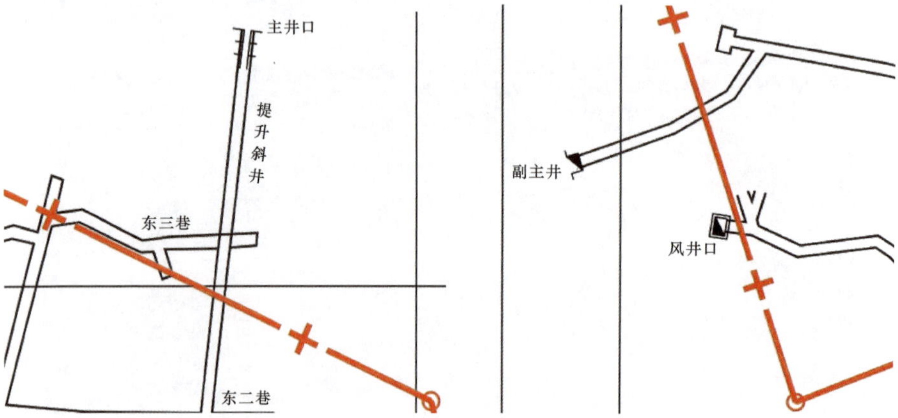

图 9－10　某煤矿井口越界示意图

3）矿界问题未处理：通过图 9－11 可以看出，2009 年实地核查发现该矿权存在矿界漂移情况（图中红色点为违法漂移图斑点），但 2012 年变更后该矿业权位置并无调整。

另外，受历史原因，矿业权人归属问题，或者矿区面积及地形影响造成的越界情况较多。如图 9－12 所示，目前宏发煤矿的开拓工程位于舍乌福利煤矿开拓工程的上方，故宏

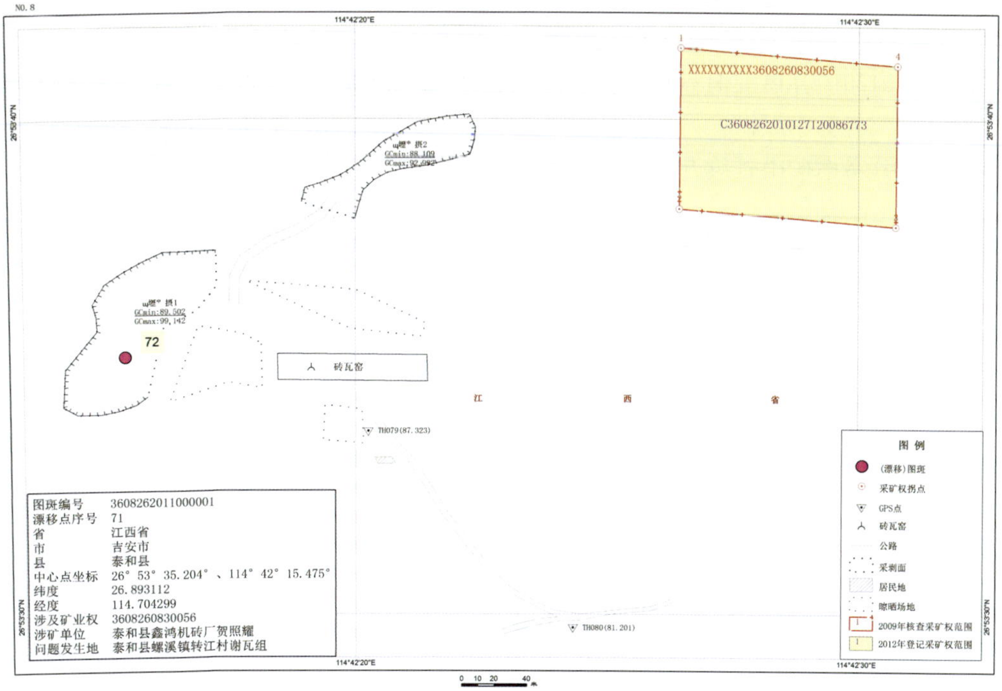

图 9－11 某违法图斑（漂移）情况图

发煤矿不能通过变更矿区范围的方法解决开拓工程越界的问题，但双方已经签定协议。部分小煤矿发证面积均不足 0.1 km^2，矿区范围仅能包含矿体，加之矿区地形平坦，采用斜井的采矿模式，致使个别井（洞）口不得不开设在矿界之外，造成了各矿业权矿井井口、巷道“你中有我、我中有你”的混乱状况，存在很大的安全隐患。

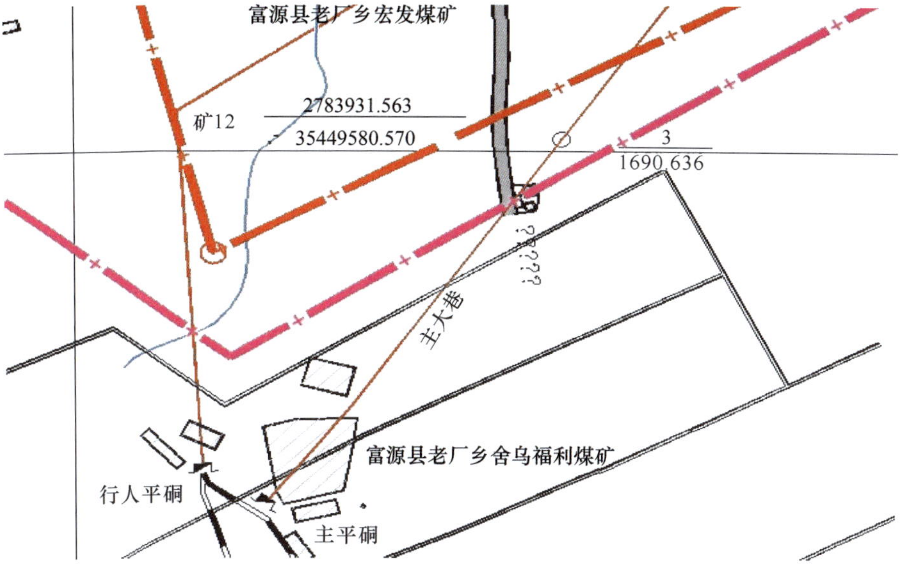

图 9－12 富源县老厂宏发煤矿与舍乌福利煤矿开拓工程交错示意图

建议：井口在相邻矿业权范围内，整合；在矿界外的扩大矿界。

4）问题处理未到位：实地核查发现井口不在矿界内和矿界位移等问题部分矿业权虽然变更了矿界或封闭了井口，但存在井口在封闭后又出现的违法开采行为，在全国抽样调查过程中发现一例，且为小煤矿；另外，如图 9－13 所示，虽然核查工作结束后该矿业权变更了矿界，但未充分考虑矿山延续开采需要，造成该矿山至今仍然存在越界开采行为。

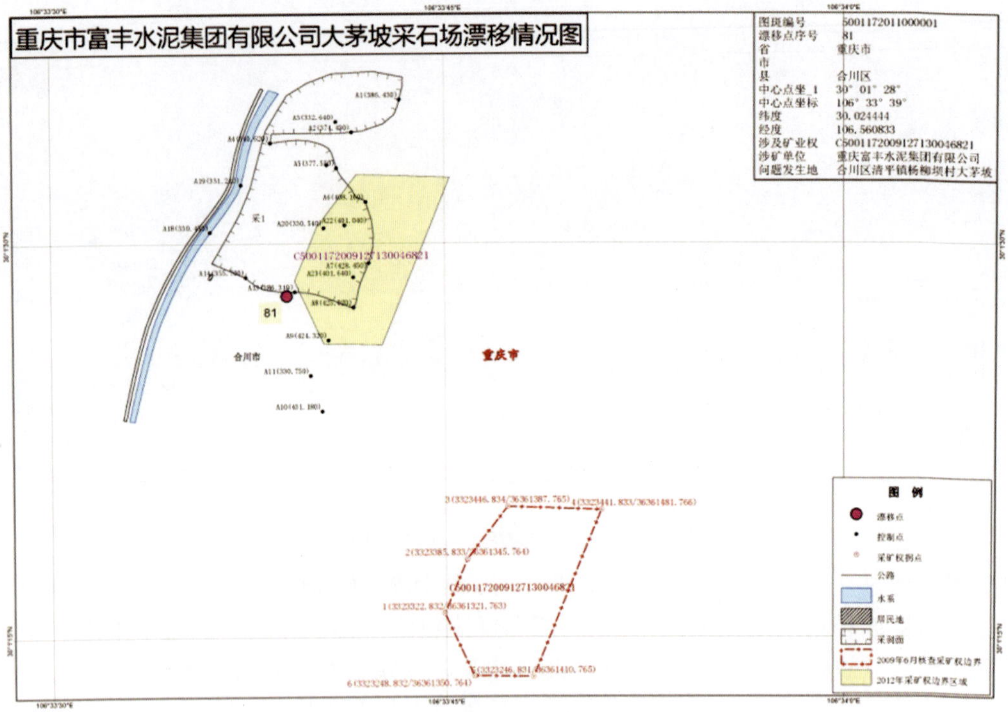

图 9－13　矿界位移处理不到位情况示意图

三、问题产生原因分析

（一）技术方法落后

20 世纪 70 年代以前，我国矿业权采用“1954 北京坐标系”，后来逐渐转向精度更高的“1980 西安坐标系”，一些地方还有自己独立的坐标系。不同坐标系在相互转化中存在误差，造成实地核查的矿区范围与登记的矿区范围出现偏差，从而造成矿界位移、超层越界及交叉重叠等问题。我国基层国土资源主管部门，缺乏熟练的技术人员和先进的仪器设备，致使测量数据和矿山划界不准备，从而出现矿界问题。此外，我国矿政管理信息化手段滞后，2007 年以前，各级矿业权审批登记数据库处于相对分离的状态，登记信息不能及时反馈和汇总，造成不同级别核发的矿业权范围存在交叉重叠。

（二）历史原因

我国特定的历史原因造成了中小矿山居多的矿产开发格局，经过 2008 年的资源整合，情况有所好转。通过矿业权实地核查，全国共有采矿权 11×10^4 个，其中煤炭采矿权为 1.5×10^4 个，占采矿权总数的13.6%。目前我国的煤炭开采依然是中小煤矿居多，而小煤矿普遍存在数量多、开采条件差、技术装备落后、人员素质低等特点，这也在客观上造成“难管理、不好管”的问题。

（三）矿政管理人员配置不足

我国正处在矿政管理从过去的粗放式管理向精细化管理转变的阶段，需要一支专业技能强、技术知识硬、文化素质高的人才队伍与之相适应。目前，我国基层矿政管理人员配置存在两个问题：①数量不足，②专业性不强。特别是西部经济欠发展地区，受条件、经费和政策等因素制约，矿政管理部门很难吸引地质测量专业人才，一线矿管人员缺少培训，业务不熟练产生较多的管理问题。例如青海省在进行采矿权许可证延续变更时，简单地将证上“1954 北京坐标系”改为“1980 西安坐标系”，而矿权拐点坐标没有转换，误认为叫法不一、数据一致，将“1954 坐标系”地形图上量取的坐标在采矿许可证上标注为“1980 西安坐标”。这是造成该省矿业权平移越界的一项因素。

（四）矿政管理方法滞后

目前我国实行探矿权两级发证、采矿权四级发证的体制，各层级管理机关协调机制不完善，造成部分矿业权重复勘查等问题。我国的《矿产资源法》颁布于1986 年，1996 年进行了修订，相继还出台了一系列相关的法规和办法，但还不够完善，法律关于采矿企业的资质标准不够明确，使得一些资质与矿山储量不相适应的企业获得了采矿许可，客观上也造成大矿小开、资源配置不合理等问题。另外，我国没有根据矿产种类进行区别管理，对砂石黏土类的矿产采取相同的管理标准和程序，加重了开采者的负担，使得矿业权管理的效率低下。

（五）矿业权人主观违法探矿采矿

矿业权人士矿政管理的相对人，受矿政管理机关的监管，在法律法规允许的权限范围内从事探矿采矿活动。但是，由于部分矿业权人自身素质不高、法律意识淡薄，加之矿政管理部门监管不善，一部分矿业权人受利益驱使故意违法探矿采矿，通过超层越界、以采矿代探矿、隐瞒主采矿种等方式获取非法利益。

四、问题处理办法

（一）问题处理所依据的政策及法律

1. 涉及矿业权的矿产资源管理法律法规及政策文件

这一层面的政策法律立法层次较高，是处理矿业权审批登记管理问题的主要依据。目前涉及矿业权审批登记管理的法律和行政法规有：《中华人民共和国物权法》、《中华人民共和国矿产资源法》、《中华人民共和国民法通则》、《中华人民共和国矿产资源法实施细则》、《矿产资源勘查区块登记管理办法》、《矿产资源开采登记管理办法》、《探矿权采矿权转让管理办法》和《地质勘查资质管理条例》等。

涉及矿业权审批登记管理的部门规章及政策性文件主要有：《国土资源部关于贯彻〈中华人民共和国物权法〉的通知》、《关于矿产资源勘查登记、开采登记有关规定的通知》、《关于矿山企业办理采矿登记与企业工商登记有关问题的通知》、《关于加强对矿产资源开发利用方案审查的通知》、《关于加强国家规划区内矿业权管理的通知》、《关于矿产资源开发整合中采矿权登记有关问题的通知》和《国土资源部关于规范勘查许可证采矿许可证权限有关问题的通知》等。

2. 专门针对矿业权核查的规范性文件

此类文件法律效力层次较低，主要是为矿业权核查工作提供具体内容、步骤及方式上的指导，也是矿业权核查发现问题的处理依据。这部分专门性文件主要有：《关于开展全国矿业权实地核查工作的通知》（国土资发〔2008〕59 号）、《国土资源部关于印发〈全国矿产资源潜力评价总体实施方案〉和〈全国矿业权实地核查总体实施方案〉的通知》（国土资发〔2009〕55 号）、《关于进一步做好矿业权实地核查工作的通知》（国土资厅函〔2009〕936 号）、《关于做好探矿权采矿权登记与矿业权实地核查工作衔接有关问题的通知》（国土资厅发〔2009〕54 号）等。

（二）矿界问题处理方法

全国矿业权实地核查工作结束后，各省、各地区继续开展对核查发现问题的处理工作，大部分问题得到了解决。针对不同问题，各省采取了不同的解决办法，对存在边界问题的矿业权不再办延续，需要办理延续的矿业权则主要采用以下 4 种处理办法。

1）对矿区范围位移问题的处理方法：本着尊重历史、妥善处置的原则，通过核查发现采矿权人实际开采范围整体偏离法定范围，是由于测量精度不够以及假定坐标等原因造成的，如果无其他纠纷，由矿业权人向原登记机关提出变更矿区范围申请，登记机关按照变更矿业权的程序审批，在确定变更的范围无矿业权重叠后办理变更手续。

2）对超越原批准矿区范围开采或勘查问题的处理方法：一是如果通过核查发现矿业权人实际开采范围超出原批准矿区范围，是客观原因造成的，由矿业权人向原发证机关提出变更申请，登记管理机关按照变更矿业权的程序审批，在协查确定无矿业权重叠后为其办理变更登记手续。登记管理机关审批时可参考核查单位变更矿区范围的建议。二是矿业权人主观原因超越批准的矿区范围开采或勘查，由国土资源主管部门组织进行实地复查依法处理后，责令其退回原矿区范围。国土资源管理部门加强监管，每月进行现场抽查。

3）对矿业权边界交叉重叠问题的处理方法：按照矿业权设置时间优先原则协调解决，首先由矿业权人之间自行协商，双方达成一致意见后，向登记管理机关申请变更矿区范围，登记管理机关在确认无矿业权重叠后予以变更、换证。如果双方协商不成，需按照国土资源部要求先将核查数据导入登记库后报部备案；待国土资源主管部门按照上述原则协调、双方达成一致意见后，再按照程序予以变更、换证。

4）登记数据库信息错误或缺项问题的处理方法：通过矿业权核查对于矿业权登记数据库中有误的信息及时进行更正，对于登记库中缺少数据项的及时完善补充。

（三）过期矿业权处理方法

1. 我国法律对过期矿业权的处理规定

（1）过期探矿权

按照《矿产资源勘查区块登记管理办法》第十条、第二十一条、第二十四条、第三十条的规定，探矿权人因勘查许可证有效期届满，不办理延续登记或者不申请保留探矿权的，勘查许可证自行废止或由发证机关予以注销；探矿权人申请采矿权或因故需要撤销勘查项目的，应向登记管理机关递交勘查项目完成报告或者勘查项目终止报告，报送资金投入情况报表和有关证明文件，由登记管理机关核定其实际勘查投入后，办理勘查许可证注销登记手续。自勘查许可证注销之日起90日内，原探矿权人不得申请已经注销的区块范围内的探矿权。探矿权人不办理勘查许可证变更登记或者注销登记手续的，由登记机关责令限期改正，逾期不改正的，由原发证机关吊销勘查许可证。

（2）过期采矿权

按照《矿产资源开采登记管理办法》第七条、第十六条、第二十二条的规定，采矿权人逾期不办理延续登记手续的，采矿许可证自行废止；采矿权人在采矿许可证有效期内或者有效期届满，停办、关闭矿山的，应当自决定停办或者关闭矿山之日起30日内，向原发证机关申请办理采矿许可证注销登记手续。采矿权人不办理采矿许可证变更登记或者注销登记手续的，由管理机关责令限期改正，逾期不改正的，由原发证机关吊销采矿许可证。

（3）矿山关闭的规定

矿山企业关闭矿山，应当按照下列程序办理审批手续

1）闭坑地质报告审批：开采活动结束的前一年，向原批准开办矿山的主管部门提出关闭矿山申请，并提交闭坑地质报告；闭坑地质报告经原批准开办矿山的主管部门审核同意后，报地质矿产主管部门会同矿产储量审批机构批准。

2）关闭矿山报告审批：闭坑地质报告批准后，采矿权人应当编写关闭矿山报告，报请原批准开办矿山的主管部门会同同级地质矿产主管部门和有关主管部门按照有关行业规定批准。

3）矿山企业闭坑的义务：关闭矿山报告批准后，矿山企业应当完成下列工作：按照国家有关规定将地质、测量、采矿资料整理归档，并汇交闭坑地质报告、关闭矿山报告及其他有关资料；按照批准的关闭矿山报告，完成有关劳动安全、水土保持、土地复垦和环境保护工作，或者缴清土地复垦和环境保护的有关费用；矿山企业凭关闭矿山报告批准文件和有关部门对完成上述工作提供的证明，报请原颁发采矿许可证的机关办理采矿许可证注销手续。

2. 根据以上法律规定，建议对于过期矿业权作如下处理

1）对于矿业权已经过期，且矿业权人已经按照法律规定在勘查许可证或采矿许可证有效期届满前30日向登记管理机关递交了办理延续登记手续的，矿权管理机关应依法审查，最终确定该矿权是否应予延续，如不批准则依法注销。

2）对于矿业权已经过期，而矿业权人并未在法定期限内向矿权登记管理机关递交矿权延续手续的，矿权管理机关应视该矿山企业是否已经缴纳矿山环境恢复治理保证金而做出不同的决定，如已经缴纳矿山环境恢复治理保证金，矿权管理机关应依法责令矿业权人依法履行资料归档、闭坑、关闭矿山、土地复垦和环境保护等手续并做出相应的行政处罚，之后将矿权予以公告注销。对于矿业权人并未缴纳矿山环境恢复治理保证金，而私自闭坑逃避法律责任的，矿权管理机关应积极查找矿业权人勒令其补缴矿山环境恢复治理保证金、履行其他法定义务并做出行政处罚。如无法找到矿业权人，应将此种情况汇总层层上报国土资源部备案，然后可依法提起强制执行闭坑义务的申请，通过法律程序予以注销。相关责任及矿山恢复治理所产生的相关费用待日后查找到原矿业权人时再行追偿和处

罚。具体流程见图 9－14。

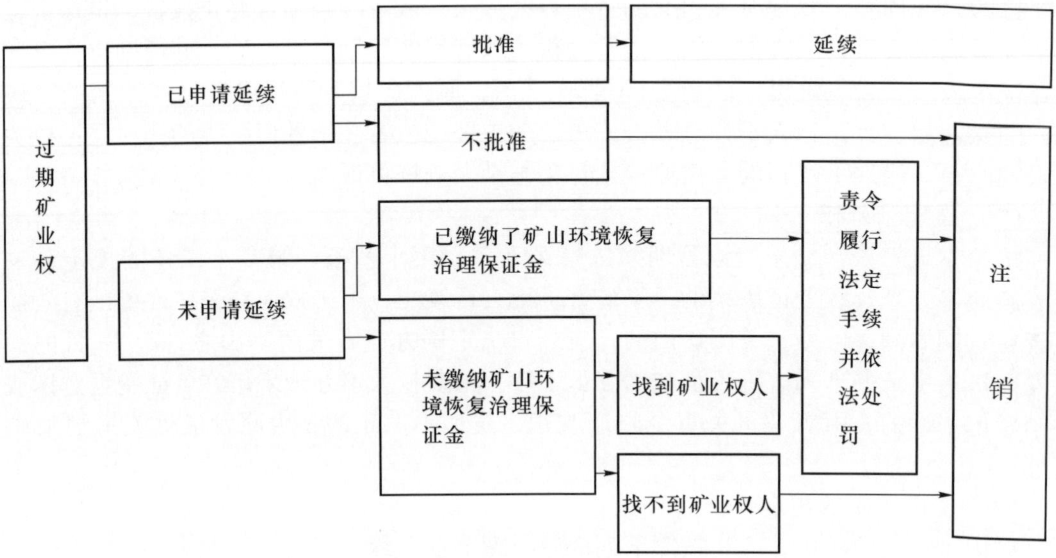

图 9－14　过期矿业权处理流程图

第三节　加强矿业权管理的对策研究

管理好矿业权是一项复杂的系统工程。矿业权管理涉及的因素很多（图 9－15），主要包括：矿业权管理机构和矿业权管理人员，矿业权管理对象——矿业权人，矿业权管理的政策法律，矿业权管理的技术方法，矿业权管理的物质条件配备，矿业权管理的体制机制，矿业权管理的外部环境等。

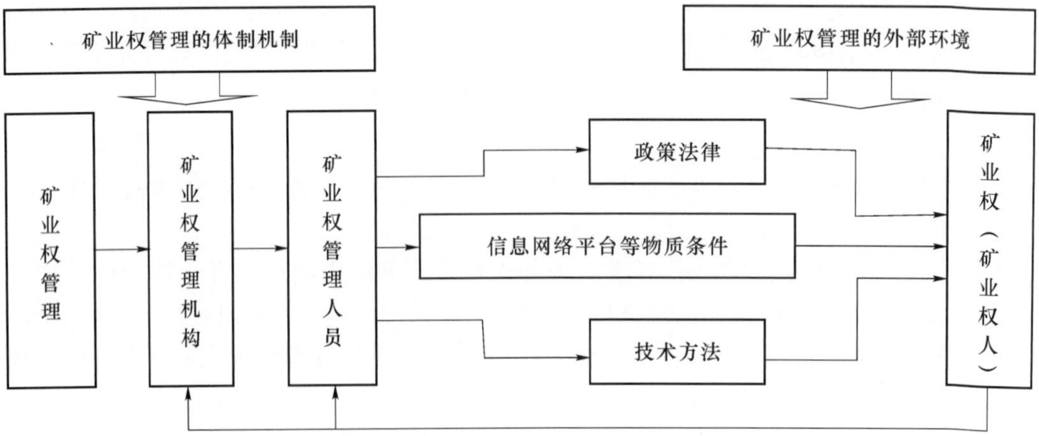

图 9－15　矿业权管理的系统要素与流程

通过对影响矿业权管理的系统因素和流程的分析，可以认为，加强矿业权管理需要采取多方面配套措施。

一、科学划定矿区范围

按照我国《矿产资源法》、《矿产资源勘查区块登记管理办法》及《矿产资源开采登记管理办法》的规定，探矿权人和采矿权人在取得勘查许可证及采矿许可证之前都应该向登记管理机关提交相应申请，列明申请勘查的区块范围或开采的矿区范围。经批准后矿业权人即获得了在该法定空间立体范围内进行勘查、开采的权利。目前，我国对采矿权矿区范围的界定是三维界定，即不单要界定相应的平面拐点坐标，还要对开采标高做出相应界定，如果开采行为超过了矿区平面及垂直投影则为越界开采，如果开采行为超过了相应的法定开采标高即为越层开采，越层开采和越界开采统一称为超层越界，都属于违法开采行为。矿产资源在地下的赋存状态并不规则，因此对所有固体矿产统一划定开采标高以限定其立体开采范围并不科学。因此，建议将矿产资源进行分类。对如钨、锡、锑等国家战略性矿产资源实行排他性许可，即只划定平面开采区域，不限定开采层高，因此，在采矿许可证有效期内，在该立体范围内不能再设定其他矿权。对于其他矿产则应限定开采标高。如果在不同标高探明存有不同矿产，且按照矿产分布情况及开采规律，两者可以互不影响，则可在不同的开采层高分设不同的矿权。

另外，矿区范围的地表划定是依据当事人的申请，且按照矿区范围收取矿区范围使用费。因此，造成矿业权人尽量将矿区范围划小，极易导致越界开采的情况发生。鉴于此种情况，建议取消矿区使用费，提高矿产资源补偿费并将矿区范围的土地统一纳入土地使用面积收取土地使用金。国外矿业发达国家将矿业用地分为矿区、辅助矿业活动区、矿物堆放与处理区域等，地表都按照土地面积收取土地租金。至于矿区范围有些国家有专门的规定，如美国、加拿大等国多数州都规定石油等页岩类矿产实行方格状面积授予，而对呈矿脉状的金属矿产实行以主矿脉走向为轴分两边一定距离的长方形为一个矿区面积的确定方式，该方法较为科学与合理。建议我国法律对矿区范围进行较为详细的规定。

二、加强矿业权宏观调控

（一）宏观调控的总体要求

我国的矿产资源勘查开发，由于各种原因曾陷于失控状态，这对于保障我国资源、环境、经济协调可持续发展造成了非常大的影响。中央政府及其有关部门这些年曾出台了一系列措施，并成立了矿产资源宏观调控的部门，从而使得矿产资源宏观调控方面取得了明显效果，但仍然需要进一步加强。

我国矿产资源宏观调控的总体要求是：要构建以矿产资源战略、规划为统筹的宏观管理体系。按照转变经济增长方式和发展方式的要求，坚持“适度从紧”的矿产资源宏观管理原则，科学调控资源开发总量和结构，优化矿业权设置和开发布局，保障合理资源需求，促进国民经济可持续发展及和谐发展。

（二）强化矿产资源规划的科学性和严肃性

根据国土资源部2012年颁布的《矿产资源规划编制实施办法》（2012年12月1日起

实施），矿产资源规划的编制和实施，应当遵循市场经济规律和地质工作规律，体现地质勘查和矿产资源开发的区域性、差异性等特点，鼓励和引导社会资本进入风险勘查领域，推动矿产资源勘查开发。矿产资源规划，应当符合国民经济和社会发展规划，与国土规划、主体功能区规划相协调，与土地利用总体规划、环境保护规划等相互衔接。

矿产资源规划一经批准，必须严格执行。地质勘查、矿产资源开发利用和保护、矿山地质环境保护与治理恢复、矿区土地复垦等活动均应当符合矿产资源规划。矿业权设置方案是对一定区域内探矿权采矿权空间布局的具体安排，应当依据矿产资源规划编制。已设置的探矿权和采矿权不符合矿产资源规划和矿业权设置方案要求的，应当依据矿产资源规划和矿业权设置方案，按照国家有关规定处置。

国土资源主管部门应当依据矿产资源规划鼓励和引导探矿权投放，在审批登记探矿权时要审查其是否符合矿产资源规划确定的矿种调控方向，是否符合矿产资源规划分区要求，有利于促进整装勘查、综合勘查、综合评价。国土资源主管部门在审批登记采矿权时，应当依据矿产资源规划对其是否符合矿产资源规划确定的矿种调控方向，是否符合矿产资源规划分区要求，有利于开采布局的优化调整，是否符合矿产资源规划确定的开采总量调控、最低开采规模、节约与综合利用、资源保护、环境保护等条件和要求，不符合矿产资源规划要求的，有关国土资源主管部门不得审批、颁发勘查许可证和采矿许可证，不得办理用地手续。没有法定依据，下级国土资源主管部门不得以不符合本级矿产资源规划为由干扰上级国土资源主管部门审批发证工作。

各级国土资源主管部门应当严格按照矿产资源规划审查本级财政出资安排的地质勘查、矿产资源开发利用和保护、矿山地质环境保护与治理恢复、矿区土地复垦等项目，不符合矿产资源规划确定的重点方向、重点区域和重大工程范围的不得批准立项。

（三）进一步完善矿业权设置方案编制制度及其配套措施

国土资源部自2006年起，首先在煤炭国家规划矿区推行矿业权设置方案管理制度。2011年，国土资源部又出台了《关于进一步完善矿业权管理促进整装勘查的通知》（国土资发〔2011〕55号），要求全面推行矿业权设置方案制度。根据55号文件规定，整装勘查区主攻矿种、低风险和无风险矿种必须编制矿业权设置方案。同时要求，新设矿业权须符合矿业权设置方案；已设矿业权不符合方案的，要进行整合。编制实施矿业权设置方案，提前对矿业权的布局和调整、投放总量和出让时序进行详细安排，从源头上杜绝大矿小开，解决矿业权布局不合理问题，增强矿业权设置的主动性和合理性，实现矿产资源开发整合常态化管理。到2012年4月，全国第一批47片整装勘查区矿业权设置方案全部通过部级验收。

从整装勘查区矿业权设置方案审查情况看，绝大多数方案符合55号文件要求，但由于矿业权设置方案制度在高风险矿产为主的区域刚刚推广，在编制实施方面难免存在一些问题：①在整装勘查区矿业权设置方面，仍存在多、小、散的情况，矿业权设置数量较大，对已设矿业权调整和整合力度不够；②部分整装勘查区矿业权区块划分和矿业权设置的科学性、合理性论证乏力，缺乏对矿业权设置的合理性和调整优化的潜力分析论证；③主攻矿种已设矿业权数量不多，新设空间不大，非主攻矿种尤其是砂石粘土矿矿业权设置过多，影响整装勘查主攻矿种的矿业权设置，矿业权存在进一步优化的潜力；④个别方案矿业权设置方案制定的资金投入导向不符合地质找矿相关政策。

为确保矿业权设置方案制度全面顺利实施，需要在整装勘查区和国家规划矿区编制实施实践的基础上，进一步研究解决方案编制实施中存在的问题，完善制度和管理。一是加强已编制方案实施情况的跟踪研究。研究建立矿业权设置方案实施效果调查评估体系，就方案实施后对整合常态化管理、资源节约和综合利用、勘查开采及深加工技术进步、环境保护和安全生产、和谐矿区建设和社会经济发展等各方面的效果、效益和影响进行跟踪评估，为矿业权设置方案调整论证和滚动修编等工作提供理论和技术依据。二是系统地开展矿业权设置方案相关理论研究。有关矿业权设置的理论研究较少，研究程度不深，矿业权设置优化缺乏充分的理论支持。如何妥善平衡对国民经济具有重要价值的主攻矿种与对地方经济社会发展影响较大的低风险、无风险矿种的设置；如何对于多矿种重叠富集区、优势和保护性开采矿产聚集区、砂石黏土矿等大宗普通建筑矿产矿业权设置方案进行编制，这些都需要从理论和方法上进行系统研究。三是细化完善矿业权设置方案编制技术规范。55 号文提出了矿业权设置编制审查的政策规定和技术要求，但由于要兼顾各种情形，矿业权设置方案编制要求只是原则性、框架性的规定，整装勘查区矿业权设置优化技术性较强，具有区别于一般矿区的时间、技术和政策要求，亟须研究提出更为明确具体的编制技术规范。同时为全面推行矿业权设置方案制度，需要针对不同成矿类型、不同类型矿种、不同的已设探矿权采矿权情形和不同的发证权限，制定不同的编制要求和技术规范。四是应加强矿业权设置优化长效机制方面的研究。55 号文作为一个规范性文件，只提出了矿业权整合常态化管理的思路，而部分整装勘查区矿业权设置十分密集，整装勘查主攻矿种合理设置面临大量已设矿业权调整任务，其矿业权优化设置受到现行的矿业权管理制度的限制，亟须对相关现行矿业权管理制度进行完善和创新，建立矿业权设置及调整优化的长效管理机制。

三、尽快完善矿产资源法律制度

我国《矿产资源法》从 1996 年首次修订到现在已经 17 年，我国所面临的国内外环境已经发生了很大变化。在矿产资源勘查开发方面，这些年来曾出现了一系列新情况、新问题，而要解决这些形式多样、纷繁复杂的问题，现有矿法已很不适应，从而给政府（特别是国土资源管理部门）带来了挑战。为了满足国家和地方发展经济与环境治理的需要，政府不得不出台一些临时政策、临时规定，虽然这些临时政策和临时规定对于维护矿产资源勘查开发秩序和环境保护起到了重要作用，但也造成政策多变、甚至损害矿业权人合法权益的现象。因此，在加强理论研究和充分调研的基础上，尽快修订完善《矿产资源法》及其配套法规，已经成为最为迫切的任务。

（一）改革矿业权审批制度

1）国家要逐步下放矿业权审批权。对于一些特别重要的矿产、特别紧缺的矿产，应适度加大国家调控的力度，如石油、铀矿、稀土矿、钨矿等。一些地方，出于自身利益考虑，在探矿权审批过程中往往打政策“擦边球”和采取“化整为零”做法，偏离了中央政府矿产资源宏观调控的目标。对于这种情况，应该强化中央政府的调控力度。而除此之外的矿业权审批，应该赋予地方政府更多的自主权，同时本着权力和责任对等的原则，也赋予地方政府相应的监管责任。

2）完善矿业权准入制度。目前，我国在对矿业权准入制度方面还比较粗放，从而造成很多问题。对于探矿权，准入条件不宜太高，因为探矿需要投资而不盈利。但对探矿权的申请准入条件可以考虑进行分类规制，对于能源矿产的探矿权准入条件可保持现状不降低，而应适当提高金属矿产的探矿权准入门槛。对于采矿权，准入条件应适当提高，因为采矿阶段对于技术、资金、环保、安全、经营水平、法律责任和社会责任等有更高的要求。在砂石黏土类采矿权的准入上，可适当强化在开采方式、环境保护和安全等方面的准入条件。

目前，我国已经对煤炭矿山企业的资质做出了比较明确的规定（国办发〔2013〕99号文），但对于其他矿种的矿山企业资质却没有明确规定。我国《矿产资源法》也只是规定了开设矿山企业必须符合国家规定的资质条件，但至今并没出台关于开设矿山企业资质的相关法律规定。这种情况，就造成各级发证机关审查条件不统一，使得一部分与矿产资源储量、开采规模、技术要求不相匹配的企业获得采矿权，造成大矿小开、资源浪费等问题。因此建议在明确煤炭矿山企业资质的基础上，进一步研究制定其他类型矿山企业的资质标准，并在新的矿法修订中予以明确。

3）采取必要措施促使探矿权人在法定勘探期内尽快实施勘探活动。我国在促使探矿权人进行勘探、防止探矿权炒作方面已经有了相关的法律制度，包括最大面积限制制度、有效期限制度、最低勘查投入制度以及规定期限内不勘查吊销许可证制度。然而，目前我国在这方面的监管不到位，相关法律贯彻不到位，应该进一步强化。此外，为了防止部分矿业权人“跑马圈地”、炒作探矿权牟利，可以考虑将最低勘查投入制度改为“面积缩减”制度，即在探矿权人申请的矿区范围基础上，每年减少勘查作业面积，以促使当事人进行勘查。

4）在坚持“申请在先”出让探矿权总体导向的基础上，适度控制“申请在先”出让探矿权的种类。“申请在先”出让探矿权是国际上通行的做法应该坚持。然而采用“申请在先”的方式出让稀缺性资源不符合市场经济规律。“申请在先”出让稀缺性矿产资源的探矿权，在一定程度上会造成国有资产的流失。因此，应该对探矿权出让方式进行分类，对于未探明的区域应该采取申请在先的方式；国家投资且已经初步探明有矿产资源的，可以采取招标的方式；对重要矿区或矿种，如石油、天然气、铀等放射性矿产已经初步查明的，可以采取协议的方式。与此同时，对“申请在先”出让的探矿权进行阶段性清理，尤其是对那些根本没有实际工作量，而是采取编造工作量的以“申请在先”方式出让的探矿权，应坚决予以收回。更加规范“申请在先”出让方式，规避“申请在先”方式滋生的腐败行为。

5）进一步完善采矿权招拍挂出让制度。目前我国采矿权的有偿取得门槛较低，不能有效地遏制采矿权人“跑马圈地”、炒买炒卖采矿权等行为，难以形成合理的开采区块退出机制。因此，需要对采矿权出让制度进行改革，细化采矿权招拍、挂及出让规制，使炒作者和待价而沽者无利可图，加快净化采矿权市场，同时结合矿产资源税费制度改革，以及对采矿权申请准入条件进行分类规制，从而形成合理、有序的采矿权一级市场。

（二）逐步完善分类管理制度

目前，我国除石油、天然气等少数矿产其他各类矿产均采取了大致相同的管理方式，在实际管理过程中导致了管理重点不突出、管理方法不科学、管理程序繁琐和管理效率低下等问题。此种现象在砂石黏土类矿产管理中表现尤为突出，如登记项较多、手续繁琐等。经营砂石黏土类的矿山企业往往规模较小，其法定代表人、股权等也经常发生变动，而变动之后又没能按要求及时进行矿业权变更登记，从而造成库证信息不符等情况发生。因此，借鉴世界通行做法，须逐步完善矿产分类管理制度，特别是对砂石黏土类矿产要适当简化管理项目和管理程序。

（三）完善矿产资源法律责任制度。

1）平衡矿政管理机关的权力与责任。在矿政管理法律关系中，矿政管理机关是行政主体，矿业权人是行政管理相对人，根据权责一致的原则，在赋予矿政管理机关一定行政职权的同时，也应该对其有所限定，如果矿政管理机关及其公务人员在执法过程中出现违反行为，也应承担相应的法律责任。具体而言就是在矿产资源勘查、开采、规划、矿山环境保护、地质资料、储量管理和监督等各个环节都要清楚明了地设置行政法律责任制度，如果违反必须追究其法律责任，杜绝过去存在较多的矿政管理机关及其公务员在管理过程中违反了法律却得不到有效、及时追究的现象存在。

2）丰富矿政管理工作人员行政法律责任的适用条件和适用方式。目前，我国《矿产资源法》对矿政管理工作人员行政法律责任的适用条件和适用方式规定的极其笼统，只是用承担行政责任或刑事责任等方式加以表述，具体的担责方式只能依照《行政处罚法》或《刑法》来进行处理，针对性较差，因此，应该对矿政管理工作人员行政违法的条件加以必要细化，丰富矿政管理工作人员的行政法律责任方式，如规定通报批评、赔偿损失、行政处分等。

3）增加民事责任的有关规定，增强对矿业权人利益的民法保护。矿业权人之间或矿业权人与其他人之间发生的越界开采、矿界争议等具有民事性质的争议，应赋予矿业权人自主解决的民事权利，并规定应承担相应的民事责任的具体方式和救济手段，尽量减少行政权力对私权利的不必要干预。

四、合理解决矿业权和土地使用权分开的矛盾冲突问题

在我国，矿业权和土地使用权二者同时作为一种相互独立的权利而单独存在，因此，取得矿业权并不代表取得行使矿产资源所需土地的土地使用权，同样拥有土地使用权也并不意味着代表其已经拥有土地范围内的矿产资源所有权或矿业权。在实践中，矿业权和土地使用权需要通过不同的程序来取得，法律也没有对矿业权与土地权之间的优先权做出规定。因此，二者之间便产生了矛盾和冲突。往往在当事人取得矿业权后，无法获得土地使用权（尤其是土地为集体所有的情况）。矿业发达国家一般对土地权与矿业权的关系做出规定，有些国家在矿业法中还专门对矿业用地进行规定。

世界各国对这一法律问题的处理通常采用以下几种典型模式：第一，土地权优先于矿业权，主要国家为美国。美国主要实行矿产所有权与土地所有权合一原则，即谁拥有土地

所有权就拥有土地下的矿产资源，在联邦或州的土地上勘查与开采矿产资源时，在取得矿业权的同时取得土地使用权；在私有土地勘查与开采矿产资源时，要经过土地主的同意，土地主不同意，不得勘查与开采矿产资源。第二，矿业权优先于土地权，主要国家为加拿大与澳大利亚。加拿大和澳大利亚的州的矿业法一般都专设一章对矿业用地进行规定。如果在公共土地上申请探矿权与采矿权，在取得矿业权的同时就取得了矿业用地的使用权；如果在私有土地上，需要先取得土地进入许可。除了法律规定的不得进入采矿的私人区域，如房屋周围一定区域、私人养殖一定区域以外，私人有权进入该土地勘查与开采矿产资源，只是双方就土地所有权转让或赔偿进行协商，如果协商不成，须向法院提起诉讼，法院确定赔偿额。土地主与矿业权人土地使用的方式多种多样，可以是土地入股、缴纳土地租金等方式。双方达成协议后，行政机关颁发土地进入许可。从这一法律规定可以看出，这两个国家法律实行的是“矿业权优于土地权”的原则。第三，混合模式，主要为德国和法国。法律对重要矿产推行矿权对土地的使用权优先原则，对一般矿产的矿业权与土地权利冲突时要经土地所有权人同意并通过设定法定“地役权”解决矿业权用地问题，并非是矿业权对土地使用权绝对优先原则。

我国目前对矿业权与土地使用权之间的关系没有做出规定，造成了实践中处理该问题的困难。建议借鉴国外立法对该问题作出如下处理：

1）从立法上加强矿产资源立法和土地立法之间的协调。首先，在修改《中华人民共和国土地管理法》和《中华人民共和国矿产资源法》时要充分考虑矿业用地这一特殊用地的土地使用权的设置限制以及矿业权取得时其所依附的土地使用权如何取得等关键问题，以减少实践中两权行使产生的矛盾和冲突。其次，要根据当前我国土地使用制度改革和矿业权市场建立的进程，适时出台《矿业用地管理条例》，对不同法律中的相关规定进行有效的衔接和细化。

2）对矿产资源进行分类，适用不同的冲突解决机制。首先，对石油、放射性矿产、金等有关国计民生、国家战略利益的矿产资源适用“矿地使用权优先”原则，但对集体所有的土地，本着保护土地所有权的原则也要确定一定的非开采区，如宅基地、养殖地、墓地及耕地等一定区域内不得开采矿产资源。除这些区域之外的地区，双方可协商赔偿或补偿，如果赔偿达不成协议，应允许其向法院提起诉讼，确定赔偿额。其次，对于砂石、黏土等建材类普通矿产资源则应适用“土地权与矿产权平等”原则，通过协商的方式解决。应由探矿权人、采矿权人与集体土地所有人协商。如协商一致，探矿权人、采矿权人与集体土地所有人签订土地使用合同，并向当地国土资源部门备案。如果集体土地所有权人不同意，则探矿权人、采矿权人不能取得矿区土地使用权。值得注意的是，在集体拥有的土地所有权上开采矿产资源的，对土地的使用补偿方式应多样化，可以采取购买、入股、支付使用金等。目前我国只采用转为国有的方式不利于保护集体土地所有权，不利于土地市场作用的发挥。

3）协调矿产资源和土地资源的利用规划，制定相应协调机制。合理利用矿产资源和土地资源都离不开科学合理的规划，因此在资源利用规划编制阶段，就应协调好矿产资源利用规划和土地利用规划之间的关系，使不同的规划之间有一个好的衔接。土地规划属于综合性规划，在进行土地规划时，在处理生态环境、城市建设、集体土地空间布局的同时，注意根据矿产资源的分布情况协调处理与这些要素之间的关系；在制定矿产资源规划时，应服从政府的综合性规划以及上一级的矿产资源规划，从而避免相关土地使用中的冲突。另外，应加强对规划的审核与批准，在审核阶段处理好规划内容的相互关系。

五、实施矿业权精细化过程管理

（一）把握好矿业权出让的三方面要求

我国矿业权分类出让制度及出让方式，基本适应矿产资源勘查开发管理实际，但存在问题仍比较突出。在矿业权分类出让制度方面，法律规定太原则，不易于操作；矿业权设置环节不科学，操作不统一、不规范；市场炒作严重、管理难度大等。以上问题的存在，也反映出我国矿政管理体制机制不顺，地方政府靠矿业权出让增加财政收入，中央政府与地方政府目标不一致，以及在矿业出让上的暗箱操作、缺乏信息公开及完善的监督机制等问题。因此，在矿业权出让管理上，需要采取3个方面措施。

1）严格把握矿业权授予的条件。坚持矿业权授予的区域排他性原则。每一个矿业权所对应的区块、矿区都是唯一的，不能与其他的探矿权或采矿权使用相同的区域范围，法律赋予其具有排他性。探矿权的排他性应理解为同一类矿产的探矿权必须具有排他性，非同一类矿产在不损害原已经设立的探矿权、采矿权人的合法权益时，可以设立新的探矿权。采矿权的排他性表现为：申请人申请划定的矿区范围，其地面投影或地表塌陷区与已设立探矿权、采矿权的区块范围、矿区范围重叠或有其他影响的，其矿区范围应以不影响已有的探矿权人或采矿权人权益为原则。坚持矿业权申请人符合相应资格的原则。包括探矿权人、采矿权人应具备相应的法律人格条件、技术能力条件、资金条件及其信誉条件等。特别是在整装勘查区内，根据国土资发〔2011〕55号文精神，要优选实施整装勘查的探矿权人，保障勘查资金投入和勘查进度。

2）严格矿业权取得的基本程序。探矿权取得的程序包括申请、受理、审查、报批、通知、领证、发证、通报与公告等环节，采矿权授予的程序包括矿区范围划定、采矿权申请、采矿权审批、缴纳采矿权使用费和采矿权价款（国家出资勘查形成的采矿权）、登记发证、通知与公告等环节。此外，根据采矿权人的申请，县级政府须组织有关人员对采矿权边界埋设界桩或者设置地面标志。

3）严格掌握矿业权出让的方式。根据我国法律规定，取得矿业权的方式主要有审批取得、协商取得和竞争取得3种方式。对于高风险勘查，坚持申请在先的探矿权出让管理制度，进一步强化勘查实施方案审查。对整装勘查区高风险勘查，通过编制矿业权设置方案，保障合理布局。对低风险勘查和无风险矿种，坚持主要以招标拍卖挂牌方式出让矿业权，综合资金、技术、业绩、诚信等要素设置竞争条件，全面执行矿业权出让进场公开共示相关规定，接受社会监督。根据国土资发〔2011〕55号文规定，除按照国土资发〔2006〕12号规定可以协议出让的4种情形之外，已设探矿权需要整合或因整体勘查扩大范围涉及周边零星资源的，可以协议方式出让探矿权，各地不得擅自扩大协议出让的范围。

（二）规范矿业权的变更管理

在全国矿业权实地核查中，发现数据项有错误、库证不符等问题的矿业权相当普遍，说明在矿业权变更管理方面存在普遍的不规范现象。因此，规范矿业权的变更管理势在必行。

根据相关法规规定，扩大或者缩小勘查区块范围、改变勘查工作对象、经依法批准转让探矿权的、探矿权人改变名称或者地址的，探矿权人应当在勘查许可证有效期内，向登记管理机关申请办理变更登记，未在有效期限内办理变更登记的，根据相关规定予以处罚。

同样，作为采矿权，其变更矿区范围、变更主要开采矿种、变更开采方式、变更矿山企业名称及经依法批准转让采矿权的，采矿权人应当在采矿许可证有效期内，向登记管理机关申请变更登记，否则根据相关法规予以处罚。

（三）严格矿业权转让的条件

根据《矿业权出让转让管理暂行规定》，矿业权人可以依照规定采取出售、作价出资、合作勘查或开采、上市等方式依法转让矿业权。转让双方应按规定到原登记发证机关办理矿业权变更登记手续。国家对于探矿权和采矿权的转让条件都做了明确规定。

探矿权的转让条件包括：自颁发勘查许可证之日起满两年，或者在勘查作业区内发现可供进一步勘查或者开采的矿产资源；完成规定的最低勘查投入；探矿权属无争议；按照国家有关规定已经缴纳探矿权使用费和探矿权价款；转让人与受让人已签订转让合同；已向原登记机关（部、省地质矿产管理部门）申请转让审批；等等。

采矿权转让的条件包括：矿山企业投入采矿生产满1年；采矿权属无争议；按照国家有关规定已经缴纳采矿权使用费、采矿权价款、矿产资源补偿费和资源税；转让人与受让人已签订转让合同；已向原登记机关申请转让审批等。

矿政管理机关，要严格审查矿业权转让矿业权的法定条件和程序，严禁矿业权人私下非法转让探矿权和采矿权，对于私下非法转让探矿权采矿权的，应依法严肃处理。

（四）加强矿业权注销管理，合理解决过期矿业权问题

目前，我国没有对过期矿业权如何处理的专门性行政法规和部委规章，只是散见于《矿产资源勘查区块登记管理办法》、《矿产资源开采登记管理办法》及《关于做好探矿权采矿权延续审批登记工作有关问题的通知》（国土资厅发〔2008〕144号）、《国土资源部关于进一步完善采矿权登记管理有关问题的通知》（国土资发〔2001〕14号）等行政法规、部委规章或规范性文件之中。一般来讲：矿业权申请延续登记一般要按以下程序办理：申请—受理—审查与登记—签批与发证—通知与公告；矿业权申请注销登记一般按以下程序办理：申请—受理—审查—批复—注销。因为法律规定的过于笼统，因此，在实践中经常会出现矿业权人已经按要求提供相应延续资料，而矿政管理机关却未能在规定的期限内完成对勘查许可证和采矿许可证延续登记工作，对矿业权人的合法权益造成损害。同时，有些没有预交矿山环境治理保证金的矿权人为逃避法定责任没能依法办理矿山注销手续，而矿政管理机关又因找不到责任人而未能依法对该矿权依法注销。如此一来造成了大量的过期矿业权均无法及时处理。为此，拟对处理过期矿业权方面提出如下建议：

1）整合现有法律、法规有关矿业权延续和注销的法律规定，由国土资源管理部门专

门制定关于矿业权延续或注销的具体政策意见。对本次矿权核查中发现的因历史原因造成的矿业权过期情形做出统一处理规定，同时对规范矿业权延续或注销的办理流程、报送资料、审批期限、责任追究等各个环节做出明确细化的规定，以期对日后出现的相应问题有法可依。

2）简化相应的审批流程，增强行政办事效率。以注销程序为例。目前，办理采矿权注销首先要完成必要的前置审批事项，即应取得劳动安全、环境保护等部门出具的批准文件。其次还要由矿政管理部门进行现场勘查、材料审查、集体会审和领导签批，最后通过才会打印注销批件并发放注销通知。如此繁琐程序加之需要提交闭坑地质报告、关闭矿山报告、土地复垦环境保护等证明文件等，整个注销程序任何环节出现问题都有可能导致矿业权过期现象出现。因此，一定要简化、整合相应的审批流程，尽量为矿业权人减轻程序负担，如此才能切实增加行政办事效率。

3）建立临期督促检查制度。对于即将到期的探矿权和采矿权，矿证管理机关应向其发送办理延续登记手续通知，告知其需要提交的相关材料及办理流程。并派员进行监督检查，对于逾期仍不办理的，勘查许可证和采矿许可证自行废止，相应法律责任由矿权人承担。

（五）改革矿业权监管方式

1）继续强化3种方式监督。对矿业权监督检查的制度，目前主要有日常监督检查、年度检查和实行督察员制度等3个方面。①日常监督检查，日常监督检查是指矿产资源管理机构对所管辖的矿业权人进行的定期或不定期的检查，鉴于日常的矿业权监督管理责任主要由市、县级基层矿政管理机构承担，因此，尽快充实基层矿政管理力量，强化基层日常监督管理职能已经刻不容缓；②年度检查制度，年检制度是指每年的固定时期，矿业权管理机关对矿业权人履行法定义务情况进行的检查，年检的内容不仅包括矿业权状态的检查，也包括对矿业权人其他法定义务的执行情况的检查，年检的内容主要包括是否无证勘查或开采、是否超越区块或矿区勘查或开采、是否勘查或开采了其他矿种、是否有应办理矿业权的变更登记的情况、是否有应办理矿业权注销登记的情况；③矿产督察员制度，矿产督察员制度是指国家与省级国土资源管理部门派出矿产督察员，对矿业权人的矿产资源的开发利用进行督察的制度，根据规定，矿产督察员有国家级和省级两种，其职责是对采矿权人进行督察，发现问题向有关主管部门报告，有关部门应在规定的时间内对违法行为进行处理。

2）引入矿业权人依法自动申报登记制度。矿业权人有责任和义务将有关矿业权动态信息定期向矿政管理部门申报，矿政管理部门则根据情况对矿业权人申报信息进行抽检，并建立矿业权人诚信记录档案。对于在诚信方面有良好记录的矿业权人在以后的矿业权申批、延续、扩界等方面给予优惠政策；而对于有不良记录的矿业权人则实施诚信信息披露制度或给予其他方面的惩罚。此种监管方式，一方面会强化矿业权人的自我管理、自我约束，培养矿业权人的诚信素养；另一方面会大大减轻矿政管理部门的工作负担，同时建立了矿政管理部门同矿业权人之间的新型关系。

六、加强矿政管理信息化及相关技术方法研究与应用

（一）加强矿政管理信息化建设

近年来，国土资源部及各省（区）、市、县国土资源部门信息化建设取得了较大进展，特别是自开展全国矿业权实地核查以来，全国矿业权实地核查项目办公室牵头联合各省矿政管理部门进行矿政管理信息系统建设试点，有力地推动了全国矿政管理信息化建设。重庆市南川区、湖北省国土资源厅、山东省国土资源厅等数十家地方国土资源部门，在全国矿业权实地核查项目办公室指导下，在本省（区）、市、县配套资金支持下，开始进行试点工作，并已取得了可喜进展。然而，我国各地情况差异很大，矿政管理信息化建设任务依然艰巨。

未来矿政管理信息化建设目标是，以矿政管理需求为导向，应用信息化手段，夯实矿政业务管理基础，促进各项矿政业务管理的横向联动与纵向贯通，实现覆盖矿产资源勘查开发利用的全过程信息化管理与矿产资源综合信息管理，为国土资源部参与宏观经济管理提供信息与管理支撑。开展矿政信息化建设应遵循“统一思想、统筹规划，统一标准、服务管理，分级建设，分步实施，由表及里、强化应用”的原则。主要建设思路是，以国土资源信息化建设“十二五“规划为指导，在国土资源电子政务平台、国土资源综合信息监管平台、国土资源信息共享服务平台、国土资源“一张图”及核心数据库的信息化整体体系架构下，完善已有矿政审批管理系统，开发拓展矿政综合信息监管应用，开展信息共享与服务，整合矿政管理业务核心数据库，建立系统运行维护管理机制。

（二）加强矿政管理相关技术方法研究与应用。

在全国矿业权实地核查过程中，全国矿业权实地核查项目办公室精心组织编写了《全国矿业权实地核查技术方法指南》，从而为开展全国矿业权实地核查奠定了科学、统一的技术方法规范。在核查过程中，全国各省（区）、市矿业权实地核查部门也都从实际出发，研究提出了若干个行之有效的技术方法。所有这些，对于全国矿业权实地核查工作的顺利推进和最终完成起到了重要的支撑作用。全国矿业权实地核查工作于2010年底结束以后，由全国矿业权实地核查项目办公室牵头开展了矿业权实地核查成果深度度开发应用的各项试点工作，不仅有力地推进了矿政管理信息化建设，也推动了各省（区）、市矿政管理部门和地质矿产、测绘等单位在矿政管理技术方法上的探索与创新。继中国地质调查局发展研究中心等单位专家2011年编著出版《全国矿业权实地核查技术方法指南研究》之后，还有许多专家发表有关技术方法应用的论文。所有这些，都为今后矿政管理技术方法的科学化、规范化、实用化奠定了良好的基础，并推动矿政管理上水平。

在矿政管理方面，还有许多技术方法需要探索、需要创新、需要规范。目前迫切需要在技术方法上进行创新和规范的包括：①坐标系转换技术方法规范。在探矿权转采矿权过程中，需要坐标系转换，其数据保留小数点后面8位数则只存在厘米级误差，而如果保留到小数点后4位，则可能出现7～8m的误差，由此可能会造成矿权越界、交叉重叠等问题，许多基层矿政管理部门（如内蒙古自治区矿管处）已多次反映过这一问题，因此需要统一规范；②历史遗留的巷道、井口在界外的技术处理方法创新与规范，巷道、井口在

界外，大多确属历史遗留问题，需要设计一种合理可行的技术方法予以解决；③多矿种赋存条件下的矿业权设置与管理技术方法创新与规范，这方面问题在我国比较普遍，如在鄂尔多斯就存在煤矿、煤层气、铀矿等多矿种赋存现象，在矿业权设置和矿产资源开发中如何协调关系，需要在技术方法上进行创新；④砂石黏土矿的设置与管理技术方法创新与规范，沙石黏土矿往往与地方经济发展和城乡建设密切相关，而大量砂石黏土矿的无序设置、盲目地开发也造成大量环境、安全问题，有时还与其他重要矿种的勘查开发相冲突。因此，创新、细化矿业权设置与管理技术方法已经非常迫切。

七、加强基层矿政管理人才队伍建设

矿业经济要健康发展，矿政管理水平要逐渐提高，矿政管理手段要逐渐科学规范，因此，加强基层矿政管理人才队伍建设已势在必行。为此，要努力做好以下几点：

1）完善岗位标准，严格选任制度。建设高水平的基层矿政管理队伍，首先就要建立和完善基层矿政管理的岗位标准，因岗设职，按岗选人。要严格控制新进人员选任制度，对新进人员要按规范标准进行优选，控制工作不需要的、安置性的人员进入基层矿政管理部门，为基层矿政管理人才队伍建设打好基础。

2）建立并完善任用考核制度。要通过完善管理制度，特别是干部业绩考评制度。在岗位设置、干部任用、职务晋升等方面要向专业人才倾斜，充分调动广大基层矿政管理人员的工作积极性，维护矿政管理队伍的稳定。

3）加强业务培训与负责人定期轮岗制度工作。对于基层矿政管理人员，要加强其与专业院校、地质勘查单位的联系与合作，开展常态化、多样化的专业培训（比如由专家团队或专业院校代办短期专业培训或学历教育班等），只有严格落实了学习与培训制度，才能把基层矿政管理队伍建成一支懂业务、会管理的高素质队伍。同时，对于矿政管理负责人应定期轮岗，这样做既可以提高他们的实践经验，同时也可以在一定程度上避免在任期内与当地矿业权人形成一定的不正当利益关系，从而阻碍矿政管理的公平监管。

第十章　主要煤炭矿山开发利用情况调查研究

第一节　煤炭资源开采准入条件

一、研究原则及开采准入条件界定

1. 研究原则

1）坚持合理可行的原则，研究提出的相关要求合理、简明，便于理解，可操作性强。

2）坚持合理开发利用和保护煤炭资源的原则，规范煤炭资源开发活动，建立和维护良好的矿产资源开发秩序，促进和保障煤炭行业的发展。

3）坚持发展先进生产能力原则，以培育大型煤炭企业和安全高效现代化煤矿为努力目标。

4）坚持“安全第一”的原则，资源配置优先向煤矿安全生产形势好、安全管理水平高的煤炭企业倾斜。

5）坚持高效、清洁、充分利用的原则，推进资源综合利用。推进煤矸石、煤层气（瓦斯）、矿井水以及与煤共伴生资源的综合开发与利用。

6）坚持“以人为本”的原则，提高矿工劳动保障水平。通过提高机械化、自动化水平等要求，达到作业环境改善，矿工劳动强度减轻的目的。

7）坚持依托行业的原则，借助行业协会平台，建立行业自律约束机制，全方面评估企业实际情况，为国土资源部决策提供信息保障。

2. 开采准入条件的界定

根据矿业权实地核查成果资料，对煤炭开采准入条件进行研究分析，对煤炭资源开采准入条件进行界定，设置从事矿产开发活动进入的标准，事前管理设立煤矿企业入门的行为活动。

开采准入条件为申请取得煤炭资源采矿权的前置条件，凡在国内申请煤炭资源采矿权必须满足准入条件，采矿权转让（含企业兼并重组、资源整合）、延续、扩大矿区范围等行为参照本准入条件。为进一步合理开发煤炭资源，规范煤炭资源开采秩序，提高资源利用效率，促进煤炭工业持续稳定健康发展提供保障。

二、现有开采准入规定

根据相关法律、法规，相关部门对取得相关证照（批复）都设定了一定的条件，简单说明如下：

开办煤矿必须要取得“五证一照”，即采矿许可证（国土资源部门核发）、煤炭生产许可证（煤炭管理部门核发）、安全生产许可证（安全生产监督部门核发）、矿长安全生产许可资格证（安全生产监督部门核发）、矿长资格证（安全生产监督部门核发）以及营业执照（工商行政管理部门核发）。项目前期业主单位需要取得煤炭建设项目安全核准、项目核准批复以及环保部门对环境影响评价的批复。

1. 采矿许可证

主要包括以下内容：采矿权申请登记书（原件）；以地质地形图或地质图为底图的矿区范围图（以拐点标定，并附国家直角坐标和矿区面积）；有设计资格的单位编制的矿产资源开发利用方案（原件）；矿产资源开发利用方案专家审查意见（原件）；企业法人营业执照复印件（包括个人独资或合伙经营企业）；外商投资企业还应提交外商投资企业批准书复印件；具有与矿山建设规模相适应的资金、技术和设备条件的证明材料；划定的矿区范围与评审备案的储量估算范围叠合图；需缴纳价款的应提交采矿权价款评估报告及确认书或采矿权成交确认书等有关资料；采矿权价款处置方面的有关资料（包括企业分期缴纳的承诺书）；环境影响报告及环保部门的审批意见；安全生产监督管理部门意见及相关资料；地质灾害多发地区应提交地质灾害危险性评估报告；划定矿区范围批复；申请采矿范围、资源储量估算范围、划定矿区范围坐标及三者叠合图；储量评审意见和备案证明；探矿人申请采矿权的，应提供地质资料汇交证明。

2. 原煤炭生产许可证

2013 年 6 月 29 日，“第十二届全国人民代表大会常务委员会第三次会议”决定，对《中华人民共和国煤炭法》做出修改，取消煤炭生产许可证相关内容。主要包括：有依法领取的采矿许可证；有经过批准的采矿设计；矿井提升、运输、通风、排水、供电等生产系统符合国家规定的煤矿安全规程，并完善可靠，经依法验收合格；矿长经依法培训合格，取得矿长资格证书；瓦斯检验工、采煤机司机等特种作业人员持有县级以上地方人民政府负责管理煤炭工业的部门按照国家有关规定颁发的操作资格证书；井上、井下、矿内、矿外调度通讯畅通；有符合法律、法规要求的环境保护措施；有矿山建设工程安全设施竣工验收合格证明文件；法律、行政法规规定的其他条件。

3. 安全生产许可证

主要包括以下内容：建立、健全安全生产责任制，制定完备的安全生产规章制度和操作规程；安全投入符合安全生产要求；设置安全生产管理机构，配备专职安全生产管理人员；主要负责人和安全生产管理人员经考核合格；特种作业人员经有关业务主管部门考核合格，取得特种作业操作资格证书；从业人员经安全生产教育和培训合格；依法参加工伤保险，为从业人员缴纳保险费；厂房、作业场所和安全设施、设备、工艺符合有关安全生产法律、法规、标准和规程的要求；有职业危害防治措施，并为从业人员配备符合国家标准或者行业标准的劳动防护用品；依法进行安全评价；有重大危险源检测、评估、监控措施和应急预案；有生产安全事故应急救援预案、应急救援组织或者应急救援人员，配备必要的应急救援器材、设备；法律、法规规定的其他条件。

4. 矿产资源开发利用方案审查

开发利用方案审查是申请采矿证的前置手续之一。国土资源部颁发了《矿产资源开发利用方案审查大纲》（国土资发〔1999〕98 号），大纲中要求：

1）方案编写的资格审查：开采下列矿区、矿区和矿种的，其矿产资源开发利用方案必须由具有国家批准矿山设计资格的单位进行编写开采海域矿产资源；外商投资矿山企业；开采能源和金属矿产；上述之外的大、中型矿山。小型以下矿山企业的开发利用方案可由各省（自治区、直辖市）地质矿产主管部门认定的具有设计能力的单位进行编写。

2）开采储量确定的合理性：设计所依据的地质资料必须由具有资格的地质勘查单位提供，并依据《矿产资源储量评审认定办法》进行认定，满足相应的设计要求。在经济合理和技术可能的前提下，以合理利用、贫富兼采、综合回收为原则，确定合理的经济开采品位，并以此圈定矿体（矿床）。确定的工业指标应充分考虑矿产品市场等方面的要求。对于目前暂不宜开采的贫矿，应制定“采富保贫”的技术措施和后续回采方案，以利于今后可能进行的开采活动。

3）矿山建设规模：在储量有保障、适合大规模开采的矿区，必须实施统筹规划、合理布局的方针，避免大矿小开、整矿零开。依据开采技术条件、市场需求等因素，在总体规划之后，可采取分期建设、滚动发展，逐步扩大生产规模的方式，使企业（矿区）持续、稳定地发展生产。矿山设计服务年限参考矿山设计规范。

4）开采方案：开采方案应遵循“安全、高效、经济和充分利用资源”的原则来确定。做到贫富兼采、采剥（掘）并举、剥离（掘进）先行。采矿回采率、矿石贫化率和选矿回收率等技术指标应比照国内同类矿山的平均先进水平。在经济合理的情况下，首先考虑采取先进的开采技术。采矿方式依据矿体赋存状况和地质地形条件，通过计算和论证确定。确定开拓系统要有利于矿产资源的合理开发回收。尽量不留或少留永久性矿柱，提升运输系统应减少运输过程中矿石的损失、贫化。矿山的开拓系统也需通过方案比较确定。采矿方法依据地质条件和开采技术，考虑采掘工程量、回采效率、出矿品位和资源回收率等方面的指标，通过方案比较，确定适宜的采矿方法。

5）选矿加工方案：依据矿石的性质、构造、结构等特点，经过充分的选矿试验工作和方案比较，选定合理的选矿方法、工艺条件和先进的产品技术指标。入选的原矿中含其他具利用价值的共（伴）生矿产时，应进行充分的综合回收、综合利用试验研究工作，进行方案论证，确定合理的分选回收流程。对目前暂不能回收利用的部分，要提出可行的保护性处理措施。设计的选矿工艺流程，应采用先进技术和高效装备，精矿品位、产率指标得到保障，尾矿品位有效控制，选矿加工的总体水平达到优质、高产、低消耗的要求。

6）环境保护、水土保持、土地复垦等方案：重点审查废石场的建设、矿井水的排放、选矿厂粉尘处理、废水处理和循环利用、尾矿坝的建设、尾矿水排放的方式和影响、土地（草原、林地）复垦利用以及其他有关项目。矿山建设项目的环境影响报告书按程序上报并经有关主管部门批准；矿山的开发利用方案中，应有水土保持方案、土地复垦实施方案，并按规定已上报国家有关部门批准。矿山地质环境影响报告，对矿山开采可能引起的地质灾害（崩塌、滑坡、泥石流、水文地质条件的变化）以及对土地资源的破坏应采取预防措施。

7）矿山安全：矿山企业必须具有保障安全生产的设施，矿山建设工程的安全设施必须与主体工程同时设计、同时施工、同时投入生产和使用。矿山建设工程安全设施的设计，必须经相关主管部门的审查。

5. 安全核准

国家发展与改革委员会项目核准前需进行煤矿建设项目安全核准。安全核准依据的标准为《煤矿建设项目安全核准基本要求》（AQ1049－2008），对企业安全资格提出了具体要求：

1）开发建设灾害严重（属高瓦斯、煤与瓦斯突出、容易自然发火或水文地质条件复杂等情况之一）的矿井，必须由具有相应灾害类型矿井安全管理经验和业绩的煤炭企业建设或参与建设。

2）建设单位直属（包括控股）的生产矿井、施工队伍发生过一次死亡10人以上责任事故，该单位1年内不能申报或参与申报煤矿建设项目；发生过一次死亡30人以上责任事故的，3年内不能申报或参与申报煤矿建设项目。

中央或省级煤炭集团公司，其下属相当于矿务局一级的法人单位所属生产矿井或施工企业发生过一次死亡10人以上责任事故的，该法人单位1年内不能申报（或参与申报）煤矿建设项目；发生过一次死亡30人以上责任事故的，3年内不能申报或参与申报煤矿建设项目。

尽管办理各项证照（手续）对于开办煤矿都提出了一定的条件，但对于煤炭开采准入条件尚未制定明确的、具有可操作性的整体要求。

6. 环境影响评价

原国家环境保护总局《关于加强煤炭矿区总体规划和煤矿建设项目环境影响评价工作的通知》（环办〔2006〕129号）中指出：

各产煤省（自治区、直辖市）有关部门应根据国家大型煤炭基地建设规划，按照“统一规划、合理布局、有序开发、综合利用、保护环境”的原则，组织编制或修编矿区总体规划。在编制或修编过程中，要充分考虑本地区煤炭资源禀赋、环境容量、生态状况和经济发展需要，合理地确定矿区建设规模、生产能力和开发顺序，增强规划的科学性和指导性。矿区总体规划要依法进行环境影响评价，对规划实施后可能造成的环境影响做出分析、预测和评估，提出预防或减缓不利影响的对策措施。经批准的矿区总体规划环境影响评价文件是煤炭开发建设活动的基本依据煤矿在取得采矿证前，必须经过相关环境管理部门对该建设项目环境影响评价报告书的评审并获得批复。

规划编制机关在报批矿区总体规划时，应将规划环境影响评价文件一并附送规划审批部门，同级环保行政主管部门负责召集有关部门代表和专家组成审查小组，对矿区总体规划环境影响评价文件进行审查。规划环境影响评价文件结论和审查意见是批准矿区总体规划的重要依据。

经批准的矿区总体规划的范围、井田划分、建设规模等主要内容发生重大调整的，应当重新进行环境影响评价。

煤矿建设项目必须依照《环境影响评价法》和《建设项目环境保护管理条例》的规

定进行环境影响评价。环境影响评价文件未经批准，建设单位不得开工建设。

煤矿建设项目环境影响评价文件实行分级审批。国家规划矿区内年产 150×10^4 t 及以上的煤矿建设项目，其环境影响评价文件由国家环保总局审批；国家规划矿区内年产 150×10^4 t 以下和国家规划矿区外的煤矿建设项目，其环境影响评价文件由地方环境保护部门审批。

新建煤矿项目必须与周边煤矿资源的整合、改造相结合。关闭违法违规建设、布局不合理、生态破坏和环境污染严重的小煤矿，采取有效措施保护矿区生态环境，防止和减缓地表沉陷、水土流失和植被破坏。土地复垦率、植被恢复系数等须达到国家和地方规定的指标要求。

三、煤炭资源开采准入条件研究

1. 勘查程度要求

（1）勘探阶段条件

申请煤炭资源采矿权所涉井（矿）田的地质勘查工作应达到勘探程度，符合《煤、泥炭地质勘查规范》（DZ/T0215—2002）有关规定，经矿产资源储量评审机构评审和国土资源行政主管部门备案。根据《煤、泥炭地质勘查规范》，先期开采地段资源/储量比例应达到表 10－1 要求。

表 10－1　勘探阶段先期开采地段资源－储量比例

项　目	地质及开采条件							
	简单			中等			复杂	
	大型井	中型井	小型井	大型井	中型井	小型井	中型井	小型井
先期开采地段探明的和控制的资源－储量占本地段资源－储量总和的比例/%	≥80	≥70	≥50	≥70	≥60	≥40	不做具体规定	
先期开采地段探明的资源－储量占本地段资源－储量总和的比例/%	≥60	≥40	≥20	≥50	≥30	不做具体规定		

（2）瓦斯地质勘探条件

1）所有瓦斯煤样均应做煤的工业性分析，测定气体成分和含量，详细描述煤体结构。

2）对属于沼气带、氮气－沼气带及 CO_2 含量超过 5 m^3/t 的井田，勘探阶段对每个主要可采煤层应增补 5 个以上瓦斯煤样点，并测定煤的坚固性系数（f）、瓦斯放散初速度（$\triangle p$）、吸附常数（a，b）、煤孔隙率和渗透率、煤层瓦斯压力（钻孔中测定）等参数。

3）应对瓦斯的等级、煤与瓦斯突出的可能性进行预测和评价。

4）每个可采及局部可采煤层均应采取 2～3 个样品送符合国家规定的检验机构进行煤尘爆炸性鉴定，做出有无煤尘爆炸性的明确结论。

5）每个可采及局部可采煤层均应采取 3 ~ 6 个样品送符合国家规定的检验机构进行煤自然倾向性试验，确定煤自然倾向性。

（3）水文地质勘探条件

1）应按直接充水含水层的富水性补给条件，确定矿床水文地质类型（条件）。

2）应预算出初期开采阶段煤矿地下正常涌水量和最大涌水量。

3）应预算煤矿地下涌水量的变化趋势和开采过程中发生突水的可能性及地段。

2. 规模及服务年限

（1）企业规模

根据矿业权实地核查成果统计资料分析得出，煤炭资源采矿权申请人，企业总规模应符合以下要求：

1）山西、内蒙古、陕西、新疆省（区）、市煤炭企业规模不低于 600×10^4 t/a。

2）宁夏、河南、河北、山东、安徽、辽宁省（区）、市煤炭企业规模不得低于 300×10^4 t/年。

3）黑龙江、吉林、重庆、四川、贵州、云南、青海、甘肃省（区）、市煤炭企业规模煤矿企业规模不得低于 120×10^4 t/a；

4）福建、江西、湖北、湖南、广西省（区）、市煤炭企业规模不得低于 45×10^4 t/年。

（2）煤矿规模

煤矿规模应符合以下要求：煤矿建设规模与资源赋存条件、开采技术条件相适宜，新建、改扩建煤矿服务年限应符合《煤炭工业矿井设计规范》（GB50215—2005）、《煤炭工业露天矿设计规范》（GB50197—2005）要求，技术改造和资源整合煤矿服务年限应达到设计规范规定的50%。其中，特殊和稀缺煤类煤矿的设计服务年限不得低于上述规定的1.2 倍。根据矿业权实地核查成果分析，对矿井具体规模要求如下：

1）新建、改扩建煤矿：山西、内蒙古、陕西、新疆、宁夏等省（区）露天矿规模不得低于 300×10^4 t/a、矿井规模不得低于 120×10^4 t/a；河南、河北、山东等省矿井规模不得低于 60×10^4 t/a；重庆、四川、贵州、云南等省（市）矿井规模不得低于 30×10^4 t/a；福建、江西、湖北、湖南、广西等省（区）矿井规模不得低于 9×10^4 t/a；其他地区不得低于 45×10^4 t/a。新建煤与瓦斯突出矿井规模不得低于 45×10^4 t/a。

2）技术改造、资源整合煤矿：山西、内蒙古、陕西、新疆、宁夏等省（区）矿井规模不得低于 60×10^4 t/a；福建、江西、湖北、湖南、广西等省（区）不得低于 9×10^4 t/a；其他地区不得低于 30×10^4 t/a。

3. “三率”指标要求

煤炭资源合理开发利用“三率”是指煤矿采区回采率、原煤入选率和煤矸石与共伴生矿产资源综合利用率等 3 项指标，是评价煤炭企业开发利用煤炭资源效果的主要指标。

（1）煤矿采区回采率

1）井工煤矿：薄煤层（<1.3 m）不低于 85%；中厚煤层（1.3 ~ 3.5 m）不低于80%；厚煤层（>3.5 m）不低于 75%；对于采用水力采煤技术的井工煤矿，薄煤层、中厚煤层和厚煤层的采区回采率分别不低于 80%、75% 和 70%。

2）露天煤矿：薄煤层（<3.5 m）不低于85%；中厚煤层（3.5~10.0 m）不低于90%；厚煤层（>10.0 m）不低于95%。

（2）原煤入选率

煤炭矿山企业的原煤入选率原则上应达到75%以上。

（3）煤矸石与共伴生矿产资源综合利用率

国家鼓励煤炭矿山企业合理开发与综合利用煤矸石以及与煤共伴生矿产资源。开采设计或开发利用方案也要对煤层气、黄铁矿、镁、镓、高岭土等矿产资源开发利用提出指标要求。其中，煤矸石和矿井水综合利用率均应达到75%以上。

4. 原煤工效

矿井原煤生产人员效率指的是报告期原煤产量（计效产量）与报告期参与计效的原煤生产人员实际工作工日数的比值。该指标主要参照新建煤矿所在公司生产条件相似煤矿的原煤工效进行考核。

（1）按矿井规模对原煤工效指标提出的要求见表10－2

表10－2　井工煤矿原煤工效指标要求

矿（井）实际产量 10^4 t·a^{-1}	原煤生产人员效率 t·工$^{-1}$	矿（井）实际产量 10^4 t·a^{-1}	原煤生产人员效率 t·工$^{-1}$
≥300	≥7	≥100~200	≥5
≥200~300	≥6	≥45~100	≥4

（2）按露天矿剥采比分半连续工艺、间断工艺对原煤工效指标作出的要求见表10－3。

表10－3　井工煤矿原煤工效指标要求

剥采比 m^3·t^{-1}	原煤生产人员效率/(t·工$^{-1}$)		
	半连续工艺	间断工艺	
		单斗－汽车	单斗－准轨
<2	>25	>25	>10
2 ~ 4	25~20	25~20	10~8
4 ~ 6	20~15	25~20	8 ~ 6
6 ~ 8	15~13	20~18	6~4

第二节　煤炭资源合理开发建议

一、规范煤炭资源开发管理

强化煤炭产业开发管理和煤炭资源规划。根据法律对矿区开采范围进行合理、科学的界定，严格按国家规划进行有序的开发。对国家规划煤炭矿区内的煤炭资源，未经国家批准开发规划和矿业权设置方案许可，一律不得办理煤炭矿业权的设置。管理方式要由粗放开发型向保护节约型的科学合理开发转变，对一切以招商引资为由越权配置煤炭资源的行为和越权审批要进行坚决地纠正、制止。对煤炭资源的产业政策、发展规划、法律法规等手段要综合起来加以运用，强化煤炭生产和煤矿开发建设的监督管理。加快修订煤矿设计规范，严格开采顺序、开采方法和开发强度管理，禁止超层越界和私挖乱采。

煤炭工业要用循环经济构建新体系和实施可持续发展战略，避免或减少煤炭资源浪费，就必须建设高产高效集约化矿井，并逐步取代那些小煤矿，这就需要在煤炭勘探、开发等煤炭资源的经营上实行准入制度，提高煤炭行业的市场准入标准，健全和完善对开办煤炭企业条件的规定。首先，在对从事煤炭经营的企业进行资金、管理能力、市场经营能力等从业资格审查的基础上，对具备条件的企业，发放特许经营许可证。对已有的煤炭企业，须严格按煤炭生产许可证的发放条件办理生产许可，并按煤炭资源赋存情况和开发要求，增加对企业年生产能力、回采率的要求，鼓励煤炭生产企业运用先进科学技术，对难采煤层和极薄煤层进行开采，努力提高煤炭资源回收率。

二、构建煤炭循环经济体系

实现煤炭循环经济体系，要求经济、环境、资源协调发展，争取综合效益最大化和资源价值最大化，全面提高煤炭综合资源利用率及相关产品的附加值。在煤炭矿区发展循环经济，物质基础是煤炭及其共伴生资源，突破点应该是煤矸石、矿井水的利用，形成煤炭矿区与地方经济相结合的工业生态网络。

从现有基础和未来前景的角度看，煤化工是我国煤炭企业最有成长潜力、最有优势的产业链。从全国产业发展战略的角度看，煤化工同时还是今后一个时期国家确定的重要产业之一。

煤炭行业要循环经济，还要制定有利于节约用煤的技术标准、政策和法规，积极开展节约煤炭和有效利用煤炭。运用经济、法律和必要的行政手段，采取全面、严格的节煤措施，在全社会形成合理用煤和节约用煤的良好环境。

三、以人为本，加大安全投入

煤炭生产行业具有特殊性，这种特殊性决定了安全生产始终贯穿于煤炭资源开采的全过程。对煤炭企业的安全生产来说，预防性安全费用与事故损失机会成本对安全生产的保证程度成反比。在一定程度上，预防性安全成本是可控成本，而事故损失机会成本是不可控成本。所以，安全生产应立足于预防，要完善安全生产投入保障机制（如明确安全资金渠道，包括国家补助和吨煤提取两部分）。

强化“安全第一”，正确处理安全与生产、安全与效益、当前与长远的关系。要坚持“装备、培训、管理并重”的原则，推进安全科技和管理技术创新，对国家和行业有关安全生产和劳动保护的法律法规要严格执行，加强安全管理和安全监察，重视安全培训和教育，提高广大职工安全知识和意识，防止各种事故的发生。

四、加强矿区环境治理与保护

按照“谁开发、谁保护、谁污染、谁治理、谁破坏、谁恢复”的原则，促进煤炭工业与环境保护协调发展，要强化煤炭矿区的水资源保护和废弃物、采煤塌陷区和生态环境的综合治理。主体工程与环境设施必须按照建设项目同时设计、同时施工和同时投入使用的制度加以实行。建立煤炭矿区生态环境的补偿机制，政府与企业对环境治理责任要进一步明确，对生态环境治理投入要加大。要大力发展洁净煤技术，推进洁净煤技术产业化，提高资源利用效率，解决由于煤炭开采和利用所引起的环境问题。

生态环境是我国重要资源之一，既要将其当作土地和矿产资源一样严加保护，也和土地和矿产资源一样要有偿使用。为避免煤炭开发造成生态破坏和环境污染和应严格对煤炭建设项目进行环境影响评价，把其作为煤炭企业设立和发放采矿许可证的必经程序。我国于2011年颁布了《环境影响评价法》，但还应在《矿产资源法》、《煤炭法》做出相关规定。

第十一章　主要成果、问题与建议

一、主要成果

1）研究提出了矿业权实地核查地质测量基础设施保护措施与要求，推进建立了矿山地质测量基础设施保护机制。按照“谁建设，谁保管”原则，形成责任明确、分工协调的保护机制。国土资源主管部门负责辖区内地质测绘基础设施保护的管理和监管工作；采矿权人负责矿区地质测绘基础设施的建设、保护和维护工作；探矿权人负责勘查区地质测绘基础设施的建设、保护和维护工作。

2）研究提出了矿业权实地成果数据拓展模式和动态更新机制。矿业权实地核查成果数据，可以进一步拓展为矿产资源储量利用调查、储量动态监管、地质环境与地质灾害、矿产资源规划、矿业权设置方案、矿产资源执法监察等提供基础和服务。矿业权实地核查成果数据更新主要包括两方面内容：①矿业权基本属性项的更新，主要通过和矿业权登记数据库保持衔接和同步；②大量反映矿业权人勘查开采活动进展状况的勘查工程或开拓采掘工程数据的更新，基于遥感动态监测对露天勘查开采工程数据进行更新，通过多方参与机制对井下勘查开采工程数据更新。

3）研究提出了矿政管理信息系统数据库建设流程与技术要求，推动了各级矿业权数据库的建设。以全国矿业权实地核查属性、空间数据库的内容、结构为基础，在湖北省、洛阳市、黑河市等地区围绕国土资源管理“一张图”建设等工作，开展数据拓展性应用研究，实现省级、市级、县级不同级别矿政管理信息系统数据库建设需求分析。经过进一步补充完善及拓展，形成一套完整，能够与国土资源管理相关数据相结合，适用于国土资源“一张图”矿政管理工作的数据库模型、标准和建设流程，可以用于指导全国相关信息系统平台及数据库建设工作。

4）研究提出了基于矿业权实地核查成果的矿政管理信息系统建设模式、工作指南和技术要求，通过省、市、县试点推进了矿产管理信息系统建设。基于矿业权实地核查成果数据进行矿政管理信息系统建设，涉及工作内容多、部门广、业务复杂，应按照软件工程方法或敏捷开发方法进行软件系统的开发。矿政管理信息系统可以采用国家、省、市、县四级建设模式，可以是省、市、县三级建设模式，省市、市县或省县的两级建设模式，也可以是只市级、县级的独立一级建设模式。

5）完成了全国矿业权实地核查遗留矿业权补充实地核查工作。从2011年度开始，全国矿业权实地核查项目办公室对各省完成补充核查的矿业权进行检查、验收，以及全国核查成果数据库的补充工作。截至2013年底，共完成接收的补充核查矿业权165个，主要为湖南、山西、新疆、四川4个省（区）补充矿业权数据，其他未交由全国矿业权实地核查项目办公室检查、验收的补充核查矿业权则由各省组织相关专家及人员按照实地核查工作要求，完成补充矿业权的检查、验收以及登记库更新和换发新证的工作。

6）通过矿业权实地核查“回头看”，对矿业权实地核查工作成效进行了评估，同时推进了矿业权存在问题的解决。评估表明：矿业权实地核查实现了既定的工作目标，在矿政管理中发挥了越来越大的作用；矿业权实地核查推进了矿业权基础数据存在问题的解决，特别是矿界问题，尽管尚有少部分矿界问题仍有待解决，但是绝大多数矿界问题已经得到妥善解决。组织协助矿政管理部门对矿业权漂移、井口位于矿界外等问题进行变更处理或纠正，解决卫星照片执法调查发现井口不在矿界内的违法图斑 132 个，矿界位移点 122 个，进一步夯实了矿业权管理的权属数据基础。

7）通过矿业权实地核查综合研究，提出了矿业权管理政策措施建议。在矿业权实地核查发现问题深入分析基础上，提出了加强矿业权矿界管理和矿业权管理的政策措施。矿界管理措施包括：科学划定矿区范围，实施精细化过程管理，加强矿政管理信息化及相关技术方法研究与应用等。矿业权管理措施包括：加强矿业权宏观调控，尽快完善矿产资源法律制度，合理解决矿业权和土地使用权分开的矛盾冲突问题等。利用矿业权实地核查成果对煤炭采矿权进行了深入分析，提出了煤炭资源开采准入条件和合理开发保护政策建议。

8）利用矿业权实地核查成果编制了整装勘查区矿业权图件，有力地促进了找矿突破战略行动纲要的实施。充分运用已建立的矿业权实地核查数据库和管理信息系统，编制了《全国首批整装勘查区矿业权分布图集》和《全国首批整装勘查区矿业权设置方案图集》，利用全国矿业权实地核查数据库和管理信息系统，为地质找矿战略行动提供了支撑。

9）系统地总结了全国矿业权实地核查成果，组织编辑出版了《全国矿业权实地核查及成果应用研究》（地质出版社）、《全国矿业权实地核查技术方法指南研究》（地质出版社）、《全国矿业权实地核查信息系统建设与应用》（科学出版社）、《基石——全国矿业权实地核查纪实》（地质出版社）共 4 本专著；在《中国矿业》2011 年第 7 期组织专栏发表论文 6 篇、在《地理信息世界》2011 年第 5 ~ 6 期组织专栏发表论文 9 篇等，基本上实现了实地核查成果向理论的转化应用，丰富和发展了矿政管理理论和方法体系。

二、问题与建议

1）尽管本项目研究提出了矿业权实地核查地质测量基础设施保护措施与要求，并在试点区得到推广应用，但是全国大部分地区还没有实施，建议下一步在本研究成果的基础上，国土资源部印发全国性的规定，推进此项工作的实施。

2）本项研究提出了基于矿业权实地核查成果的矿政管理信息系统建设模式、工作指南和技术要求，以及相关数据库建设的要求、数据拓展模式和动态更新机制等，并在 14 个试点地区得到推广应用。应用表明，以矿业权为基本单元的信息化管理，是实现矿业权动态监管的有效手段，也是实现矿政管理信息化的最基础工作。建议国土资源部指定相关司局牵头，在矿政管理领域继续推广此项工作。

3）制定矿政管理信息系统统一标准规范。通过试点，结合地区特点，建立了具有各自特色的矿产管理信息系统。在系统推广过程中，须考虑推广地区已有的工作基础和数据情况，监管的数据项必须与矿业权人的日常业务活动数据项相互衔接，要制定矿政管理信息系统数据统一标准，实现数据的统一，既能有效的解决数据交换的互联互通，也能实现矿政管理信息系统的快速推广。

4）深化和完善“一张图”管矿技术体系和运行机制。矿业权实地核查工作摸清了我国矿业权分布现状及规律，查明了矿业权人勘查开采的实际范围，其成果可为各级国土资源主管部门制定资源配置和促进资源合理开发等政策提供可靠依据。在已有核查成果基础上结合国土资源部“一张图管矿”的指导思想，逐步探索“一张图”管矿的有效途径，利用“一张图管矿”的管理系统平台动态掌握矿产资源储量、勘查开发现状、矿业权设置及分布等情况。

5）我国的矿政管理基础还很薄弱。本项工作虽然开展矿政管理的基本理论和技术体系研究，进一步完善了矿政管理的理论和技术体系，提出了加强矿政管理的工作建议。这些研究还很肤浅，有待进一步深化。今后还应充分利用本次实地核查成果，进一步推进矿业权存在问题的处理工作，继续加强矿政管理的基本理论与方法及工作机制研究，推进矿政管理的精细化、科学化和信息化。

主要参考文献

蔡鑫磊 . 2010. 我国矿业权市场管理研究［J］. 经济纵横，(4)

曹树培 . 2007. 政府在矿业权管理和市场运行中的地位［J］. 国土资源情报，(11)

党安荣 . 2003. ArcGIS8 地理信息系统应用指南［M］. 北京：清华大学出版社

付晶泽 . 2009. 论全国矿业权实地核查的必要性及其意义［J］. 中国矿业，(5)

高井祥，吴立新，吕亚军 . 2007. 矿山测量新技术［M］. 徐州：中国矿业大学出版社

国土资源部 . 2008. 国土资源事业改革发展三十年：纪念改革开放 30 周年［M］. 北京：地质出版社

国土资源部矿产开发管理司 . 2010. 矿产资源开发管理常用法律法规文件汇编（第二版）. 北京：地质出版社

何斌，陆永潮 . 1998. 矿政管理概论［M］. 北京：地质出版社

何贤杰 . 2002. 矿产资源管理通论［M］. 北京：中国大地出版社

黄岑丽 . 2009. 山西省煤炭矿业权改革现状与对策分析［J］. 煤炭经济研究，(12)

江平，姚新华，等 . 1991. 中国矿业权法律制度研究［M］. 北京：中国政法大学出版社

蒋承菘 . 1998. 地质矿产行政管理［M］. 北京：地质出版社

焦殿阳，姜宝军，马忠林，等. 2010. 以铁岭县为例谈矿业权核查中的问题及其处理建议［J］. 国土资源，(2)

康纪田 . 2007. 中外矿业登记制度比较研究［J］. 中国煤炭，(10)

李显冬 . 2015. 中国矿业立法理论与务实［M］. 北京：中国政法大学出版社

李显冬 . 2006. 中国矿业立法研究［M］. 北京：中国人民公安大学出版社

刘扬正，赵琳，王琳，等. 2011. 基石 – 全国矿业权实地核查纪实［M］. 北京：地质出版社

宁津生，陈军，晁定波 . 2001. 数字地球与测绘［M］. 北京：清华大学出版社

潘婉雯，等 . 2003. 我国矿业权的产权属性研究［J］. 资源经济，(5)

任美睿，朱春晓，郭龙，等 . 2005. 空间数据库系统的数据模型、存储方法及实现策略［J］. 测绘工程，14 (1)

史学庆，李博文，付强. 2009. 我国矿业权出让方式的法律思考［J］. 今日南国，(1)

谭永杰，常玉刚，等 . 2008. 全国矿业权实地核查工作指南与技术要求（修订本）［M］. 北京：中国大地出版社

谭永杰，杨建锋，付晶泽，等 . 2009. 全国矿业权实地核查的意义及技术要求［J］，金属矿山，(增刊)：10 ~ 12

谭永杰，李景朝，王永志，等 . 2012. 全国矿业权实地核查信息系统建设与应用［M］. 北京：科学出版社

谭永杰，杨建锋，付晶泽，等 . 2011. 全国矿业权实地核查成果及成果应用研究［M］. 北京：地质出版社

谭永杰，杨建锋，孙炳旭，等 . 2011. 全国矿业权实地核查技术方法指南研究［M］. 北京：地质出版社

谭永杰. 开展矿业权实地核查夯实矿政管理基础［A］. 见：国土资源部编，国土资源事业改革发展三十年：纪念改革开放 30 周年［M］. 北京：地质出版社

田峰. 2010. 论探矿权在我国物权体系中的定位［J］. 中国矿业大学学报（社科版），（1）
汪民. 2011. 在全国矿业权实地核查成果验收会上的讲话［J］. 国土资源通讯，（3）：19～21
王依，过静珺. 2001. 现代普通测量学［M］. 北京：清华大学出版社
王强，李振林. 2008. 矿井地质［M］. 北京：煤炭工业出版社
王永志，高光大，杨毅恒，等. 2008. 地学空间数据仓库构建技术［J］. 地质通报，27（5）：713～718
吴立新，史文中. 2003. 地理信息系统原理与算法［M］. 北京：科学出版社
徐绍史. 2011. 在全国矿产资源开发整合暨矿业权实地核查总结表扬电视电话会议上的讲话［J］. 国土资源通讯，（22）：4～5
姚力波，王仁礼. 2006. 基于 Oracle Spatial 空间数据库的 GIS 数据管理［J］. 测绘与空间地理信息，29（2）：82～84
张文驹. 2003. 论地质勘查行业管理体制［J］. 中国地质矿产经济，（10）
张彦英. 2007. 我国小矿有序发展的若干政策建议［J］. 国土资源情报，（7）
张玉姝. 2009. 我国矿业权市场建设的发展历程及其完善建议［J］. 资源导刊，（11）
钟珞，潘媛媛，徐勇，等. 2005. 分布式异构空间数据共享研究［J］. 计算机应用与软件，22（10）